权威·前沿·原创

皮书系列为
"十二五""十三五""十四五"时期国家重点出版物出版专项规划项目

GREEN BOOK

智 库 成 果 出 版 与 传 播 平 台

中国社会科学院创新工程学术出版资助项目

人口与劳动绿皮书
GREEN BOOK OF POPULATION AND LABOR

中国人口与劳动问题报告 *No.23*

REPORT ON CHINA'S POPULATION AND LABOR No.23

人口老龄化时代的城乡融合发展

主　编／张车伟
副主编／蔡翼飞

社会科学文献出版社
SOCIAL SCIENCES ACADEMIC PRESS (CHINA)

图书在版编目（CIP）数据

中国人口与劳动问题报告 . No. 23，人口老龄化时代
的城乡融合发展 / 张车伟主编 . --北京：社会科学文
献出版社，2022.12
（人口与劳动绿皮书）
ISBN 978-7-5228-1271-7

Ⅰ.①中… Ⅱ.①张… Ⅲ.①人口-问题-研究报告
-中国②城乡建设-经济发展-研究报告-中国　Ⅳ.
①C924.24②F299.21

中国版本图书馆 CIP 数据核字（2022）第 242106 号

人口与劳动绿皮书

中国人口与劳动问题报告 No.23
——人口老龄化时代的城乡融合发展

主　　编／张车伟
副 主 编／蔡翼飞

出 版 人／王利民
责任编辑／陈　颖　张雯鑫
责任印制／王京美

出　　版／社会科学文献出版社·皮书出版分社（01）59367127
　　　　　地址：北京市北三环中路甲 29 号院华龙大厦　邮编：100029
　　　　　网址：www.ssap.com.cn
发　　行／社会科学文献出版社（010）59367028
印　　装／三河市东方印刷有限公司

规　　格／开 本：787mm×1092mm　1/16
　　　　　印 张：18.5　字 数：243 千字
版　　次／2022 年 12 月第 1 版　2022 年 12 月第 1 次印刷
书　　号／ISBN 978-7-5228-1271-7
定　　价／158.00 元

读者服务电话：4008918866

版权所有 翻印必究

主编简介

张车伟　中国社会科学院人口与劳动经济研究所所长，研究员，博士生导师。中国劳动经济学会会长，中国人口学会副会长，享受国务院政府特殊津贴，国家新世纪百千万人才工程国家级人选，国家文化名家暨"四个一批"人才等。获得包括孙冶方经济科学奖在内的20余项省部级及以上学术奖励。主要研究领域为劳动经济学、人口经济学，重点关注新型城镇化、乡村振兴、就业和收入分配、社会保障、人口老龄化和大健康产业发展等方面问题的研究。

摘　要

　　我国是世界上人口老龄化程度比较高的国家之一，老年人口数量最多，老龄化速度最快，应对人口老龄化任务也最重。人口老龄化是社会发展的重要趋势，也是今后较长一段时期我国的基本国情。党的二十大报告强调"实施积极应对人口老龄化国家战略，发展养老事业和养老产业"。人口老龄化将对城乡关系产生广泛而深远的影响，深入研究这些影响并提出有针对性的应对举措，对促进城乡融合发展和实现共同富裕具有重要意义。本书全面考察了中国人口老龄化和城乡关系的演进过程和发展趋势，探讨了人口老龄化对城乡特别是对农村经济发展和公共服务配置的影响，研究考察了国内外城乡融合发展的实践经验，并在此基础上提出积极应对人口老龄化、推进城乡融合发展的思路建议。

　　第一，对城乡人口老龄化与城乡关系发展演变过程和未来趋势进行分析和预测。从人口老龄化的城乡格局看，乡村人口老龄化程度从20世纪90年代中期以来超过城镇地区，此后二者的差距不断拉大。根据第七次全国人口普查数据，乡村65岁及以上人口占比较城镇高出6.6个百分点；随着城乡人口流动和城镇化的推进，城乡人口老龄化程度的差距还将扩大，根据我们预测，到2035年乡村老龄化程度可能超过30%，城乡差距扩大到15个百分点以上。从城乡关系的演变看，近年来城乡经济效率、收入和公共资源配置相对差距有所缩小，但在一些领域绝对差距还比较大。在市政基础设施上，乡村人均建设维护投入不到城镇的 1/7，在基本公共服务上，乡村"数量较多、质量偏低"、城镇"数量偏少、质量较高"的特征明显。

第二，研究人口老龄化对城乡特别是乡村要素供给和公共服务配置的影响。一是随着乡村人口老龄化的加深，可转移的人口和劳动力资源逐渐枯竭，对城镇化和工业化推进产生一定影响，村庄空心化、土地撂荒等问题更加普遍，未来合理布局和整合村庄的必要性就凸显出来。二是在人口老龄化背景下，老年人口的人力资本有所提升但结构性问题依然存在，老年人力资本在城乡间分布不均衡，老年人力资源开发尚存一些问题。三是人口老龄化对农村土地利用产生正反两方面的影响，既推动农村土地规模经营、促进农业机械化水平的提高，也导致农村宅基地"一户多宅"、宅基地闲置等现象的增加。四是人口老龄化导致农村资本储蓄能力和资本积累能力下降，农村农业的发展更加依赖城镇工商资本。五是人口老龄化对城乡公共资源配置产生影响，一方面导致城乡社区公共服务设施适老化水平不高的问题日益凸显，另一方面导致乡村医疗卫生和养老服务的结构和质量与需求不匹配问题更加显著。

第三，分析人口老龄化趋势下县城建设在促进城乡融合发展中的作用。县域是城乡融合发展的基本单元，县城是推进城乡融合发展的关键支撑。县城缺乏产业支撑导致县域人口外流，加剧了县域人口老龄化速度，导致企业用工成本提高，阻碍了制造业和现代产业的发展，并进一步加剧了人口外流和县域人口老龄化。积极应对人口老龄化，要发挥县城产业聚集和在城乡融合发展中的核心作用，促进县城产业发展和农村产业培育的良性互动，发挥县城在县域养老服务供给保障中的龙头引领作用。

第四，提出了人口老龄化背景下推进城乡融合发展的建议。报告在深入分析人口老龄化背景下城乡融合发展面临的挑战和借鉴国内外实践经验的基础上，提出一些政策建议。一是构建适应人口老龄化的人力资源开发体系，推动老年人力资源的城乡间均衡发展。二是加快农村土地制度改革和市场体系建设，建立适应人口老龄化的土地利用方式。三是健全农村金融服务体系，营造规范便捷的工商资本入乡环境。四是加快补齐农村养老服务设施短板，健全农村养老服务体系。五是顺应老龄化趋势合理规划村庄布局，加快农村基础设施建设和适老化改造。六是增强县城产业发展和养老服务辐射带动功能，提升县域应对人口老龄化的能力。

关键词：人口老龄化　城乡融合发展　城乡要素流动　公共资源配置

目 录 ⤵

I 总报告

II 老龄化趋势篇

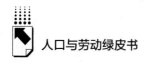

Ⅲ 城乡经济发展篇

Ⅳ 公共服务配置篇

Ⅴ 地方实践篇

皮书数据库阅读**使用指南**

总 报 告

General Report

G.1

人口老龄化背景下城乡融合发展
面临的挑战与应对举措

张车伟 蔡翼飞*

摘 要： 人口老龄化是今后较长一段时期我国的基本国情，将对城乡关系产生重要影响，深入研究这些影响并提出有针对性的应对举措，对推动城乡融合发展和乡村振兴具有重要意义。本文首先考察了城乡人口老龄化和城乡关系变化的基本特征。目前，乡村人口老龄化程度显著高于城镇，而且差距不断拉大；城乡经济效率、收入和公共资源配置差距有所缩小，但在一些领域绝对差距还比较大，特别是在基础设施投入和公共服务质量上还有非常明显的差距。其次，分析了人口老龄化对城乡融合的影响途径。老龄化导

* 张车伟，中国社会科学院人口与劳动经济研究所所长，研究员、博士生导师，主要研究方向为劳动经济学、人口经济学；蔡翼飞，中国社会科学院人口与劳动经济研究所副研究员，主要研究方向为人口经济学、区域经济学。

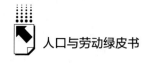

致乡村发展的要素禀赋和对公共资源配置的需求发生改变，这些改变导致推进城乡融合发展的难度加大。再次，研究了人口老龄化趋势下如何更好地发挥县城在城乡融合发展中的作用。应对人口老龄化要增强县城产业支撑能力和提高县城对县域养老服务的辐射带动能力。最后，提出构建人力资源开发体系、加快农村土地改革、推动工商资本下乡、补齐农村养老服务短板、合理规划村庄布局和增强县城辐射带动功能等六个方面的应对人口老龄化、促进城乡融合发展的建议。

关键词： 人口老龄化　城乡融合发展　公共服务　县城

一　引言

习近平总书记指出："我国是世界上人口老龄化程度比较高的国家之一，老年人口数量最多，老龄化速度最快，应对人口老龄化任务最重。满足数量庞大的老年群众多方面需求、妥善解决人口老龄化带来的社会问题，事关国家发展全局，事关百姓福祉，需要我们下大气力来应对。"[①] 可以说，人口老龄化是我国当前人口发展最突出的特征之一，老龄化的推进将对我国经济社会发展各方面产生重要影响，其中对推动乡村振兴和城乡融合发展的影响尤其值得关注。

城乡融合发展是推进新型城镇化的重要目标，也是消除"三农"问题、实现乡村振兴的必由路径。习近平总书记高度重视城乡融合发

---

① 习近平总书记 2016 年 5 月在中共中央政治局就我国人口老龄化的形势和对策举行第三十二次集体学习上的讲话。

展：2018年9月21日，在中央政治局第八次集体学习时指出"要走城乡融合发展之路，向改革要动力，加快建立健全城乡融合发展体制机制和政策体系"；2019年3月8日，在参加河南代表团审议时提出"要处理好农民和土地、农民和集体、农民和市民的关系，推动人才、土地、资本等要素在城乡间双向流动和平等交换，激活乡村振兴内生活力"。党的十九大报告提出了实施乡村振兴战略的重大历史任务，并提出要建立健全城乡融合发展体制机制和政策体系。党的二十大报告将推进城乡融合发展作为坚持以推动高质量发展为主题的重要举措，并强调全面推进乡村振兴必须"坚持城乡融合发展，畅通城乡要素流动"。

人口老龄化导致城乡要素禀赋结构发生了改变，也导致城乡公共资源需求结构发生改变，不可避免地会对城乡关系演进产生重要影响。在要素供给结构上，人口老龄化导致劳动力数量下降和结构老化，尤其是农村劳动力减少明显，这将对农村产业发展、农业现代化产生比较大的影响；人口老龄化也会对农村土地利用产生影响，随着农村劳动力数量减少和结构老化，农业发展就必须提高土地集约经营水平，同时村庄人口减少也会产生越来越多的闲置宅基地，如何盘活农村建设用地问题也亟待解决；此外，人口老龄化也带来城乡资本积累能力不平衡等问题，农村老龄化导致社会消费倾向提高、积累能力减弱，进而导致农村产业发展资金约束趋紧，因此如何引导城市资本有序流向农村也亟须解决。在公共资源配置上，人口老龄化对城乡养老服务数量与质量都提出了更高要求，从而可能会加剧养老服务的供需不匹配；尤其是随着乡村老龄化程度更深、推进更快，近些年来村庄人口分布和老龄化格局发生了显著改变，加上农村设施和服务起点低、欠账多、财力保障不足，导致这一问题在农村可能表现得更为突出。

积极应对人口老龄化和乡村振兴都是二十大报告中确定的国家重要发展战略，在人口老龄化的背景下，两大战略的交叉融合越来越深。

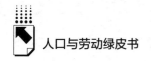

为深入研究人口老龄化对乡村振兴和城乡融合发展的影响，更好地探索人口老龄化背景下促进城乡融合的路径，本报告开展如下研究：首先，对人口老龄化和城乡关系的演变历程、现状趋势进行分析研判，分析人口老龄化与城乡人口流动的互动关系；其次，考察人口老龄化对城乡劳动力、农村土地利用、农村资本积累等要素供给的影响，探讨人口老龄化背景下农村公共服务配置面临的问题；再次，聚焦"县城"这一城乡融合发展的重要载体，分析其在应对人口老龄化中的影响和功能；最后，提出人口老龄化背景下促进城乡融合发展的建议。

二 人口老龄化和城乡关系的基本态势

考察人口老龄化和城乡关系变动的基本态势，是研究促进城乡融合发展路径和举措的基础，本部分将对城乡人口老龄化演变趋势以及城乡差距特征进行系统的考察。

（一）城乡人口老龄化的现状及趋势

1. 我国人口老龄化总体趋势

从人口老龄化现状看，根据第七次全国人口普查数据（以下简称七普数据，不含港澳台地区人口），2020 年我国 60 岁及以上人口为 2.64 亿，占比达到 18.70%，65 岁及以上人口为 1.91 亿，占比为 13.5%。按照国际划分标准，65 岁及以上人口占比超过 14% 为深度老龄化社会，因而我国已经接近深度老龄化社会。从发展历程看，根据新中国成立以来历次人口普查和 1% 抽样调查数据计算，我国人口老龄化总体呈现不断加剧的态势，如图 1 所示。1964 年以前，由于出生率较高，60 岁及以上人口占比出现过短暂的下降，此后呈现稳定提升的态势，从 1964 年的 6.08% 提高到 2020 年的 18.70%，60 岁及以上人口数量从 4154 万人增加到 26402 万人，增长了 5 倍多。从老年人口内部结构来看，60～74 岁的低龄老人占比从 1964 年的 5.28%提高到 2020 年的 13.97%，人口数量从 3740 万人提高到 19726 万人，增长了 4.3 倍；75 岁及以上的高龄老人占比从 0.96%提高到 4.76%，人口数量从 564 万人提高到 6713 万人，增加了近 11 倍①。从人口老龄化的推进速度来看，60 岁及以上人口占比在 1990～2000 年、2000～2010 年、2010～2020 年分别提高 1.61 个、1.82 个和 4.6 个百分点，可见我国人口老龄化呈明显加快的发展态势。

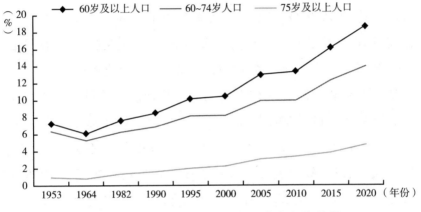

图 1　1953～2020 年人口老龄化变化长期趋势

资料来源：根据《中华人民共和国人口统计资料汇编（1949—1985）》、历次全国人口普查资料和《1%人口抽样调查资料》数据计算。

人口老龄化必然会对劳动人口规模与数量产生影响。从改革开放后的情况看，15～59 岁人口占比从 1982 年的 58.8%持续提高到 2010

① 人口年龄划分标准是动态变化的，我们这里借鉴联合国的标准并结合中国发展阶段，将人口按照年龄划分为儿童（0～14 岁）、劳动年龄人口（15～59 岁）和老年人口（60 岁及以上）三大类，其中儿童可再细分为幼儿（0～6 岁）、学龄儿童（7～14 岁）两类，劳动年龄人口细分为青年人口（15～29 岁）、中年人口（30～59 岁），老年人口再细分为低龄老人（60～74 岁）和高龄老人（75 岁及以上）。

年的 70.1%，此后逐步下降，到 2020 年已降至 63.3%。从数量变化看，2010~2020 年，15~59 岁人口从 93962 万人下降到 89438 万人，下降了 4524 万人。可以说，我国人口已进入劳动年龄人口规模和占比"双下降"的发展阶段。

2. 分城乡人口老龄化趋势考察

在人口整体快速老龄化的背景下，城镇和乡村老龄化都在加深，但加深的程度和趋势存在一些不同。从当前状况看，农村人口老龄化程度明显高于城镇。根据七普数据，2020 年我国城镇 60 岁及以上老年人占比达到 15.21%，已经达到联合国定义的"老龄化社会"标准；农村 60 岁及以上人口比例为 23.22%，比城镇高出 8.01 个百分点，65 岁及以上人口比例为 17.8%，属于"深度老龄化社会"。

从发展趋势上看，农村人口的老龄化速度快于城镇，而且速度差异有不断扩大的趋势。图 2 计算了 1982 年以来城乡老年人口占比的变化，1995 年以前城乡人口老龄化程度相差不大，之后差异迅速扩大。农村 60 岁及以上人口占比超过城镇的幅度从 1995 年的 -0.6 个百分点扩大到 2020 年的 8.0 个百分点；乡村和城镇低龄老人（60~74 岁）和高龄老人（75 岁及以上）占比差距变化类似，也是在 1995 年以前城乡基本相同，但到 2020 年已分别扩大到 5.6 个和 2.4 个百分点。

人口老龄化加深也会导致城乡儿童和劳动力占比的变化。1982 年以来，城镇和农村 0~14 岁人口占比均呈现下降态势，但整体来看，农村儿童占比较城镇高一些（见图 3），在 2010 年以前高出的幅度在 5~8 个百分点，2010 年以后，城镇儿童占比止跌回升，而农村维持稳定，二者差别迅速缩小，2020 年差距已经缩小到 2 个百分点。从劳动年龄人口占比看，1982 年以来城镇一直高于农村地区，2010 年以前城乡差距在 5~8 个百分点，2010 年以后略有扩大，2020 年城乡差距为 10 个百分点。

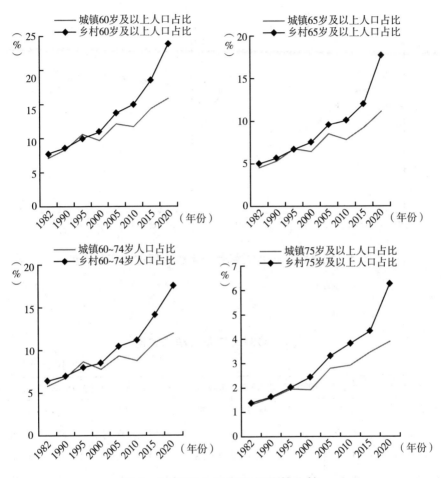

图 2　城镇和乡村老龄化趋势比较

资料来源：同图 1。

3. 农村人口年龄结构变动考察

前文分析显示，农村人口老龄化趋势推进更快，这里我们聚焦乡村，更详细地考察其人口结构变动（见表 1）。从农村儿童变化看，1982～2020 年 0～14 岁儿童占农村总人口比重从 35.38%下降到 19.27%，下降了 16.11 个百分点，其中 0～6 岁幼儿和 7～14 岁学龄儿童占比分别下降了 6.04 个和 10.08 个百分点。从劳动年龄人口内

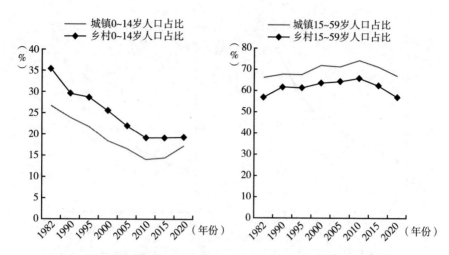

图3 城镇和乡村儿童和劳动年龄人口占比变化趋势

资料来源：同图1。

表1 乡村人口年龄结构变化

单位：%

年龄段	1982年	1990年	1995年	2000年	2005年	2010年	2015年	2020年
0~14岁	35.38	29.57	28.72	25.52	21.95	19.16	19.18	19.27
0~6岁	14.12	14.66	12.59	8.94	8.51	9.29	8.87	8.08
7~14岁	21.26	14.91	16.14	16.58	13.44	9.87	10.32	11.18
15~59岁	56.85	61.82	61.28	63.57	64.32	65.85	62.35	56.93
15~29岁	28.29	30.90	26.34	23.37	19.77	22.03	19.79	13.41
30~59岁	28.56	30.92	34.94	40.20	44.55	43.83	42.56	43.52
60岁及以上	7.77	8.61	9.99	10.92	13.73	14.98	18.47	23.81
60~74岁	6.40	6.97	7.97	8.48	10.43	11.17	14.15	17.53
75岁及以上	1.37	1.63	2.02	2.44	3.30	3.81	4.31	6.27

资料来源：同图1。

部结构看，15~29岁的人口在改革开放之初与30~59岁的人口在数量上大致一致，占比均为28%左右，但随着时间推移，劳动年龄人口内部结构发生了剧烈变化，青年人口从 1982 年的 28.29% 下降到 2020 年的 13.41%，下降了 14.88 个百分点，30~59 岁的中年人口占比从 28.56% 提高到 43.52%，上升了约 15 个百分点，一升一降的结果是 2020 年 15~59 岁人口占比与 1982 年基本持平，但 2020 年劳动年龄人口中青年人口数量已经不到中年人口数量的 1/3。可见，虽然农村劳动年龄人口占比变化不大，但其结构老化趋势非常明显，考虑到农村儿童数量下降较快，未来新成长的劳动年龄人口后继乏力，农村劳动年龄人口老化趋势将更明显。再从老年人口内部结构变动看，低龄老人数量从 1982 年的 5101 万人增加到 2020 年的 8938 万人，高龄老人数量增加到 2102 万人；在相对规模上，高龄老人数量占全部老人数量的比重在上升，从 1982 年的 17.7% 上升到 2020 年的 26.4%，而低龄老人占全部老人的比重则有所下降。综合来看，低龄老人数量迅速增加意味着当前老年人力资本开发具有很大的空间和潜力，但老年人口分布向更高年龄段移动意味着未来需要照护的高龄老人越来越多。

4. 区域间城乡人口老龄化格局分析

城乡老龄化差距的扩大是人口随经济和产业发展流动的结果，这种农村老龄化程度高于城镇的现象，在不同地区间已经呈现不同的发展态势。

各省区市城乡老龄化差距正加剧分化。2020 年全国 31 个省区市中，乡城老龄化（用 65 岁及以上人口占比表示）差距超过 10 个百分点的省份有 7 个，其中，东部地区 3 个，中部地区 1 个，西部地区 3 个。差距最大的是重庆市（14.1 个百分点，下同），之后依次是江苏（13.13）、浙江（12.58）、山西（11.28）、山东（11.25）、四川（10.71）、内蒙古（10.21）。比较这 7 个省份的农村和城镇老龄化水平可以看到，其"以城带乡"的潜力存在明显差别。比如，浙江省和四川省农村老龄化程度均超过 27%，但两省城镇老龄化程度分别为 14.72% 和 17.09%，浙江显然更为年轻。浙江省的经济发展水平高于四川地区，因此其在以城带乡、以工促农的经济基础和人口潜力上，比农村老龄化程度同样高的四川省有着明显的优势。

四大区域间城乡老龄化差距的扩大速度较快。从四大区域城乡间老龄化差距来看，2020 年，东部、中部、西部和东北地区依次相差 9.19 个、8.75 个、7.04 个和 5.47 个百分点。从发展趋势看，东部地区城乡老龄化差距从 2010 年的 1.4 个百分点提高到 2020 年的 9.19 个百分点，十年间差距提高了 7.79 个百分点。同期，中部和西部城乡间老龄化差距分别提高 5.26 个和 4.42 个百分点。

5. 城乡人口老龄化趋势预测

人口既是经济社会发展的重要因素，又是享受经济成果和公共服务的对象，预测未来老龄化变化趋势对指导公共服务配置以及经济发展战略具有积极意义。本研究使用分城乡队列人口预测方法，以七普数据为基础，预测 2020~2035 年城乡人口年龄结构的变化（具体参见本书相关章节）。基本结果如下。

第一，到 2035 年人口总量预计为 13.3 亿左右，65 岁及以上人口预计从 2021 年的 1.96 亿逐渐提高到 2030 年的 2.4 亿，再提高到 2035 年的 2.74 亿。65 岁及以上人口占比将从 2021 年的 13.9% 逐渐提高到 2030 年的 17.4%，到 2035 年老龄化程度预计达到 20.5%。在老年人口中，80 岁及以上的高龄老人规模也将增加到 2035 年的 5300 万人，较 2020 年翻一番。

第二，城镇人口总量预计持续增长，老龄化程度也将持续提高。根据我们预测，中国城镇化率预计从 2021 年的 64.43% 提高到 2035 年的 76% 左右。城镇人口总量将从目前的 9 亿人持续提高到 2035 年的 10 亿人。其中，65 岁及以上老年人规模将从 2021 年的 1 亿多人持续提高到 2035 年的 1.6 亿，城镇 2035 年人口老龄化程度也将超过 16%。

第三，农村人口老龄化推进速度将比城镇更快。根据我们预测，农村人口总量预计从当前的 4.9 亿人持续降低到 2035 年的 3.2 亿人。其中，65 岁及以上人口总量将从 2021 年的 9200 万人逐渐提高到 2035 年的 1.1 亿人，农村人口老龄化程度将从 2021 年的 18.4% 提高到 2035 年的 34%。

（二）我国城乡关系演变特征考察

城乡关系是指城镇和乡村的相互联系，城乡差距是城乡关系状态的重要体现。城乡差距可分为经济差距和公共资源配置差距，其中，城乡经济差距主要从城镇和乡村之间的收入和生产效率差距来反映，具体衡量指标为城乡收入比（简称收入比）和非农业与农业劳动生产率比（简称生产率比），城乡公共资源差距主要反映在市政设施建设、医疗卫生、教育、养老等领域。

1. 城乡经济差距变化

城乡差距演进遵循着一定的历史逻辑，马克思根据人类社会生产方式变化的历史将城乡关系的演变划分为四个阶段：浑然一体、城乡分离、城乡对立、城乡融合①。随着生产力不断发展，在迈向社会主义更高发展阶段过程中，城乡将成为兼容两者优势而避免二者缺陷的统一体，最终走向融合状态。实现城乡融合是城镇化趋于均衡的基本条件，也是消除"三农"问题、实现乡村振兴的必由路径。根据新中国成立以来我国经济整体环境改变，结合城乡经济效率和收入变化的特征，我们将城乡经济差距演变划分为三个阶段（见图4）。

第一个时期（1952~1977 年），重工业优先战略导致城乡关系对

---

① 周志山：《从分离与对立到统筹与融合——马克思的城乡观及其现实意义》，《哲学研究》2007 年第 10 期，第 7 页。

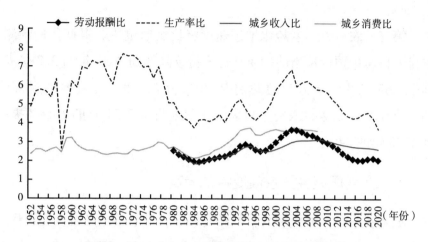

图4　1952～2020年我国城乡差距指数变化

资料来源：根据《新中国六十年统计资料汇编》和各年《中国统计年鉴》数据计算。

立阶段。我国计划经济体制逐步建立，并确立了重工业优先的发展战略。重工业优先发展战略的主要目的是，以农业剩余补贴工业化资本积累，加快推进工业化；为保障战略实施，制定了户籍、农产品统购统销等配套制度。通过这些制度安排，政府垄断了农产品收购，通过票证制度压低城市生活成本，维持城市低工资，保障工业高投资率[①]。同时，由于户籍制度对人口流动的严格限制，农村沉淀了大量剩余劳动力，导致生产率水平低下，消费长期维持在仅够生存水平。因此，重工业优先发展模式，使城市职工劳动生产率和报酬水平远高于农村劳动力，由此也导致城乡收入差距处于较高水平，从图4可见，1978年以前消费比在2.5～3，"大跃进"时期甚至达到3.2。这一时期经济发展战略和社会政策在城乡差距变化中发挥了关键作用。

[①] 蔡昉、杨涛：《城乡收入差距的政治经济学》，《中国社会科学》2000年第4期，第12页。

第二个时期（1978~2004 年），城乡关系变化逐步由市场力量主导阶段。1978 年以来，我国城乡差距呈现波动变化。党的十一届三中全会后，中国逐步开启了市场经济发展道路。农村率先启动经济改革，家庭联产承包责任制迅速在全国展开，极大地释放了农民积极性，促进了农民收入的提高，因而 1978~1984 年城乡差距有较大幅度缩小。1985 年后，我国市场改革加快，东部沿海乡镇企业蓬勃发展，国有企业放权让利不断深入，带动了城市工业发展，提高了城市相对收入，导致城乡收入差距有所拉大。1993 年后，随着市场经济改革的深入，国有企业长期积累的历史问题凸显出来，发展遭遇困难，此时国家也加大了对国有企业改革的力度，二者叠加导致工业企业效益下滑、下岗职工大量出现，城市职工工资增长缓慢，又导致城乡差距缩小。1997 年后，随着各项改革措施效果显现，中国步入新型工业化建设轨道[1]，工业经济效益不断提高，城乡差距指数又进入上升区间；加之 2001 年中国加入 WTO，在外向型经济的引领下，城市产业集聚趋势更加显著，加剧了城乡差距扩大的趋势，到 2003 年，差距指标几乎都达到改革开放后的最大值。这一时期城乡差距扩大更多的是经济发展过程本身产生的结果。

第三个时期（2005 年至今），城乡关系从对立走向协调阶段。我国劳动力剩余状态逐步结束，城乡二元结构开始松动，为推进城乡融合发展奠定物质基础。2004 年后，城乡差距指数开始呈现趋势性下降特征，而这一转变恰与"民工荒"同时出现。根据二元经济理论，劳动力剩余状态结束后，农村劳动力工资不再固定在制度工资水平而是由其边际生产率决定，非农部门要素投入出现边际报酬下降现象，导致城市工资收入增长开始相对减缓，而农村劳动力外流使劳动力边

---

① 武力：《中国工业化路径转换的历史分析》，《中国经济史研究》2005 年第 4 期，第 10 页。

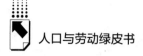

际报酬更快提高，虽然依然低于城市非农业部门工资，但城乡工资差距的影响机制开始变化，城乡收入差距逐渐缩小。这一时期，随着发展阶段的变化，经济力量内在产生了缩小城乡收入差距的动力。

2. 城乡基础设施差距情况

基础设施是经济发展的基础，是社会文明进步的重要体现，对城乡居民生活质量改善具有重要意义。过去很长一段时间，"城市像欧洲、农村像非洲"成为城乡基础设施建设差距的真实写照，近年来随着国家加大乡村振兴支持力度，农村基础设施大为改观，但受历史欠账较多、政府财力有限等制约，城乡基础设施在人均建设投入和服务水平上依然存在较大差距，农村基础设施建设还有很大改进空间。

市政公用设施是基础设施的核心部分。根据住建部的数据，从市政公用设施建设维护投入情况看，2000年人均投入城镇为176元，乡村为14元，二者之比为12.57，2005年二者之比提高到14.70，此后开始下降，2020年市政公用设施人均建设维护投入城镇和乡村分别为2018元和266元，城乡之比降至7.59，农村市政公用设施的人均建设维护投入还不到城镇水平的1/7（见表2）。由此可见，尽管在市政公用设施人均建设维护投入上的城乡差距有所缩小，但绝对差距依然较大，如果不缩小基础设施投入的差距，乡村产业发展和村容村貌很难彻底改观。

表2　城乡市政公用设施人均建设维护投入变化

单位：元

年份	城镇	乡村	城乡之比
2000	176	14	12.57
2005	485	33	14.70
2010	789	92	8.58
2015	1220	148	8.24
2020	2018	266	7.59

资料来源：根据《2020年城乡建设统计年鉴》数据计算。

我们进一步细化分析了 2000 年以来城乡各类市政设施的供给水平，如表 3 所示。在供水普及率上，城区、县城、镇区、乡和村依次递减，城区从 2005 年的 91.09% 提高到 2020 年 98.99%，因为开始时基数就比较高，故城区提升幅度不大；县城从 83.18% 提高到 96.66%，县城和城区水平比较接近；镇区从 84.70% 提高到 89.10%，但与城区和县城存在一定差距，而且提高幅度比较小；乡和村差别相对较小，分别从 2010 年的 65.60% 和 54.10% 提高到 2020 年的 83.86% 和 83.37%，二者提高幅度均比较大。从燃气普及率来看，2020 年城区、县城和镇区分别为 97.87%、89.07% 和 56.94%，2005~2020 年三者分别提高 15.79 个、31.27 个和 13.24 个百分点，乡和村的普及率较低，2020 年仅分别为 30.87% 和 35.05%，提高速度也不快，可见乡、村在这个领域的不足较为突出。从污水集中处理率来看，在绝对水平上，城区和县城明显比镇区高，2020 年城区和县城污水集中处理率已超过 95%，而镇区为 60.98%，乡仅有 13.43%，村的统计数据缺失，但水平应该与乡接近，故乡村整体水平应大大低于城镇；从提高速度来看，2000~2020 年城区和县城分别从 34.25% 和 7.55% 提高到 97.53% 和 95.05%，明显高于乡、村地区。从生活垃圾无害化处理率看，2005 年以来城区和县城分别从 52.15% 和 6.17% 提高到 2020 年的 99.92% 和 98.26%，县城提高更为明显；镇区和乡目前水平与城区和县城尚有差距，2020 年分别为 69.55% 和 48.46%，但提高较快，2015~2020 年分别提高 24.56 个和 32.64 个百分点。

综合可见，城镇区域设施建设水平明显高于乡村，城镇体系中城区水平最高，县城次之，镇区最低。从相对变化看，县城提高最为明显，在 2000 年还明显落后于城区，到 2020 年各项指标已与城区接近，镇区提高较为缓慢，是城镇体系中的明显短板；乡村近年来设施水平提高明显，但由于起点低，目前绝对水平与城镇区域相差还比较大。

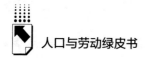

表3 城乡市政公用设施供给水平变化

单位：%

指标	区域	2000年	2005年	2010年	2015年	2020年
供水普及率	城区	—	91.09	96.68	98.07	98.99
	县城	—	83.18	85.14	89.96	96.66
	镇区	—	84.70	79.60	83.80	89.10
	乡	—	63.40	65.60	70.37	83.86
	村	—	—	54.10	63.42	83.37
燃气普及率	城区	—	82.08	92.04	95.30	97.87
	县城	—	57.80	64.89	75.90	89.07
	镇区	—	43.70	45.10	48.71	56.94
	乡	—	17.00	19.00	21.38	30.87
	村	—	—	—	21.35	35.05
污水集中处理率	城区	34.25	51.95	82.31	91.90	97.53
	县城	7.55	14.23	60.12	85.22	95.05
	镇区	—	—	—	41.57	60.98
	乡	—	—	—	5.42	13.43
	村	—	—	—	—	—
生活垃圾无害化处理率	城区	—	52.15	77.94	94.10	99.92
	县城	—	6.17	27.43	79.04	98.26
	镇区	—	—	—	44.99	69.55
	乡	—	—	—	15.82	48.46
	村	—	—	—	—	—

注：这里的乡是指乡政府驻地所在的村庄。"—"表示数据缺失。

资料来源：根据相关年份《城乡建设统计年鉴》数据计算。

3.城乡公共服务差距变化

人口是公共服务供给的主要参照标，人口的规模和结构决定了公共服务的需求，在人口老龄化的背景下，城乡人口分布和结构迅速变化，而公共服务设施建设、人员配备变化相对滞后，导致公共资源供给与需求不匹配较为突出。整体而言，城市公共资源呈现"质高量少"的特征，而农村则呈现"质低量多"的特征。

教育是重要的民生领域。近年来，在全面推进义务教育均衡发展和基本公共服务均等化的推动下，越来越多的农村儿童进入县城就读，城乡教育资源格局发生了改变。我们这里以教师资源相对丰富程度（生师比）衡量教育资源分布，生师比越高代表教师资源越稀缺，反之则越丰富。根据测算（见表4），城镇经历了一个先下降后上升的过程，从2000年的20.7下降为2005年的18.1，再逐步提高至2020年的20.9；乡村地区则呈下降趋势，从23.1下降为15.0；生师比的城乡之比呈现不断提高趋势，从2000年的0.9提高到2020年的1.4。这表明农村教师资源变得相对丰富，而城镇则变得更紧缺，导致这一状况的主要原因是学生向城镇集中的速度快于教师资源向城镇集中的速度。

表4 城乡学校生师比变化情况

区域	2000年	2005年	2010年	2015年	2020年
总计	22.2	19.4	17.7	19.0	19.2
城镇	20.7	18.1	18.9	20.9	20.9
城市	19.6	19.3	19.2	21.8	21.9
镇区	21.5	17.2	18.7	20.2	20.0
乡村	23.1	18.1	16.8	15.7	15.0
城镇/乡村	0.9	1.0	1.1	1.3	1.4

资料来源：根据2001年、2006年、2011年、2016年和2021年《教育统计年鉴》数据计算。

虽然从量的角度看农村教育资源供给比城镇更为丰富，但在质的方面则呈现相反特征。我们这里以专任教师中大学及以上学历所占比重来衡量教育资源供给质量，该指标越高，代表教育资源供给质量也越高。如表5所示，小学教师中大学及以上学历占比从2005年的6.73%提高到2020年的66.00%，后者相当于前者的10倍；城市、县镇和乡村小学的占比分别从2005年的19.30%、7.62%和3.28%提高到2020年的78.95%、62.94%和53.34%，分别提高59.65个、

55.32 个和 50.06 个百分点，其中城市提高幅度最大、县镇其次、乡村最小。从城乡差距变化来看，城市专任教师大学及以上学历占比比乡村高出幅度从 2005 年的 16.02 个百分点，提高到 2015 年的 31.37 个百分点，2020 年略有下降但仍高出 25.61 个百分点；乡村与县镇专任教师大学及以上学历占比差距也在扩大，后者比前者高出的幅度在 2005 年仅为 4.34 个百分点，到 2020 年已扩大到 9.60 个百分点。初中的情况与小学有所不同，城市专任教师大学及以上学历占比比乡村高出幅度呈现下降态势，从 2005 年的 38.10 个百分点降至 2020 年的 10.54 个百分点，乡村与县镇从 10.16 个百分点降到 2.86 个百分点。整体来说，教育资源供给质量的城乡差距依然明显，2005 年以来，小学教育质量的城乡差距总体在扩大，而初中差距则在缩小；近年来尤其是 2015 年后，小学和初中的城乡教育质量差距都在缩小。

表5　城乡专任教师中大学及以上学历人数占比

单位：%

年份	小学				初中			
	全部	城市	县镇	乡村	全部	城市	县镇	乡村
2005	6.73	19.30	7.62	3.28	35.31	62.44	34.50	24.34
2010	23.71	48.66	26.03	15.22	64.05	82.67	63.14	54.82
2015	45.93	64.51	43.93	33.14	80.23	89.08	77.38	72.57
2020	66.00	78.95	62.94	53.34	88.56	93.75	86.07	83.21

资料来源：根据 2006 年、2011 年、2016 年和 2021 年《教育统计年鉴》数据计算。

医疗卫生事业发展是增进民生福祉的重要依托，也是应对人口老龄化的重要保障。随着各级政府不断加大对基层医疗卫生机构建设力度，农村卫生事业得到较快发展，但城乡居民医疗卫生服务的供给和需求结构性不匹配问题依然较为突出。从量上看，农村医疗卫生人均资源量增长比城镇更快，城镇万人卫生人员数量从 2010 年的 54.5 人提高到 2020 年的 77.9 人，增加 23.4 人；农村则从 67.8 人提高到 2020 年的 126.2 人，增加 58.4 人。万人执业医师数和万人注册护士数的城乡之比变化趋势也与之类似（见表 6）。因此，从量的角度看，农村医疗卫生具有一定优势，而且这一优势还在扩大。

表 6 城乡医疗服务人员相对数量变化

单位：人

年份	区域	万人卫生人员数	万人执业医师数	万人注册护士数
2010	全国	61.2	14.7	15.3
	城镇	54.5	15.8	17.9
	农村	67.8	13.6	12.6
	城镇/农村	0.80	1.16	1.42
2015	全国	77.3	18.1	23.4
	城镇	64.7	18.0	23.9
	农村	94.1	18.3	22.8
	城镇/农村	0.69	0.98	1.05
2020	全国	95.4	24.1	33.3
	城镇	77.9	22.4	30.6
	农村	126.2	27.1	38.2
	城镇/农村	0.62	0.83	0.80

资料来源：根据 2011 年、2016 年和 2021 年《中国卫生统计年鉴》数据计算。

但与教育服务相类似，农村医疗卫生服务存在供给量丰富但质量偏低的问题。由于乡村人口就医主要在乡镇卫生院，城市人口就医主要在社区卫生院，这里我们用社区卫生院和乡镇卫生院工作人员受教育结构和职称结构来反映城乡医疗卫生资源质量差别。如表 7 所示，社区卫生院大学本科及以上学历占比从 2002 年的 7.6% 提高至 2020 年的 43.2%，提高了 35.6 个百分点，乡镇卫生院则从 1.6% 提高到 22.2%，提高了 20.6 个百分点；从该指标的城乡之比来看，2002～2020 年从 4.8 降至 1.9。由此可见，农村医疗卫生资源的质量仍落后于城镇，但城乡差距在缩小。

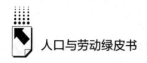

表7　社区和乡镇卫生院人员结构及其变化

单位：%

年份	机构类型	学历占比			职称占比		
		大学本科及以上	大专	高中及以下	高级	中级	中级以下
2002	社区卫生院	7.6	27.3	65.1	2.3	67.5	30.2
	乡镇卫生院	1.6	16.9	81.5	0.7	52.6	46.7
	社区/乡镇	4.8	1.6	0.8	3.3	1.3	0.6
2005	社区卫生院	12.1	30.6	57.2	4.0	68.7	27.3
	乡镇卫生院	2.2	20.3	77.4	0.8	53.6	45.7
	社区/乡镇	5.5	1.5	0.7	5.0	1.3	0.6
2010	社区卫生院	19.0	39.9	41.1	4.3	59.6	36.2
	乡镇卫生院	5.7	33.9	60.5	0.9	49.8	49.3
	社区/乡镇	3.3	1.2	0.7	4.8	1.2	0.7
2015	社区卫生院	26.0	41.5	32.5	4.3	56.3	39.4
	乡镇卫生院	8.7	39.4	22.2	1.3	43.8	55.0
	社区/乡镇	3.0	1.1	1.5	3.3	1.3	0.7
2020	社区卫生院	43.2	38.2	18.6	6.2	57.5	36.4
	乡镇卫生院	22.2	42.8	35.0	3.2	44.8	52.0
	社区/乡镇	1.9	0.9	0.5	1.9	1.3	0.7

资料来源：根据2003年、2006年、2011年、2016年和2021年《中国卫生统计年鉴》数据计算。

应对人口老龄化最直接的需要是满足人民群众日益增长的养老服务需求。养老服务中比较关键的两项是城镇职工基本养老保险和城乡居民基本养老保险。从保障水平上看，2021年城镇职工基本养老保险参保离退休人员13157万人，全年城镇职工基本养老保险基金支出56481亿元，平均每个城镇离退休人员能够领取3577元，城乡居民基本养老保险实际领取人数为16213万人，全年城乡居民基本养老保险基金支出3715亿元，平均每位参保老人每月能够领取191元。从服务对象的城乡分布看，大部分农村居民参加的是城乡居民基本养老保险，而参加城镇职工基本养老保险的人员大多分布在城市。虽然城乡居民基本养老保险制度上基本实现了全覆盖，但两项养老保险制度服务人口在城乡分布和保障水平上的差异，导致城乡居民实际享受到的养老保障待遇上存在较大差距。

养老服务是对人口老龄化影响最为直接的公共服务领域，也是应对人口老龄化的关键依托。如表 8 所示，2005 年以来全国养老服务机构快速发展，职工数量从 14.0 万人提高到 33.9 万人，床位数从 131.4 万张增加到 378.8 万张。从城乡养老机构发展速度的比较来看，2005~2010 年农村的速度明显快于城市，城市职工数、床位数和在院人数分别年均增长 7.4%、6.2% 和 3.1%，而农村则分别年均增长 9.8%、20.2% 和 21.9%；2010 年以来城市增速明显加快，2010~2017 年三项指标分别年均增长 10.8%、13.3% 和 9.4%，而农村则出现明显的缩减，分别年均减少 3.3%、3.1% 和 6.6%。从养老机构硬件设施利用率看，2010~2017 年城市和农村养老机构入住率分别下降 14.0 个和 18.2 个百分点，这说明养老服务供给与老年人实际需求间

表 8　全国城乡养老机构服务水平

指标	2005 年			2010 年			2017 年		
	全国	城市	农村	全国	城市	农村	全国	城市	农村
职工数（人）	140103	51358	88745	274019	73403	141636	338793	150465	112246
床位数（张）	1314471	419131	895340	3148515	566678	2249247	3787751	1359493	1799248
在院人数（人）	991231	312194	679037	2426121	363140	1824854	2198087	680926	1132253
入住率（%）	75.4	74.5	75.8	77.1	64.1	81.1	58.0	50.1	62.9
在院人数与职工数之比	7.1	6.1	7.7	8.9	4.9	12.9	6.5	4.5	10.1

资料来源：根据 2005 年、2010 年和 2017 年《中国民政统计年鉴》数据计算。

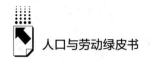
存在不匹配现象。从养老机构服务人员看，城市在院人数与职工数之比明显比农村低，2017年该指数的乡城之比为2.2，说明城市在院职工务人员数量相对更多，城市养老服务质量也理应更好。此外，城市和农村养老服务机构在受教育程度、职业资格水平上都存在较大差距，2017年工作人员中大专以上学历占比、社会工作师占比和专业技术技能人员占比的城乡之比分别为2.53、2.33和1.17，这些指标均说明农村养老机构服务质量明显低于城市。

三 人口老龄化背景下推进城乡融合发展的影响和挑战

人口老龄化势必会导致城乡发展的基础条件发生改变，这些改变主要体现在生产要素禀赋和公共服务需求方面。在人口老龄化背景下改善城乡关系、推进城乡融合发展，既存在一些有利的方面，也必然面临新的问题和挑战，了解这些问题和挑战是科学制定应对措施的重要参考。

（一）城乡人口老龄化与人口流动的互动影响

城乡人口流动是人口老龄化与城乡发展差距相互关联的重要渠道。城乡人口流动影响城乡人口分布和结构，从而影响城乡发展格局，而城乡差距又影响人口流动；随着乡村人口老龄化更快加深，可转移的人口和劳动力数量变少，反过来对城镇化和工业化产生制约。

农村人口外流加速农村老龄化的主要原因在于外出人口的年龄更轻。根据计算（见图5），农村常住人口中劳动力的平均年龄大约比农民工平均年龄高出10岁，比外出农民工平均年龄高出约15岁；从时间趋势上看，2010年以来这一差距并没有太大变化。农村人口外流意味着年轻人口的流失，必然导致农村老龄化加剧。

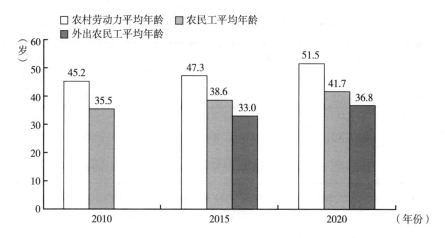

图5　农村劳动力与农民工平均年龄变化

资料来源：根据《农民工监测调查报告》（2010年、2015年和2020年）、全国人口普查资料（2010年、2015年和2020年）和《2015年1%人口抽样调查资料》数据计算。

　　然而，伴随着农村人口减少和老龄化的深入，可供转移的劳动力资源日益减少，外出人口规模不断下降。从外出农民工数量变化看，1995年后，其规模迅速扩大，1995~2020年外出农民工平均每年增加558万，是1986~1995年的2.4倍；但其中2010年后，外出农民工数量增长明显下降，2010~2020年年均增加162万人，比1995~2010年年均增加822万人的规模有大幅下降。从农民工的年龄结构来看，年轻劳动力占农民工数量的比重从2010年的42.4%降至2021年的21.2%，下降了21.2个百分点，31~50岁和50岁以上的农民工占比分别从44.7%和12.9%提高到51.5%和27.3%，分别提高6.8个和14.4个百分点。从绝对量来看，16~30岁农民工的数量2010~2021年下降了4070万人（见表9）。这就说明，随着农村人口老龄化加深，年轻劳动力越来越少，劳动力转移潜力明显下降。

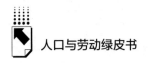
表 9　农民工年龄结构变化

年份	16~30 岁		31~50 岁		50 岁以上	
	数量（万人）	占比（%）	数量（万人）	占比（%）	数量（万人）	占比（%）
2010	10271	42.4	10828	44.7	3125	12.9
2015	9129	32.9	13652	49.2	4967	17.9
2020	6483	22.7	14537	50.9	7540	26.4
2021	6201	21.2	15064	51.5	7986	27.3
2010~2021 年变动	-4070	-21.2	4236	6.8	4861	14.4

资料来源：根据 2010 年、2015 年和 2020 年《农民工监测调查报告》整理计算。

　　乡村人口流失和老龄化程度加深将进一步加剧村庄空心化、土地撂荒等问题，在这种背景下，未来合理布局和整合村庄的必要性就凸显出来。根据我们预测，2020~2035 年乡村 65 岁及以上人口占比将从 17.5% 提高到 33.2%，这意味着未来深度老龄化的村庄越来越多。我们这里根据对山西省晋城市和浙江省开化县案例调研数据，窥见村庄人口老龄化的格局。

　　根据七普数据，晋城市老龄化程度（60 岁及以上人口占比）在 20% 及以下的村庄数量有 182 个，占全部村庄数量的 11.7%，20% 以上的村庄数量占比近 90%，其中老龄化程度超过 30% 和 50% 的村庄占比分别为 51.6% 和 3.4%；从人口分布看，老龄化程度在 20% 及以下村庄的人口占全部村庄人口的比重为 30.8%，老年人口超过 30% 和 50% 的村庄的人口占比分别为 26.8% 和 0.9%（见表 10）。不难发现，老龄化比较严重的村庄数量占比明显高于人口占比，这说明人口老龄化越严重的村庄其平均人口规模越小。例如，老年人口占比 0~20% 的村庄平均人口规模为 2218 人，而 21%~30%、31%~50% 和 50% 以上村庄平均人口规模分别为 975 人、454 人和 213 人，老龄化最严重的村庄人口规模仅相当于村庄平均水平的 1/4。这种递减趋势的背后与村庄人口外流密不可分，人口外流越严重，村庄人口规模越小，老龄化也越严重。

表 10　山西省晋城市按人口老龄化程度划分的村庄数量和人口数量

60 岁及以上人口占比	村庄数量(个)			人口总数(人)		
	总计	社区	村	总计	社区	村
0~20%	334	152	182	1225890	822138	403752
21%~30%	592	23	569	608250	53341	554909
31%~50%	750	1	749	349313	9148	340165
超过 50%	52	0	52	11092	0	11092
合计	1728	176	1552	2194545	884627	1309918

资料来源：晋城市统计局。

　　浙江省开化县情况也与晋城市类似，如表 11 所示，60 岁及以上人口占比在 31%~50% 的村庄数量占全部村庄数量的 80%，超过 50% 的村庄数量占比为 4%；从平均规模上看，60 岁及以上老年人口占比 0~20%、21%~30%、31%~50% 和 50% 以上的村庄平均人口规模分别为 1685 人、1078 人、636 人和 384 人，老龄化最严重的村庄平均规模仅相当于村庄平均水平的一半，同样，老龄化越严重的村庄人口规模越小。在这种背景下，开化县的村庄整合工作已经开始，例如 2010 年开化县将原联盟、童家、息村三村合并为一个村，合并后的联盟村有 394 户 1263 人。

表 11　浙江省开化县按人口老龄化程度划分的村庄数量和人口数量

60 岁及以上人口占比	村庄数量(个)			人口总数(人)		
	总计	社区	村	总计	社区	村
0~20%	16	6	10	71375	54527	16848
21%~30%	35	4	31	53584	20158	33426
31%~50%	205	1	204	130011	220	129791
超过 50%	10	0	10	3840	0	3840
合计	266	11	255	258810	74905	183905

资料来源：开化县统计局。

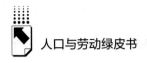
综合两个案例可知，随着人口自然变化特别是人口外流的推进，村庄人口老龄化程度已经比较高，而人口老龄化加剧又会提高人口死亡率，因此这些村庄人口缩减趋势将更明显。在这种趋势下，一些空心化严重、位置偏远、产业基础薄弱的村庄可以考虑搬迁至条件更好的地点，例如中心集镇、县城周边或者开发区，这样既可以分享县域工业化城镇化发展的红利，又可以提升土地和公共资源利用效率。未来，村庄体系重新规划布局和优化整合是乡村振兴的重要趋势，并将对乡村产业发展、基础设施和公共服务配置产生重要影响。

（二）对城乡劳动力供给带来的影响和挑战

进入21世纪以来，中国人口老龄化城乡差距呈现快速扩大的趋势。在这种趋势下，缩小城乡差距的复杂性加大，积极应对乡村人口老龄化、开发乡村人口老年人力资源的紧迫性增加。人口老龄化的直接后果是劳动年龄人口下降。2020年我国15~59岁劳动年龄人口总规模为89438万人，与2010年的93962万人相比减少4524万人；同时15~59岁人口占总人口的比重也有所下降，从2010年的70.14%下降至2020年的63.35%，降幅达到6.79个百分点。人口老龄化导致劳动力减少在农村表现得尤为明显。人口老龄化导致农业劳动者整体体力下降，从事农业家庭可供给的劳动力数量和劳动时间减少。但与此同时，随着年龄增长，劳动者经验、技能的增长，从事同样的农业生产所需的劳动投入相对较少，在一定程度上可抵消体能下降效应。但老年劳动者经验积累存在上限，最终因体力下降而导致的农业劳动力减少依然发挥着支配作用。根据三次全国农业普查数据，1996~2016年我国农业生产经营人员中35岁及以下占比从53.3%降至19.2%，36~54岁占比从33.4%升至47.3%，55岁及以上占比从13.3%升至33.6%。根据第六至七次全国人口普查，2010~2020年我国乡村农业就业人员中34岁及以下占比从27.8%降至12.7%，35~

54 岁占比从 47.4% 降至 41.5%，55 岁及以上占比从 24.9% 升至 45.9%；其中，70 岁及以上人口占比从 2.7% 升至 8.4%。

教育是人力资本积累最主要的途径，也是决定劳动力供给质量的关键因素。从城乡老龄人口的受教育结构来看，城市 60 岁及以上人口的平均受教育年限从 2000 年的 6.11 年上升到 2020 年的 8.73 年，共增加 2.62 年；乡村 60 岁及以上人口的平均受教育年限则由 2000 年的 3.21 年增加到 2020 年的 5.93 年，共增加 2.72 年。城市 65 岁及以上人口的平均受教育年限从 2000 年的 5.31 年上升到 2020 年的 8.31 年，共增加 3.00 年；乡村 65 岁及以上人口的平均受教育年限则由 2000 年的 2.71 年增加到 2020 年的 5.56 年，共增加 2.85 年。可见，城市老年人口的平均受教育年限明显高于乡村老年人口，而乡村 60 岁及以上人口的平均受教育年限增加幅度高于城市，但乡村 65 岁及以上人口的平均受教育年限增加幅度低于城市。虽然城乡 60 岁及以上老年人口的平均受教育年限仍有差距，但是城乡间差距呈现下降的趋势，由 2000 年的 2.90 年减少到 2020 年的 2.80 年。不过，65 岁及以上人口平均受教育年限的城乡差距有所扩大，从 2000 年的 2.60 年扩大到 2020 年的 2.75 年。由此可见，我国老年人口城乡之间的教育型人力资本水平差距仍然较大，这影响了乡村老年人力资源的开发。

健康是人力资本重要的组成部分，健康的身体是老年人口参与劳动的基础，随着人口老龄化的加深，健康水平对老年劳动力供给数量和质量都产生越来越重要的影响。2000~2020 年，中国人口的平均预期寿命不断提高，从 71.40 岁提高 77.93 岁。不断延长的寿命可以说明老年人口的健康水平在不断提高，也意味着有更多可供开发的老年人力资源。分城乡来看，2010~2020 年城市 60 岁及以上人口中身体健康的比例，从 49.95% 上升到 62.98%，提高 13.03 个百分点，乡村从 40.42% 上升到 48.54%，提高 8.12 个百分点，城市提高幅度明显高于乡村；城乡人口身体健康比例差距从 2010 年的 9.53 个百分点，扩大到 2020 年的 14.44 个百分点。由此可见，老年人口的健康型人力资本的城乡分布不均衡的问题比较突出，而农村老年人口健康水平偏低也将直接导致农村劳动力供给数量和质量下降。

（三）对农村土地配置带来的影响和挑战

土地是农业生产和农民生活的基础资源和载体，人口老龄化必然会引起农村土地利用方式的变化，这种影响主要表现在五个方面。

一是农村人口老龄化有助于推动土地规模经营，但受制于土地流转和生产托管等难题，一些地区耕地撂荒现象也比较普遍。与中青年农户相比，老年农户从事非农生产的净收益相对较低，更可能选择生产托管与土地流转。但如果生产托管与土地流转的成本较高以至于净收益为负，则农户选择撂荒的概率较大。根据农业农村部《中国农村合作经济统计年报》，2020 年全国农业生产托管服务小农户 7805 万户，占全国农业经营户的 37.7%，托管服务总面积 10.1 亿亩次；但与此同时，一些研究显示，中国耕地闲置率和闲置耕地农户数量都在快速上升。

二是农村人口老龄化有助于促进粮食作物种植。粮食作物种植具有便于机械化种植、劳动投入需求相对较少、经济产出相对较低的特点，而经济作物种植与粮食作物正好相反。在体力下降效应影响下，老年农户往往选择易种植、劳动力需求较少、易于机械化的粮食作物品种；在经验积累效应和路径依赖效应影响下，老年农户往往坚持种植传统作物，不愿轻易尝试种植新品种作物。

三是农村人口老龄化有助于农业机械化水平提高。老年劳动力体力在下降，为维持农业收入不下降，老年农户倾向于增加机械化投入。从实际情况看，2004～2020 年我国农作物综合机械化率从 34.3% 快速升至 71.3%，到 2020 年，机耕率、机播率、机收率分别为 85.5%、59.0%、64.6%，而这一提升的背后与农村人口老龄化加深密不可分。然而，机械投入的使用成本因地形而异，平原地区成本较低，丘陵山区等成本较高，人口老龄化对农业机械化的推进可能会存在空间差异。

四是农村人口老龄化对化肥农药等资本投入具有增量作用，不利于农业绿色化、高品质化发展。随着农村人口老龄化加深，农民整体体力呈下降趋势，他们倾向于增施化肥农药以维持产出。老年农民更倾向于依照原有的耕种经验而非依据科学分析决定化肥的施用量，导致化肥施用过量。一些研究发现，老龄化对化肥施用量存在正相关影响，老年农户的单位面积化肥施用量明显高于非老年农户。根据相关部门数据，从单位面积投入看，我国三种粮食作物单位面积化肥使用量在持续增长。

五是农村人口老龄化导致农村宅基地"一户多宅"、闲置等现象越来越普遍。人口老龄化加深导致农村老年人口去世数量增加，而其宅基地将被子女等继承，如果继承人已有宅基地，将形成"一户多宅"现象。根据农业农村部《中国农村合作经济统计年报》粗略估计，"一户多宅"的农户以 8.7% 的户数比重占有了全国 25.0% 的宅基地宗数。在农村人口老龄化的背景下，老年人随进城子女迁移，或者为追求更好的医疗条件迁入城镇的现象越来越多，这就造成农村宅基地闲置情况越来越普遍。根据相关统计，全国闲置宅基地 1253.8 万宗，占全国总宅基地宗数的 4.7%，空闲废弃宅基地 442.4 万宗，占全国总闲置宅基地宗数的 35.3%；地上房屋超过一年无人居住的宅基地 881.4 万宗，占全国总闲置宅基地宗数的 70.3%。

（四）对城乡资本积累带来的影响和挑战

资本积累是经济增长的核心动力之一。资本积累来自储蓄，而储蓄是收入扣除消费之后的剩余，因此资本积累速度在很大程度上由收入和储蓄增长速度的相对关系决定。一般来说，不同年龄人口因消费动机和收入水平不同，其消费倾向也不同。根据生命周期理论，一个人希望自己一生消费能够平稳，年轻工作时进行储蓄，为退休后消费准备资金，退休后收入减少，消费年轻时积累的储蓄。按照这一逻辑，一个国家或地区年轻人相对越多，储蓄率就越高，资本积累率也越高，反之老年人相对越多，消费倾向就越高，资本积累率也越低。从城乡储蓄倾向变化来看，改革开放以来，城镇居民平均消费倾向不断下降，即储蓄倾向不断提高，而农村则不同，2000年以前农村储蓄倾向呈波动态势，2000年以后基本呈下降趋势（见图6）。从城乡老龄化速度来看，城乡老龄化比例都在提高，2000~2010年和2010~2020年农村65岁及以上老年人口占比分别提高2.6个和7.7个百分点，后者比前者提高5.1个百分点；而城镇则相应提高1.4个百分点和3.3个百分点，后者比前者提高近2个百分点；农村老龄化速度明显比城镇更快。

根据图6所示，城镇老年人口占比和平均消费倾向都在逐步提高，二者趋势相同；而农村老年人口占比加速上升，消费倾向则下降，二者趋势相反。城镇和农村老龄化和消费倾向变化关系相反的背后可能与人口老龄化带来消费结构的变化有关。首先，人口老龄化速度在农村更快，老年人健康状况要弱于年轻人，因此在医疗保健上的支出更多，这将导致其消费增长更快，储蓄增长更慢。根据国家统计局数据，2010~2020年农村居民消费支出中用于医疗保健的支出增长了14.82%，在其各种消费支出中最高。其次，信息化和交通便利化不断提高，农村居民尤其是老年人在该领域的消费意愿被激发出来，2010~2020年农村居民消费中用于交通通信的支出增长率达到13.74%，仅次于医疗保健支出增长。最后，农村社会福利和保障水平提高，包括惠农补贴力度加大、城乡居民养老和医疗保障并轨，农民收入预期更加稳定，老年人消费的后顾之忧在一定程度上得到缓解，也使其消费意愿更加强烈。

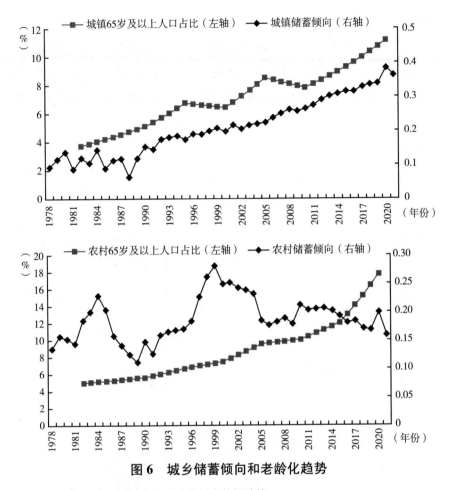

图6　城乡储蓄倾向和老龄化趋势

资料来源：根据国家统计局数据库数据计算。

　　然而，农村居民储蓄意愿下降也意味着农村资本积累能力下降。农民从农业中获得的收入更多地用于非农产品消费，使农村作为城市产品和劳务消费市场的地位进一步强化。为考察农村老龄化与资本积累能力的关系，我们绘制了分省份2015年65岁及以上人口占比与2015~2020年农村产业固定资产投资增长率的关系散点图（见图7上图），及2020年65岁及以上人口占比与涉农贷款余额中农业贷款余额占比的关系散点图（见图7下图）。可以看到，上图散点分布呈现明显的负相关关系，这意味着随着老龄化程度的加深，农业资本积累能力不断下降；下图散点分布也呈现明显的负相关关系，说明随着老龄化程度越高，农村总贷款中用于农业发展的贷款数量比例越低。出现上述状况的原因可能是，随着农村老年人劳动能力下降，其通过贷款扩大农业生产经营规模的意愿也在下降。

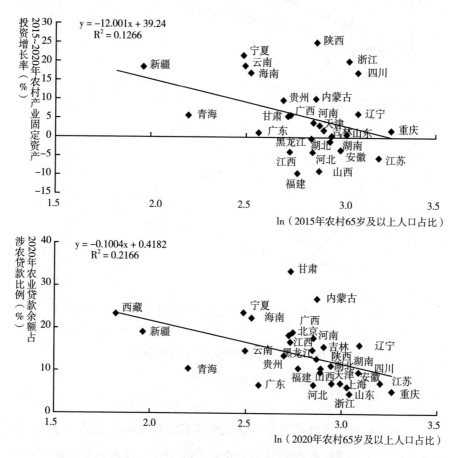

**图7　农村人口老龄化程度与固定资产投资增长和
农业贷款余额占比的关系**

注：图中产业包括农林牧渔业、制造业、建筑业、交通运输仓储和邮政业等行业。为便于观察变量关系，图中剔除了个别极端值省份。

资料来源：根据2016年、2021年《中国农村统计年鉴》、《中国固定资产投资统计年鉴》和《中国人口和就业统计年鉴》数据计算。

然而，从农村农户在非农领域的投资增长看，人口老龄化的负面影响比较明显。如图 8 所示，2015~2020 年农村农户在制造业、房地产业、居民和其他服务业的投资都是负增长，增长率分别为 -2.93%、-8.58% 和 -5.73%，建筑业仅增长 0.89%，增长较快的是农林牧渔业和交通物流业，分别增长 5.41% 和 17.63%，其中交通物流业增长快也与农业发展加快紧密相关，因为农产品增加必然带动与之相关的物流、仓储业发展。虽然我们无法从现有统计体系中得到农村非农产业总投资数据，但从农户分产业投资情况可以推测，农村非农产业投资增长速度应该也比较低，而这一状况可能是人口老龄化"负面影响"的结果。

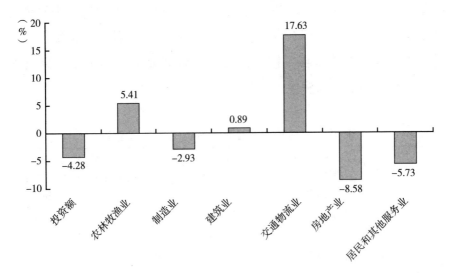

图 8　2015~2020 年农村农户分行业固定资产投资增长率

资料来源：根据《中国农村统计年鉴》（2006~2021）和《中国固定资产投资统计年鉴》（2006~2021）数据计算。

资本流动是城乡融合发展的加速器，工商资本入乡，既能把城市要素资源带入乡村，也为工商资本开辟了新的发展空间。随着乡村人口老龄化加深，农民自身资本积累能力不断下降，农村农业的发展越来越依赖工商资本的加入。人口老龄化对工商资本入乡可能存在正反两方面的影响。从正面影响看，人口老龄化导致农村闲置宅基地存量增加、土地流转和生产托管需求日益迫切，资本入乡能够满足盘活农村土地资源的需求，有利于提高整体要素配置效率；从负面影响看，人口老龄化导致农村可用劳动力数量减少、劳动成本提高，可能会限制农村产业的发展。从农村第一产业的发展来看，2015~2020 年总投资年均增长 11.2%，而其中来自农户的投资年均增长率仅为 5.4%（见表 12）。从投资来源看，2006~2020 年，农户投资占比从 47.25%下降到 7.21%，民间资本投资占比从 67.56%降至 60.57%，如果从民间资本中扣除农户的投资，则其占比从 20.32%提高到 53.36%。由此可见，在乡村人口老龄化背景下，民间资本在农业发展中发挥着日益重要的作用，在国有资本和农村农户投资增速放缓的情况下，乡村产业发展越来越依赖城镇工商资本，因而要加快推进城乡融合发展，就必须加快工商资本入乡步伐。

表 12　农村第一产业固定资产投资来源情况

年份	总投资（亿元）	农户投资（亿元）	民间资本投资（亿元）	不含农户的民间资本投资（亿元）	农户投资占比（%）	民间资本投资占比（%）	不含农户民间资本投资占比（%）
2006	2119.7	1001.5	1432.1	430.6	47.25	67.56	20.32
2007	2502.0	1041.9	1678.2	636.3	41.64	67.07	25.43
2008	3505.5	1255.1	2393.1	1138.0	35.80	68.27	32.46
2009	4715.5	1359.1	3028.5	1669.4	28.82	64.23	35.40
2010	5295.1	1368.9	3412.1	2043.2	25.85	64.44	38.59
2011	8757.8	1938.6	6262.3	4323.7	22.14	71.51	49.37
2012	10996.4	2224.0	7897.7	5673.7	20.22	71.82	51.60
2013	13478.8	2077.6	9267.0	7189.4	15.41	68.75	53.34
2014	16573.8	999.8	11299.4	9299.6	12.07	68.18	56.11
2015	21042.6	1980.3	14239.3	12259.0	9.41	67.67	58.26

年份	总投资（亿元）	农户投资（亿元）	民间资本投资（亿元）	不含农户的民间资本投资(亿元)	农户投资占比(%)	民间资本投资占比(%)	不含农户民间资本投资占比(%)
2016	24853.1	2079.2	16189.4	14110.2	8.37	65.14	56.77
2017	26708.0	2069.7	17386.2	15316.5	7.75	65.10	57.35
2018	29922.9	2254.1	19218.7	16964.6	7.53	64.23	56.69
2019	30149.4	2286.9	19425.7	17138.8	7.59	64.43	56.85
2020	35761.9	2577.6	21660.3	19082.7	7.21	60.57	53.36

注：民间资本主体包括集体控股企业、港澳台投资企业、外商投资企业、私人控股企业、农村农户。

资料来源：根据《中国农村统计年鉴》（2007~2021）、《中国固定资产投资统计年鉴》（2016~2018）和国家统计局网站数据计算。

（五）对城乡公共资源配置带来的影响和挑战

合理配置公共资源是经济健康发展的重要保障，也是城乡居民共享发展成果的基本途径。公共资源主要包括基础设施和公共服务两方面，无论是基础设施还是公共服务，其根本的服务对象是人，人口数量和结构等特征在很大程度上就代表了对公共资源的需求，因此当人口特征发生变化时，就要求公共资源供给也做出相应的改变。改革开放以来，随着大量年轻人进城务工并定居在城市，农村人口老龄化程度超过城镇地区，而且差距不断拉大，这必然会对城乡公共资源配置，特别是给农村公共资源配置带来影响。

首先来考察人口老龄化对基础设施配置的影响。人口老龄化对城乡基础设施建设都会产生明显影响。从城市来看，虽然城镇在基础设施建设上的投入和供给水平大大高于农村地区，但依然存在很多不足。一是老年人居住比较集中的老旧小区建设投入不足、设施老化严重、适老助老能力不足等问题比较突出。住建部2019年的摸底统计显示，全国共有老旧小区 17 万个，涉及居民超过 4200 万户约 1 亿人，建筑面积约为 40 亿平方米[①]。这些老旧小区基础性改造就需要上万亿元的投入，如果考虑人口老龄化不断加深对养老服务设施日益提高的要求，则老旧小区改造工作将是一个长期而艰巨的任务。二是城市扩张在吸引年轻人流入的同时也有相当数量的随迁老人，但在过去很长时间里，新建住宅建设和基础设施配套更多地考虑年轻人的需求，对老年人考虑不足，导致养老服务功能薄弱甚至缺失。国家卫健委 2015 年的中国城乡老年人生活状况抽样调查数据显示，城市老年人对社区交通状况、生活设施、健身场所、公共卫生间的满意程度分别为 60.4%、38.4%、40.1%、23.6%[②]。因此，城市生活设施的适老化水平离老年人的要求还有不小的差距。从乡村基础设施建设看，农村的基础设施普遍薄弱，与城市相比有不小差距，农村老年人对社区交通状况、生活设施、健身场所、公共卫生间的满意程度分别为 56.3%、19.6%、19.9%、23.6%[③]，与老年人实际需要相比更是差距巨大。

其次来看人口老龄化对城乡公共服务供需的影响。与人口老龄化最紧密相关的公共服务是医疗卫生和养老服务。在医疗卫生服务方面，实现"老有所医"是应对人口老龄化的重要举措，也是老年人安享晚年的重要保障。根据中国城乡老年人生活状况抽样调查数据，在村卫生室、社区卫生服务中心和乡镇卫生院就医的老人占全部就医老人数量的比重为 54.5%，老年人因为医疗资源拥挤而不能及时住

---

① 赵展慧：《城镇老旧小区 17 万待改造》，《人民日报》2019 年 7 月 2 日，第 2 版。

② 成红磊、侯显：《中国城乡老年人住房及宜居环境状况》，载党俊武主编《中国城乡老年人生活状况调查报告（2018）》，社会科学文献出版社，2018。

③ 成红磊、侯显：《中国城乡老年人住房及宜居环境状况》，载党俊武主编《中国城乡老年人生活状况调查报告（2018）》，社会科学文献出版社，2018。

院的比例仅为 5%，也就是说城乡医疗卫生服务资源供给基本能够满足老年人口的需求。然而，根据上文医疗卫生服务的城乡差距分析可知，卫生资源质量不高是影响乡村老年人口医疗服务满意度的主要因素。但无论是从医师数量上还是从医生受教育程度上，乡村卫生机构与城镇卫生机构还存在不小差距。而且乡村老年人由于受教育程度低、卫生知识缺乏、健康生活习惯欠缺等，整体健康程度低于城市老年人，对优质医疗服务资源的需求更为迫切。

在养老服务方面，城乡老年人需要与养老服务供给之间还存在着结构不匹配、优质普惠服务供给不足、专业人才特别是护理人员短缺等问题。《"十四五"国家老龄事业发展和养老服务体系规划》提出 2025 年养老机构护理型床位占比达到 55%，按照养老服务床位总量 900 万张规模计算，需要护理型床位 495 万张。从当前供给看，2020 年养老机构和设施床位数为 821 万张，按照护理型床位数占总床位数 30% 的比例计算①，当前养老机构护理型床位数为 246 万张，与目标值相差 250 万张左右，还有不小的缺口。从乡村养老服务情况看，存在的主要问题是农村老年人养老需求大，而农村养老公共服务设施和人员不足，居家养老服务设施短缺严重。2015 年，我国城乡老年人自报需要照护服务的比例为 15.3%，分城乡来看，城镇老年人自报需要照护服务的比例为 14.2%，农村老年人自报需要照护服务的比例为 16.5%。按照该比例，城镇和农村需要照护服务的老年人分别为 2034 万人和 2101 万人，总的需要照护的老人为 4135 万人，其中有意愿在养老机构接受照护服务的人约占 5%，约为 230 万人；根据民政部统计数据，2020 年养老机构收养的失能和部分失能老人之和

① 现有统计资料中没有具体的护理型床位的统计，但《中国养老机构发展研究报告》提出 2020 年护理型床位占养老床位总数比例不低于 30%，《中国民政统计年鉴 2021》显示 2020 年其他各类养老机构护理型床位占全部床位数的 31%，综合两方面信息我们推测护理床位比重不会偏离 30% 太远。

为110万人，占有意愿进入养老机构接受照护失能老人数量的47.9%，也就是说失能老人照护需求服务可能还有不小的缺口。此外，根据我们预测，80岁及以上老年人口数量将从2020年的2442万人增加到2035年的3672万人，其占比将从2020年的2%提高到2035年的3.5%，如果考虑到老年人特别是高龄老人数量的快速增加，照护需求也将快速增长。因此，无论是居家或社区照护，还是养老机构照护，城乡养老服务供给都还有比较大的缺口。

四 人口老龄化趋势下县城建设与城乡融合发展

县域是城乡融合发展的基本单元，县城是县域经济社会发展的行政管理中心，是推进城乡融合发展的关键支撑，因此县城建设对新型城镇化建设、新型工农城乡关系构建具有重要意义。2020年，习近平在全面推动长江经济带发展座谈会上指出"要推进以人为核心的新型城镇化，处理好中心城市和区域发展的关系，推进以县城为重要载体的城镇化建设，促进城乡融合发展"；在2020年12月召开的中央农村工作会议上，他指出"要把县域作为城乡融合发展的重要切入点，赋予县级更多资源整合使用的自主权，强化县城综合服务能力"。为推进县城发展，2020年国家发展改革委印发《关于加快开展县城城镇化补短板强弱项工作的通知》，2022年中共中央办公厅、国务院办公厅印发《关于推进以县城为重要载体的城镇化建设的意见》。人口老龄化必然也会影响至县城，而人口结构的改变也会对县域和县城经济发展和公共服务需求产生重要影响，了解县域和县城的人口老龄化趋势，明确人口老龄化过程中县城发展对城乡融合的影响，才能更好地谋划促进县域城乡融合发展的方向和举措。

（一）县城和县域的人口分布及老龄化趋势

县城指县治所驻地所在的城镇区域。随着县城规模的扩大和县域综合实力的增强，越来越多的县晋升为县级市，对县城的考察也包括县级市城区，为表述方便，以下如无特别说明，我们将县城和县级市城区统称为县城。研究县城对城乡融合发展的影响必须首先了解县城人口规模和分布状况。目前我国统计体系对县城的统计相对薄弱，这主要是因为县城并不是一级行政单元，而且没有关于县城范围的普遍认同的标准。住建部《中国县城建设统计年鉴》统计了县城的人口和城市建设情况，这是目前唯一的关于县城的官方统计资料，但其中的县城人口是户籍口径，用于反映县城规模和人口聚集流动情况还不够全面。因此，我们结合国家统计局城镇人口统计和住建部县城人口统计，推算得到 2009 年以来县城人口规模及其占总人口比重的变化情况（见图 9）。从县城在全国城镇人口分布格局的位置来看，县城的地位也在逐步上升。2009～2020 年县城人口从 18099 万人增长到 2020 年的 23311 万人，增加了 5212 万人，县城人口占全国总人口的比重从 2009 年的 13.9% 提高到 2020 年的 16.8%，提高约 3 个百分点。分开来看，县级市城区和县城的人口占全国总人口的比重分别从 2010 年的 5.8% 和 9.0% 提高到 2020 年的 6.5% 和 10.3%，分别提高 0.7 个和 1.3 个百分点，县城人口聚集的速度比县级市城区略快。

县级行政单元可以划分为市辖区和县域，这两类行政单元涵盖了我国绝大部分的国土面积和人口。如图 10 所示，2010～2020 年市辖区人口增加 21579 万人，县域（包括县和县级市）人口下降了 13871 万人。县域和市辖区人口的此消彼长是与我国城镇化的大趋势紧密相关的，我国中心城市主要分布在市辖区之中，乡村主要分布在县域内，人口不断从农村流向城市，叠加行政区划调整等因素的影响，县域人口减少、市辖区人口增加的格局因而形成。

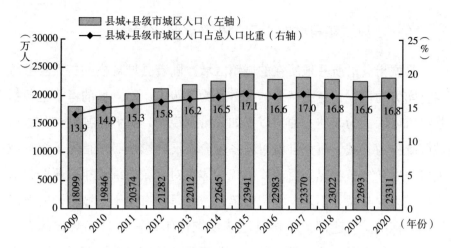

图9 县城人口规模及其占总人口比重的变化

资料来源：根据《中国人口与就业统计年鉴》（2010~2021）和《中国城乡建设统计年鉴》（2020）计算。

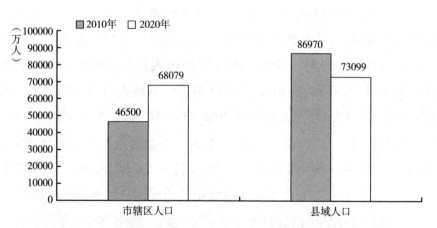

图10 2010年、2020年市辖区和县域常住人口变化

注：由于县域和市辖区人口涵盖了绝大多数国土面积和人口，为便于分析，我们不考虑其他类型区域，直接将总人口减去市辖区人口作为县域人口的数量。

资料来源：根据2010年和2020年《中国人口普查分县资料》计算。

　　县城在县域人口格局中的地位更是愈加凸显。如表13所示，县城人口占县域人口的比重从2010年的22.8%提高到2020年的

32.5%，提高了近 10 个百分点，也就是说当前县域全部人口中有近 1/3 的人口生活在县城中，生活在小城镇（即镇区）中的人口占比从 13.1% 提高到 15.7%，提高 2.6 个百分点，这说明县城人口聚集速度远远快于小城镇，县城在县域人口格局中的地位越来越重要。

表 13　县城人口在城镇化格局中的位置

单位：%

指标	2010 年	2015 年	2020 年	2010~2020 年
城镇人口占总人口比重	49.9	57.3	63.9	13.9
地级以上城市人口占比	24.3	26.6	34.3	10.0
县级市城区人口占比	5.8	5.9	6.5	0.6
县城人口占比	9.0	11.2	10.3	1.3
市辖区城镇人口比重	77.6	79.0	80.4	2.9
县域城镇人口占县域人口比重	35.9	41.6	48.2	12.4
县城（含县级市）人口占比	22.8	29.5	32.5	9.7
镇区人口占比	13.1	12.0	15.7	2.6

资料来源：根据 2010 年和 2020 年《中国人口普查分县资料》《中国人口与就业统计年鉴》（2001 年和 2021 年）数据计算。

从县域人口老龄化的趋势看，根据历次人口普查数据，2000 年 65 岁及以上人口占比低于 7% 的县有 1130 个，占全部县域数量的 56.78%，7%~14% 的县有 860 个，占比为 43.22%（见表 14）。国际上把 65 岁及以上人口占比超过 7% 的国家或地区划分为老龄化社会，据此判断，在 2000 年时大多数县还未进入老龄化社会。但 2010 年情况发生了改变，2010 年 65 岁及以上人口占比低于 7% 的县域数量锐减到 422 个，占全部县域数量的 21.09%，也就是说近 80% 的县都进入了老龄化社会。到了 2020 年，县域人口的老龄化程度又进一步提高，老年人口占比低于 7% 的县仅剩下 7.90%，超过 90% 的县进入老龄化社会；而与此同时，老年人口占比超过 14% 的县也已经超过了 50%，国际上将 65 岁及以上人口占比超过 14% 的国家或地区划分为

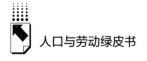

深度老龄化社会，这就是说大多数县域正处于向深度老龄化社会发展的状态。

表 14　按人口老龄化程度划分的县域数量及其占比

65 岁及以上人口占比	县域数量（个）			县域数量占比（%）		
	2000 年	2010 年	2020 年	2000 年	2010 年	2020 年
<7%	1130	422	148	56.78	21.09	7.90
7%~14%	860	1559	755	43.22	77.91	40.29
>14%		20	971		1.00	51.81

资料来源：根据 2000 年、2010 年和 2020 年《中国人口普查分县资料》数据计算。

县城是城乡人口流动的重要目的地，理论上说县城人口年龄结构应该比县域更年轻。根据第六次全国人口普查分乡镇街道的数据，我们以县政府驻地的乡镇街道作为县城，计算得到其人口老龄化水平，如表 15 所示。2010 年，老年人口占比低于 7% 的县城个数为 798 个，数量占全部县城的比重为 41.13%，超过 7% 的占近六成，但超过 14% 的不到 1%。可以说，2010 年时县城人口还处于向老龄化社会过渡的阶段。比较而言，县城人口结构明显比县域年轻，2010 年老年人口占比超过 7% 的县城比例比县域低 23.69 个百分点。尽管如此，按照人口老龄化的划分标准，2010 年大多数县城也已经跨入老龄化社会。

表 15　2010 年按人口老龄化程度划分的县城数量和人口

老龄化程度	县城数量		县城人口	
	个数（个）	占比（%）	数量（万人）	占比（%）
<7%	798	41.13	11350	44.79
7%~14%	1123	57.89	13839	54.61
>14%	19	0.98	153	0.61

资料来源：根据《中国 2010 年人口普查分乡、镇、街道资料》数据计算。

由于第七次全国人口普查分乡镇街道的数据尚未公布，所以我们暂未考察 2020 年县城人口老龄化程度，但可以推测，随着全国整体老龄化程度的加深，以及县域人口向市辖区的整体外流，县城人口结构加深老龄化也是大势所趋。然而县城发展中出现的一些新情况值得关注。近年来，随着县域经济的快速发展以及国家对县城发展重视程度的提高，县城建设取得了比较显著的进步，生活质量改善幅度较大，这一点从前文城乡基础设施特征分析中可以观察到。县城面貌的改善增加了其对人口的吸引力，同时一部分外出务工人员回流或者购房很多都选择在户籍所在地的县城，这些变化可能使县城人口老龄化速度有所放缓。

（二）县城在城乡融合发展中的功能和发展导向

城乡融合发展的根本目标是缩小城乡差距特别是城乡居民收入差距，让城乡居民平等享有改革发展的成果。县城作为整个县域非农产业聚集的中心，在县域要素和资源配置中发挥着"中枢"的作用，农村农业发展所需的资金、技术、管理和信息等要素首先来自县城，而农村流出的劳动力、农产品和土地指标等要素大多会优先聚集到县城。县城产业支撑能力不足，乡村发展就缺少资本、技术和管理等先进要素的支撑，乡村产业就很难有大的发展；同时，县城产业聚集不足，县域经济增长就会乏力，地方政府就缺乏财力投入改善乡村基础设施建设和公共服务供给。可以说，县城是引领县域经济和城乡融合发展的"火车头"，县城增长动力强劲，县域经济就会生机勃勃，城乡融合就能够顺利推进，反之县城增长乏力，县域经济就会失去活力，城乡融合就会缺乏物质基础，因此县城发展水平决定了县域城乡融合发展的广度和高度。

根据人口迁移理论，人口迁移服从就近原则，在其他条件相同的情况下，距离越近迁移倾向越大。因此，如果县城能够提供充足的就业岗位和比较高的收入，外出务工的人员将首选在县城工作。缺乏产业支撑的县城，无法提供充足的就业岗位，收入水平低于发达地区或大城市，导致农村外出务工人员直接跨越县城流向其他地区，县域人口外流将加剧县域人口老龄化。为反映某一县城产业聚集水平，我们构造一个产业—人口匹配度指标，分子为某一县域第二产业增加值占全国县域 GDP 的比重①，分母为某一县城人口占全国县城的比重，该指标大于 1 说明县城聚集第二产业规模相对于其人口规模更大，即县城产业聚集能力更强。根据测算，县城产业相对聚集度与县域人口吸纳能力明显呈正相关的关系，如图 11 所示，散点图的拟合曲线均显著为正。可见，县城产业支撑越强，人口吸引力越大，外来人口吸纳得越多，人口流出到县外的数量也就越少。

一般来说，迁移人口以青年人为主，青年人迁出后，一方面会导致老年人口比重提高，另一方面会导致生育下降从而加快人口老龄化，数据测算也显示了这一判断。我们计算了全国县域人口中由其他县迁移而来的人口所占比重，将其称为外县人口迁入率，进一步将该指标与本县 65 岁及以上人口比重绘制散点图，以观察人口迁移对人口老龄化的影响（见图 12）。从图中不难看出，外县人口迁入率与老龄化有着比较明显的负相关关系，也就是说，随着本县中外来人口流入，老龄化程度有下降的趋势。

从县城的情况看，人口迁入和人口老龄化的关系更为紧密。如图 13 所示，横轴为县城人口中户籍在外乡镇街道的人口占县城常住人口的比例，纵轴为县城 65 岁及以上人口占比，二者的散点图也呈现

---

① 地区增加值的统计最低是在县域层面上统计，县城没有相关统计指标，因此我们这里用第二产业增加值作为县城产业集聚特征的代理指标。这是因为，第二产业包括工业和建筑业，建筑业增加值占比通常比较低，而按照现行制度，县域工业必须聚集到工业园区，而工业园区通常可视为县城的一部分，因此县域第二产业规模大致反映了县城聚集了多少工业产出能力。

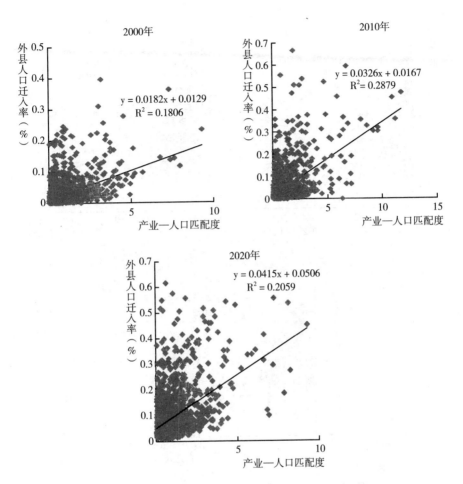

图 11　县城产业相对聚集程度与人口流动关系

资料来源：根据《中国人口普查分县资料》（2000 年、2010 年和 2020 年）和相关年份《中国县域经济统计年鉴》计算。

明显的负相关关系。结合以上产业对人口流动影响的分析，可以建立起县城产业聚集与人口老龄化的关联机制：县城产业支撑能力影响县域和县城的人口流动，产业聚集度越高，吸引外来人口量也就会相对越大，从而减缓县域和县城的人口老龄化程度，反之县城产业支撑能力不足，就会导致人口外流，加速县域和县城的人口老龄化趋势。

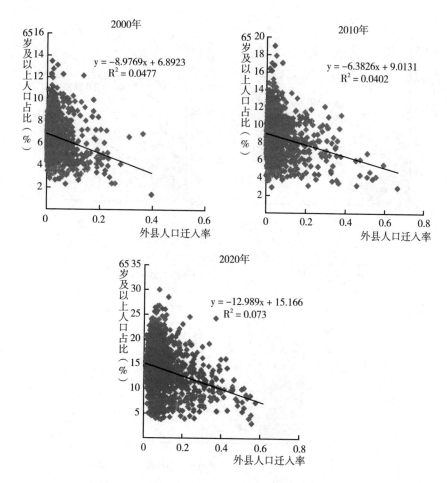

图 12　县域人口迁入与县域人口老龄化的关系

资料来源：根据《中国人口普查分县资料》（2000 年、2010 年和 2020 年）和《中国县域经济统计年鉴》（2001 年、2011 年和 2021 年）计算。

县域人口老龄化给县域经济发展会带来持续的影响。这是因为，人口老龄化的直接结果是劳动力数量及劳动能力的下降，这会导致企业雇工难度加大、成本增加，从而降低企业收益，影响县城产业集聚。而且，人口老龄化对工业发展的影响更为显著。一般而言，县城产业层级并不高，对大多数县城来说工业就是经济发展的

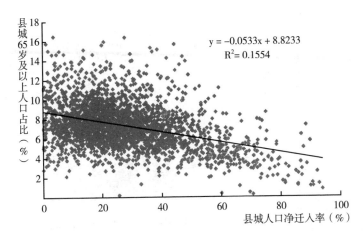

图13 县城人口迁入与县城人口老龄化的关系

资料来源：根据《中国2010年人口普查分乡、镇、街道资料》数据计算。

根基，影响工业发展就是影响了经济增长。为考察上述关联是否存在，我们绘制县城人口老龄化和产业相对聚集程度（产业—人口匹配度）的散点图（见图14），横轴为2010年县城65岁及以上人口占比的对数，纵轴为产业—人口匹配度2020年值与2010年值之比，用来反映县城的产业聚集速度。可以看到，散点图呈现一定的负相关趋势，在一定程度上说明人口老龄化程度越高的县城，其产业聚集速度越低，也就是说县城人口老龄化对县城经济发展产生了负面影响。

城乡关系是一个随着工业化和城镇化推进不断发展变化的过程。只有通过经济增长不断创造和积累财富，社会才有能力分配给乡村更多资源，也才能改善乡村居民生产生活条件，为实现城乡融合提供物质基础。因此，县域城乡融合与其经济发展水平密切相关。我们绘制了2020年经济—人口匹配度与城乡收入比的散点图（见图15），其中城乡收入差距可用城乡居民可支配收入之比来反映，经济发展水平

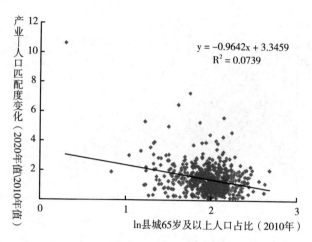

图 14 县城人口老龄化与产业聚集趋势的关系

资料来源：根据《中国 2010 年人口普查分乡、镇、街道资料》、《中国人口普查分县资料》（2000 年、2010 年和 2020 年）和《中国县域经济统计年鉴》（2001 年、2011 年和 2021 年）数据计算。

用经济—人口匹配度来表示①。图 15 显示拟合曲线斜率向下，相关系数也比较高，这说明县域发展水平越高，城乡差距越小，从而印证了县域经济发展和城乡融合发展互动关系的存在。

综合以上分析，我们可以构建出一个县城人口老龄化对县域经济发展和城乡融合发展的逻辑链条。从根源上说，县城人口老龄化程度与其产业早期发展水平相关，最初一些缺乏产业支撑的县城因无法创造足够的就业岗位而导致县域人口外流，这加剧了县域和县城的人口老龄化速度，而人口老龄化又导致工业和制造业企业用工成本提高，进而影响县城产业集聚和县域经济发展，最终出现人口老龄化和县域

---

① 该指标由某一县域 GDP 占全部县域 GDP 的比重除以其人口占比得到，该指标大于 1 说明该县经济发展水平超过了县域平均发展水平，超越得越多意味着该县发展相对水平越高。

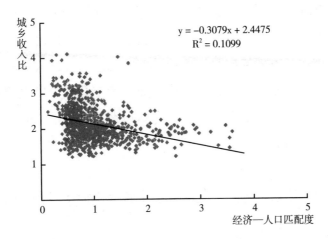

图15　2020 年县域经济—人口匹配度与城乡收入差距关系

资料来源：根据《中国县域经济统计年鉴》和中经网统计数据库的数据计算。

经济发展之间的负向反馈。在此过程中，县域经济增长乏力和县城产业支撑不足使乡村产业发展的要素支撑不足，导致乡村产业发展受阻和公共资源供给能力偏低，进一步限制了城乡融合发展。由此可见，人口老龄化在县城产业聚集和城乡融合发展中发挥着重要的关联作用，因此，促进城乡融合发展应以县城为核心，一方面要促进县城产业发展和农村产业培育的良性互动，另一方面要发挥县城的引领带动作用，推动县域养老服务供给能力和服务水平的提高。

在城乡融合发展的导向上，对于不同县城类型，应该采取不同的应对人口老龄化策略。按照产业支撑能力强弱，可以将县城划分为产业主导县城和公共服务主导县城两类。产业主导县城主要是指大城市周边、具有资源禀赋优势或者以农业为主产区的县城，这些县城产业基础较好、经济增长较快；其发展导向是培育发展特色产业，提升人口聚集能力、提升公共服务水平，吸引更多县内外青年劳动力聚集，缓解人口老龄化影响，加快推进城乡融合发展。公共服务主导县城主要是指生态环境脆弱、资源枯竭、地理位置偏远的县，这些县城产业支撑能力不足，缺乏充分和高质量的就业机会，人口流失和人口老龄化比较严重；其发展导向是完善公共服务功能、促进人口和公共服务资源集中，因地制宜培育接续替代产业，稳定县城人口规模，优化养老服务功能，积极发展养老产业，为本地老人提供稳定的生活保障和均等化的养老服务。

五 人口老龄化背景下推进城乡融合发展的建议

（一）构建适应老龄化的人力资源开发体系，推动老年人力资源的城乡间均衡发展

第一，充分发挥人才盘活乡村资源的引领作用。一是加快推进农业生产经营人才培养，以家庭农场经营者、专业大户、农民合作社带头人等为重点，强化对存量农业劳动力的人力资本建设。二是建立城市人才入乡激励机制，鼓励本地外出的各类人才返乡创业兴业，并建立城乡人才合作交流机制，推动各类人才入乡创业，推进城市科教文卫体等工作人员定期服务乡村，允许农村集体经济组织探索人才加入机制。

第二，完善制度体系、优化资源配置，推进老年人力资本积累。强化顶层制度设计，完善老年人力资源开发相关法律和政策支持体系，健全相关法律法规和制度，确立老年人力资源开发的法律地位，政府发挥主导作用，构建老年人力资源开发的政策支持体系。推动老年职业教育发展，加大力度提升老年人的技能型人力资本，以适应新发展阶段劳动力市场的需求。政府、社会组织、老年大学、社区等多元主体应通过各种方式为老年人力资源开发提供多样性、个体化的服务，针对老年人的再就业需求，为老年人提供有针对性的技能培训

服务。

第三，缩小老年人力资源开发的城乡差距，促进人力资本在城乡间均衡发展。建立短期培训、职业培训和学历教育衔接的农民教育培训体系，促进农民终身学习。搭建乡村老年就业服务平台，拓宽乡村老年人就业渠道，调动老年人就业积极性。加强对乡村老年人农业劳动、互联网等现代化技能的培训，帮助和引导其接受新事物、融入现代社会。促进城乡医疗卫生等服务的普惠共享，提高乡村老年人的身体健康水平和生活质量，提升乡村老年人健康型人力资本。

（二）加快农村土地制度改革和市场体系建设，建立适应人口老龄化的土地利用方式

第一，健全农业社会化服务和农地流转市场，充分发挥其对耕地利用的积极影响。健全农业生产社会化服务体系。培育壮大各类组织，以生产托管为重点，大力发展以提供农业社会化服务为主的各类专业公司、农民合作社、服务专业户等各类主体。提升服务能力，聚焦生产的关键薄弱环节，加大对社会化服务的引导支持力度，特别是加大对山地、丘陵等非平原地区农业生产社会化服务的支持。健全农地经营权流转市场，加快农用地三权分置改革，积极推进农村产权流转交易市场建设。加快推进全域土地综合治理，深化农村集体土地股份合作制改革，引导农民以承包地入股组建土地股份合作组织。

第二，推进宅基地使用机制、流转机制、退出机制改革。随着人口老龄化的深入，城乡土地要素错配问题可能进一步凸显，耕地保护和粮食安全保障压力增加，必须加快相关领域的改革。一是加快探索建立宅基地存量超标多占有偿使用和新增有偿使用机制。应充分发挥市场机制对资源配置的决定性作用，对超标准占用宅基地和一户多宅的，以及非本集体成员占有和使用宅基地的，探索在地方政府指导下由农村集体经济组织主导的有偿使用制度。对新申请宅基地，根据土

地稀缺程度、土地级差等，探索建立分类分档累进有偿使用制度。二是加快探索建立宅基地流转机制。宅基地使用权跨镇、跨县等流转改革试点范围进一步扩大，尽快推动立法并在全国推广。三是加快探索建立宅基地自愿有偿退出机制。加快制定集体经营性建设用地就地入市操作办法，建立地方政府主导的区域农村宅基地交易平台，推动耕地占补平衡指标、城乡建设用地增减挂钩节余指标市场化交易，为宅基地退出提供资金保障。

（三）健全农村金融服务体系，营造规范便捷的工商资本入乡环境

资本是资金、技术、管理和人才入乡的重要牵引，其自由流动和合理配置是实现城乡融合发展的关键。目前，乡村发展资金瓶颈还比较突出，需要通过金融支持和撬动民间资本进入来缓解。

第一，健全适合农业农村特点的农村金融体系，更好地满足乡村振兴多样化金融需求。健全金融支农组织体系。发展乡村普惠金融，形成多样化农村金融服务主体；鼓励大型商业银行完善"三农"金融服务供给，鼓励多种金融模式服务乡村振兴。创新金融支农产品和服务。探索宅基地用益物权和抵押物权实现路径，允许宅基地使用权在资格权人之外流转，在更大地域范围、以更多元化形式盘活农村闲置的宅基地资源。鼓励县级土地储备公司参与农村承包土地经营权和农民住房财产权抵押。结合农村集体产权制度改革，探索利用量化的农村集体资产股权的融资方式。

第二，优化工商资本入乡的乡村营商环境，鼓励和引导社会资本支持农村发展。优化乡村基层营商环境，加大农村基础设施和公用事业领域开放力度，继续深化"放管服"改革，鼓励利用外资开展现代农业、产业融合、生态修复、人居环境整治和农村基础设施等建设。探索在政府引导下工商资本与村集体的合作共赢模式，发展壮大

村级集体经济，并通过就业带动、保底分红、股份合作等多种形式，让农民合理分享全产业链增值收益。

（四）加快补齐农村养老服务设施短板，健全农村养老服务体系

城乡基本设施和公共服务的主要短板在农村，随着城乡人口老龄化的加深，尤其是农村人口老龄化更快推进，城乡基础设施和公共服务不平衡不充分的问题有扩大的倾向，必须加快农村基础设施建设和农村养老服务发展。

第一，适应农村人口老龄化加剧形势，加快建立以居家为基础、社区为依托、机构为补充的多层次农村养老服务体系。以乡镇为中心，建立具有综合服务功能、医养相结合的养老机构，与农村基本公共服务、农村特困供养服务、农村互助养老服务相互配合，形成农村基本养老服务网络。加快农村居家养老服务设施建设步伐，完善农村养老服务托底的措施。支持乡镇供养机构改善设施条件并向社会开放，提高运营效益，增强护理功能，使之成为区域性养老服务中心。依托行政村、较大自然村，充分利用农家大院等，建设日间照料中心、托老所、老年活动站等互助性养老服务设施。

第二，提高乡村卫生服务机构为老年人提供医疗保健服务的能力。提高乡村医务人员的待遇，吸引和留住人才。积极引才充实乡村医疗卫生机构，吸引高校医学毕业生到贫困、边远乡村卫生院（室）工作，在待遇上应予重点倾斜。全面建立市、县、乡三级紧密型医联体，推进医联体服务延伸到乡村，实现医疗资源上下贯通，让"医联体"成为服务、责任、利益、管理共同体。提高乡村医疗卫生机构服务能力，改善就医环境和医疗设施供给，提高常见病、多发病和慢性病的诊疗水平，提升乡村居民医疗保险报销便捷性。

第三，建立健全农村留守老年人关爱服务体系。支持主要面向失

能、半失能老年人的农村养老服务设施建设，推进农村幸福院等互助型养老服务发展。强化家庭在农村留守老年人赡养与关爱服务中的主体责任，发挥村民委员会在农村留守老年人关爱服务中的权益保障作用，发挥为老组织和设施在农村留守老年人关爱服务中的独特作用，促进社会力量广泛参与留守老年人关爱服务，加强政府对农村留守老年人关爱服务的支持保障。

（五）顺应老龄化趋势合理规划村庄布局，加快农村基础设施建设和适老化改造

根据我们预测，2020~2035年还将有1.6亿左右的农村人口进入城镇，占现有农村人口的1/3，村庄人口老龄化和人口减少问题将进一步加剧，未来的村庄建设需要顺应人口老龄化趋势，在重新整合布局村庄基础上合理展开。

第一，科学划分村庄类型，分类制定发展策略。在科学判断村庄人口和产业发展特征基础上，参照现有各地的政策实践，将村庄划分为集聚带动类、优化提升类和搬迁撤并类，分类进行发展建设。集聚带动类村庄一般是规模较大的中心村和具有一定产业基础的村庄，这类村庄应科学确定村庄发展方向，加大要素保障力度，优化发展环境，激发产业活力，促进生产生活生态融合发展。优化提升类村庄是人口相对稳定、仍将存续的一般村庄，这类村庄未来以农村人居环境整治和村庄有机更新为主要发展方向。搬迁撤并类村庄自然条件差、发展基础薄弱、人口流失严重、老龄化程度高，这类村庄应在充分尊重农民意愿、谋划好后续发展的前提下有序进行搬迁。

第二，做好搬迁撤并类村庄的搬迁工作，保障村民的合理合法权益。一些地理位置偏远、生态环境脆弱的村庄未来人口老龄化特征将进一步凸显，并由此导致农村产业萧条、空心化问题更加严峻，这些村庄应可通过生态搬迁、农村集聚发展搬迁等方式，实施搬迁撤并。

村庄搬迁撤并应纳入国土空间规划体系中，科学规范地开展。新址选择要慎重、科学，应坚持与新型城镇化、农业现代化相结合，避免新建孤立的村落式移民社区。拟搬迁撤并的村庄，应合理把握规划实施节奏，必须尊重和保障农民的合法权益。

第三，加大乡村基础设施建设投入，加快推进设施的适老化改造。当前乡村基础设施建设人均投入只有城镇的不到1/7，推进城乡融合发展必须继续加大村庄建设的投入。建立城乡基础设施一体化规划建设机制，以县域为整体，统筹规划城乡基础设施，统筹布局道路、供水、供电、信息、广播电视、防洪和垃圾污水处理等设施；健全分级分类投入机制，在加大政府投入力度的基础上，积极引入社会资本，支持有条件的地方政府将城乡基础设施项目整体打包，实行一体化开发建设。乡村基础设施建设要充分考虑老年人的需要，制定农村适老化建设标准，在公共空间、道路交通、商业化设施等方面进行无障碍设计和改造，推动老年友好型乡村建设。

（六）增强县城产业发展和养老服务辐射带动功能，提升县域应对人口老龄化的能力

从县城发展趋势看，随着国家开展以县作为重要载体的城镇化建设，县城在城乡融合发展中的地位将更加凸显。一方面，县域产业向县城集聚趋势不会改变，在县域经济格局中的地位还将进一步提高，人口也将进一步集聚；另一方面，随着乡村人口老龄化的深入，老年人随子女迁入城镇定居生活的情况更加普遍，导致对养老服务需求的数量和质量都在提高。因此，县城既要发挥县域产业聚集中心的功能，也要发挥好其作为县域养老服务辐射中心的功能。

第一，提升县城综合承载能力，增强县城人口聚集能力，积极应对人口老龄化。提升县城综合承载力的关键是培育发展特色优势产业，只有产业支撑能力提升才能减缓人口外流和吸引外出人员返乡，

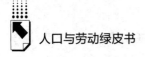

从而增强县域发展活力和减缓人口老龄化。以县城产业园区为重点，促进特色优势明显、对乡村生产带动强的产业集聚和壮大，促进县域产业向县城集中集聚。提升各类产业平台功能，保障要素供应，制定有针对性的扶持政策，为农民工、大学生返乡创业营造良好氛围，积极扩大县城就业容量。

第二，构建以县城为中心的养老服务体系和养老产业体系，引领和带动县域老年事业的发展。提升县城公办养老机构服务能力，以县城综合养老服务机构为中心，统筹养老资源，辐射带动乡村养老服务站点，促进日间照料、上门服务、服务推广等功能的城乡对接；在县城建设失能特困人员集中照护中心，为县域失能特困人员提供集中照护服务。以县城为依托发展养老产业，推动老年旅游、老年教育、老年娱乐、医养结合等养老服务业各种业态的发展，合理谋划养老服务业集聚区和特色产业基地，推动智慧养老新模式的发展。

参考文献

党俊武、李晶主编《中国老年人生活质量发展报告（2019）》，社会科学文献出版社，2019。

丁煜、王玲智：《基于城乡差异的社区养老服务供需失衡问题研究》，《人口与社会》2018 年第 3 期。

李贵敏、孙晓杰：《我国城乡基层医疗机构卫生资源配置变化趋势分析》，《卫生软科学》2020 年第 11 期。

廖柳文、高晓路：《人口老龄化对乡村发展影响研究进展与展望》，《地理科学进展》2018 年第 5 期。

苏红键：《教育城镇化演进与城乡义务教育公平之路》，《教育研究》2021 年第 10 期。

老龄化趋势篇
Aging Trend

G.2

中国老龄化发展历程及趋势预测

向 晶*

摘 要： 中国老龄化趋势正在加速，当前全球近三成的老人生活在中国。整理城乡和地区老龄化发展趋势可以看到：（1）中国老龄化"城乡倒置"的现象将持续加剧。2020年农村老龄化程度比城镇高出6.6个百分点；预计到2035年，这一差距将扩大到17.4个百分点。（2）2035年全国老年人总量将达2.74亿。其中，城镇老年人1.6亿，农村1.14亿。（3）高龄老人规模到2035年将比现在翻一番。基于中国人口总量减少和老龄化程度提高的预判，应加快适应人口变化的经济发展战略和社会制度设计。

关键词： 老龄化 老龄化社会 城乡倒置

* 向晶，管理学博士，中国社会科学院人口与劳动经济研究所副研究员，主要研究方向为人力资源、农业经济。

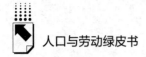
　　老龄化已经成为全球普遍现象。根据联合国最新标准，当前世界上有 91 个国家进入老龄化社会①。随着经济增长和科技进步的发展，因低生育和人类预期寿命的延长，预计全球 65 岁及以上老年人的规模将从 2022 年 7.83 亿人迅速增加到 2030 年的 10.1 亿人②。目前，全球近三成的老人生活在中国。2021 年，中国 65 岁及以上老年人规模达 2 亿，占到全球老年人总量的 34.5%。预计到 2050 年，中国 65 岁及以上老年人规模达 4 亿，占到中国人口总量的 1/4③。从联合国提供的长期人口发展趋势可以看到，全球老龄化进程正在加快，虽然中国老年人人口规模将出现快速增长，但是在全球老龄化趋势下，中国人口总量和结构的贡献将持续减弱。中国老年人口总量预计在 2056 年达到峰值，约为 4.3 亿，但是中国老年人总量占到全球老年人的比重却将从 2020 年的 34.4% 持续下降到 2055 年的 24.4%，再到 2100 年的 12% 左右（见图 1）。2020 年中国新生儿数量进一步降低，老龄化与人口增速放缓开始相伴而行，中国人口总量在全球人口总量中的比重也将进一步降低。联合国《世界人口展望 2022》显示，中国人口总量在全球人口中的占比将从 2020 年的 18.7% 持续下降到 2100 年的 6.96%。

　　综合国内国际发展形势，中国将更重视人口变化对本国经济和社会发展可能带来的深刻影响。一方面，就中国自身人口发展趋势而言，未来 15 年是中国老龄化高速发展期。联合国的预测显示，到 2035 年中国 65 岁及以上老年人规模预计达到 3.6 亿。这意味着，在不到 15 年的时间里，中国老年人口数量将在 2020 年的基础上翻一番。预计在 2056 年前后，中国老年人口规模达到峰值的 4.3 亿，届时中国人口总量占全球的比重将不足 14%。另一方面，中国人口总

　　① 联合国关于老龄化社会标准为：65 岁及以上老年人占总人口的比重超过 7%。
　　② 联合国经济和社会发展司：《世界人口展望 2022》。
　　③ 中国发展研究基金：《中国发展报告 2020：中国人口老龄化的发展趋势和政策》。

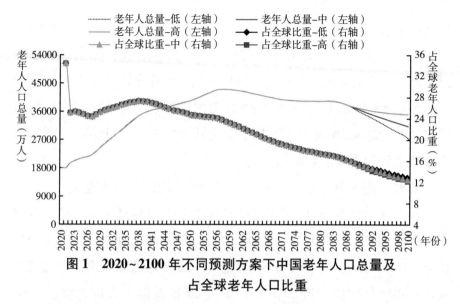

**图1　2020~2100年不同预测方案下中国老年人口总量及
占全球老年人口比重**

资料来源：联合国经济和社会发展司《世界人口展望2022》。

量将进入负增长阶段。从资源约束和经济发展的角度来看，人口总量的减少，会缓解分享社会财富成果的压力。如果能保持目前的经济增速，共同富裕的战略目标将会更早实现。然而，中国老龄化的规模和发展趋势既会对经济增速产生影响，又会通过影响增长模式，对全国、城乡甚至各省区市的可持续发展以及社会公共政策发起挑战。

2020年《中华人民共和国国民经济和社会发展第十四个五年规划和2035年远景目标纲要》明确提出，实施积极的人口老龄化国家战略。结合中国人口发展趋势，本研究通过整理中国城乡、地区老龄化特征，为解决老龄化问题提供思路。

一　中国人口老龄化发展现状

关于老龄化社会的认定，存在多种标准。一是联合国在1956年对老龄社会的标准进行界定。当一个国家或地区65岁及以上老年人

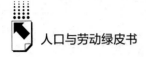

口占比超过7%，即进入老龄化社会。二是1982年的维也纳老龄问题世界大会，认为60岁是老年人的分界点。当一个国家或地区60岁及以上老年人占比超过10%，就意味着进入老龄化社会。三是世界卫生组织以65岁及以上人口的比例作为测度标准，其认为当该年龄组的比例在7%～14%时基本就是老龄化社会，一旦超过14%，则该国家或地区即为重度老龄国家或地区。

依据上述划分标准，中国早在2000年就已经进入老龄化社会。第五次全国人口普查时，中国60岁及以上人口总量为1.3亿，占到人口总量的10.3%；65岁及以上人口总量为8821万人，占总人口的比重达7%。随着中国经济进一步提高，城镇化进程加快，中国老龄化进程也明显加快。到2020年，中国60岁及以上人口总量达2.64亿，占到人口总量的18.7%；65岁及以上人口总量达1.9亿，占人口总量的13.5%。比较2000～2010年和2010～2020年两个阶段，从表1和图2可以清晰地看到，2000～2010年，中国65岁及以上老年人口规模增加3112.8万人，年均增速达3.07%；2010～2020年，65岁及以上老年人口增加7129.5万人，年均增速达4.80%。六普之后，中国老龄化速度明显提高。与此同时，高龄老人（80岁及以上）的规模也在不断提高。2000年，高龄老人（80岁及以上）规模为1199.1万人，在全国总人口中的比重接近1%，之后随着老年人健康水平的持续提高，预期寿命的延长，高龄老人（80岁及以上）的规模到2020年达3580.1万人，占到人口总量的2.54%（见表1）。

新中国成立至今，中国人口老龄化发展呈现以下特征。一是中国庞大的人口基础，在老龄化发展过程中，也显示出庞大的人口基数效应。老年人口规模庞大，加速进入老龄化社会。1953年第一次全国人口普查，中国65岁及以上老年人口规模为2504万人，相当于英国该年人口的一半；到2000年，中国65岁及以上老年人人口规模提高到

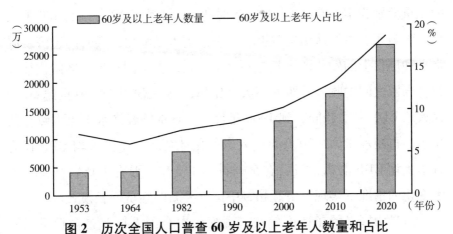

图2 历次全国人口普查60岁及以上老年人数量和占比

资料来源：历次全国人口普查数据资料。

表1 第五、六、七次全国人口普查老龄化情况对比

单位：万人，%

普查次序 （年份）	60岁及以上		65岁及以上		高龄老人(80岁及以上)	
	规模	占比	规模	占比	规模	占比
第五次（2000）	12997.8	10.3	8821.3	7.0	1199.1	0.95
第六次（2010）	17759.4	13.2	11934.1	8.9	2098.9	1.57
第七次（2020）	26406.6	18.7	19063.6	13.5	3580.1	2.54

资料来源：历次全国人口普查数据资料。

8821.3万人；同年，英国人口总量才5885万人。到2010年，中国65岁及以上老年人口规模超过1亿，到2020年，达到1.9亿。2021年，日本全国总人口只有1.25亿人。按照联合国人口预测，到2050年中国老年人口规模将超过4亿，相当于当前美国人口总量。

二是人口结构转变超前于经济发展阶段。中国是从2000年开始进入老龄化社会，当时中国人均GDP为945.6美元，日本于1969年进入老龄化社会，当时人均GDP为1684美元。二战后很多发达国家进入老龄化社会，比如英国和德国在1950年时65岁及以上老年人口

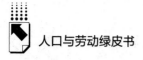
的比重分别为 10.8% 和 9.5%，当时两国的人均 GDP 分别为 720 美元和 494 美元。虽然从历史数据看，中国进入老龄化社会时的经济发展水平和历史上的发达国家相差不大，但是，发达国家进入老龄化社会时，国家之间的收入差距并不大。比如，英、德两国在 20 世纪 50 年代人均 GDP 基本趋同，到 1960 年代末，日本的经济水平也大致与其相当。再观察中国，2000 年进入老龄化社会时，中国人均 GDP 仅为日本人均 GDP 的 2.53%，在全球排第 112 位。要在人口特征发生重大变化的情况下实现经济赶超，中国需要新的经济增长模式。

三是中国老龄化速度较快。观察历次全国人口普查数据可以看到，2000~2010 年，中国 60 岁及以上老年人规模增加 4761.6 万，但是 2010~2020 年，60 岁及以上人口的规模增加 8647.2 万。如果按照 65 岁及以上老年人在全国总人口的占比可以看到，2000~2010 年，老年人年均增长 3.07%；2010~2020 年年均增速 4.80%。

二 中国城乡老龄化变动趋势

在中国老龄化发展进程中，城乡老龄化呈现不同的发展态势。长期以来，农村劳动力转移导致老龄化"城乡倒置"现象还在不断加剧。然而，最新的全国人口普查数据显示，城镇老年人口规模已经开始超过农村。未来城乡人口结构变动将对城乡经济、社会治理产生更为深刻的影响。

（一）城镇老龄化发展态势

20 世纪 90 年代中期以来，城镇老年人口发展趋势可以分为三个阶段（见图 3）。

第一阶段：初次老龄化，1996~1999 年。按照 65 岁及以上老年人口占比超过 7% 这一标准，中国城镇首次进入老龄化社会发生在 1996 年，老龄化程度为 7.66%，随后出现小幅提高，达到 1999 年峰

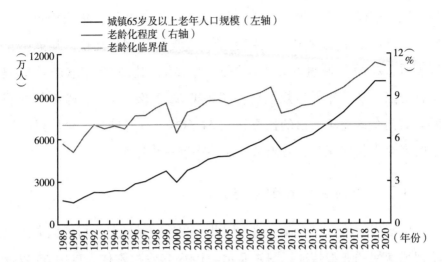

图 3　1989~2020 年中国城镇老年人口规模与老龄化程度变化趋势

资料来源：《中国人口和劳动就业统计年鉴》（历年）。

值的 8.56%。在这个阶段，老龄化主要出现在城镇，全国和农村并没有明显的老龄化。原因在于，相比较农村，城镇实行相对较严格的一胎化政策，城镇新生人口规模自 1980 年代初就出现剧烈收缩。同时，城镇医疗服务水平的提升快速地提高城镇人口预期寿命，这使得城镇老龄化在 20 世纪 90 年代末得以初现。然而，由于农村大量青年劳动力对城镇人口进行补充，城镇老龄化仅维持较短的时间。城镇老龄化程度在 2000 年迅速下降到 7% 以下。

第二阶段：小幅度老龄化发展阶段，2000~2010 年。2010 年城镇 65 岁及以上老年人规模为 5223.7 万人，比 2000 年增加了 2275.59 万人，年均增速为 5.89%。与第一阶段相比，城镇正式进入老龄化社会。从老龄化程度来看，2010 年城镇老龄化程度为 7.8%，比 2000 年仅增加 1.38 个百分点。与 2010 年全国 8.9% 的老龄化程度相比，城镇老龄化程度较低。2010 年城镇老年人口占全国老年人口的比重仅为 43.77%。

第三阶段：老龄化快速发展阶段，2011 年至今。2020 年城镇 65

岁及以上老年人口规模达 1 亿，是 2010 年的 1.9 倍，年均增速达到 6.6%。与第二阶段相比，城镇老龄化发展趋势明显加快。从老龄化程度看，2020 年城镇老龄化水平为 11.13%，比 2010 年增加了 3.33 个百分点。从老年人口规模看，2020 年城镇老年人口突破 1 亿的同时，其占全国老年人口的比重达到 52.66%。这意味着，全国过半以上的老年人长居城镇，且未来规模还将进一步扩大。

（二）农村老龄化发展态势

由于农村为人口净流出地，因此，相比较城镇，农村地区老龄化呈现增速快的典型特征。图 4 显示，1998 年农村常住人口中 65 岁及以上占比达 7.05%，规模达 5863.4 万人。随后，农村老年人的规模和占比都持续提高。到 2020 年，农村老年人口规模达 9025.58 万人，老龄化程度达 17.7%。与城镇相比，农村地区老龄化水平更高，且两者之间的差距在持续扩大。2000 年，城乡老龄化差距仅为 1.1 个百分点，到 2010 年，城乡老龄化差距扩大到 2.2 个百分点，到 2020 年，这一差距进一步扩大到 6.57 个百分点。

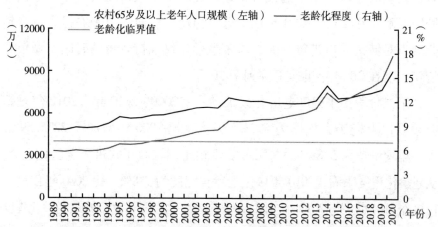

图 4　1989~2020 年中国农村老年人口规模与老龄化程度变化趋势

资料来源：《中国人口和就业统计年鉴》（历年）。

　　为进一步观察农村老龄化程度，我们将 60 岁及以上老年人分为 60~74 岁和 75 岁及以上两个年龄组。从数量变化看，60~74 岁低龄老人数量从 1982 年的 5101 万人增加到 2020 年的 8938 万人，75 岁及以上高龄老人数量增加 2102 万人。从相对规模看，高龄老人数量占全部老人数量的比重在上升，从 1982 年的 17.7% 上升到 2020 年的 26.4%（见表 2）。低龄老人数量迅速增加，意味着农村老年人力资本具有空间和潜力；与此同时，农村地区高龄照护以及精神需求也日益增多。

表 2　乡村总人口和老年人构成变化

单位：%

年龄组	1982 年	1990 年	1995 年	2000 年	2005 年	2010 年	2015 年	2020 年
0~14 岁	35.38	29.57	28.72	25.52	21.95	19.16	19.18	19.27
0~6 岁	14.12	14.66	12.59	8.94	8.51	9.29	8.87	8.08
7~14 岁	21.26	14.91	16.14	16.58	13.44	9.87	10.32	11.18
15~59 岁	56.85	61.82	61.28	63.57	64.32	65.85	62.35	56.93
15~29 岁	28.29	30.90	26.34	23.37	19.77	22.03	19.79	13.41
30~59 岁	28.56	30.92	34.94	40.20	44.55	43.83	42.56	43.52
60 岁及以上	7.77	8.61	9.99	10.92	13.73	14.98	18.47	23.80
60~74 岁	6.40	6.97	7.97	8.48	10.43	11.17	14.15	17.53
75 岁及以上	1.37	1.63	2.02	2.44	3.30	3.81	4.31	6.27

　　资料来源：根据《中华人民共和国人口统计资料汇编（1949~1985）》、历次《人口普查资料》和《1% 人口抽样调查资料》数据计算。

（三）城乡老龄化差距及总结

　　综合城乡老龄化发展趋势，可以看到两大特点。第一，中国老龄化长期呈现"城乡倒置"的现象，且还在持续加剧。图 5 显示，2020 年，中国城乡 65 岁及以上老年人的占比分别为 11.1%、17.7%，两者相差 6.6 个百分点。与 1990 年城乡老年化程度相差仅 0.6 个百分点相比，差距扩大了 6 个百分点。第二，老年人口城乡分布从过去主要居住在农村，向城镇老年人占大多数转变。2020年，中国城乡65岁及以上的常住老年人口规模分别为1亿人和9026万人。观察1990~2020年城乡老年人增长情况可以看到，城镇老年人口规模自2000年开始增速明显加快，而农村老年人规模大幅提高出现在2010年之后。2000~2010年，农村地区老年人口规模增加不足700万人，但城镇老年人口规模增加2275万人。2010~2020年，农村老年人口增加了2274.6万人，不足同期城镇老年人口增幅（4814万人）的一半。到2020年，老年人口的城乡分布状况也发生了根本性改变，由原来老年人多居于农村向多居于城镇转变。

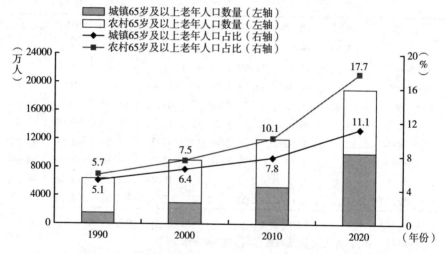

图5 中国普查年份城乡老年人口规模及占比情况

资料来源：《中国人口和劳动就业统计年鉴》（普查年份数据）。

三 中国各地区老龄化变动趋势

全国各地人口规模和增速存在差异，在人口迁移和自然增长率发生变化的情况下，各地老龄化进程也存在显著差异。图6显示了自

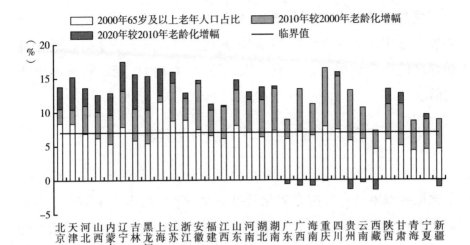

图6　普查年份各省份老龄化程度变动情况

注：本图以2000年各省份老龄程度为基数，以历次全国人口普查较上一次全国人口普查老龄化程度的增幅，通过累计图的方式，获得2000~2020年三次全国人口普查的老龄化程度。当老龄化增幅为负数时，表示该省份老龄化程度较上次人口普查有所降低。

资料来源：《中国人口统计年鉴》（历年）。

2000年中国进入老龄化社会以来，全国31个省区市老龄化变动情况。具体有如下特征。

（一）全国各地均进入老龄化社会

2020年，30个省份65岁及以上老年人口占比超过7%。其中，辽宁省老龄化程度最高，达17.43%。老龄化程度最低的是西藏，老龄化水平为5.75%。老龄化程度相差11.68个百分点。2020年全国人口普查数据显示，老龄化程度超过全国均值的有15个省份。与2000年11个省份出现老龄化特征相比，增加了4个省份。

（二）东北三省是老龄化进程最快的地区

图6显示，与2000年相比，辽宁、吉林、黑龙江三省2020年的老龄化水平分别提高了9.6个、9.75个和9.9个百分点。老龄

化程度增幅次高的地区是重庆和四川两省。2000~2020年，老龄化增幅分别是8.4个和8.39个百分点。综合这5个老龄化进程最快地区的生育情况可以看到，人口流出对该地区老龄化做出重要贡献。

（三）不同地区城乡老龄化程度分化显著

第一，东部地区城乡间老龄化差距最大。表3显示，2020年，东部地区城镇和农村的老龄化程度分别为14.95%、24.14%，城乡间的老龄化水平相差9.19个百分点。中部和西部地区农村的老龄化水平分别为23.57%、21.35%，比城镇地区老龄化水平分别高8.75个和7.04个百分点。东北地区老龄化程度远高于其他地区，但是其城乡间老龄化差距最小。七普数据显示，东北地区城镇和农村的老龄化水平分别为20.96%、26.43%，城乡间老龄化差距为5.47个百分点。

第二，东北地区城乡老龄化差距的扩大速度最快。据测算，东部地区城乡老龄化差距从2010年的1.42个百分点提高到2020年的9.19个百分点。10年间，东部城乡老龄化差距提高了7.77个百分点。中部和西部城乡间老龄化差距分别提高5.26个和4.41个百分点。而东北地区提高了13.62个百分点。东北地区城乡间差距的扩大源于东北农村老龄化程度高、进程快。2020年，我国东北地区农村老龄化程度高达26.43%，比东、中、西部地区的农村老龄化程度分别高出2.29个百分点、2.86个百分点和5.08个百分点。且与2010年第六次全国人口普查相比，东北地区农村的老龄化程度提高了12.36个百分点，远高于东部（7.80个百分点）、中部（8.16个百分点）和西部（6.05个百分点）的农村老龄化进程（见表3）。

表3　2010年、2020年中国分地区城乡老龄化程度

单位：%

地区	2020 年		2010 年	
	城镇	农村	城镇	农村
东部地区	14.95	24.14	14.92	16.34
中部地区	14.82	23.57	11.92	15.41
西部地区	14.31	21.35	12.67	15.30
东北地区	20.96	26.43	22.22	14.07
全国	15.85	23.81	14.43	15.57

资料来源：根据第六次和第七次全国人口普查长表数据计算而来。

　　第三，各省区市城乡老龄化差距正加剧分化。图7显示，2020年全国31个省区市中，城乡老龄化差距超过10个百分点的省份有7个，其中，东部地区3个、中部地区1个、西部地区3个。差距最大的是重庆市（14.1个百分点，下同），之后依次是江苏（13.13）、浙江（12.58）、山西（11.28）、山东（11.25）、四川（10.71）、内蒙古（10.21）。比较这7个省份的城镇和农村老龄化水平可以看到，这些省份"以城带乡"的潜力存在明显差别。比如，浙江省和四川省农村老龄化程度均超过27%，但是浙江省城镇老龄化程度仅为14.72%，且低于全国15.21%的平均水平，也低于四川省城镇17.09%的老龄化程度，显得年轻。然而，浙江省的经济发展水平高于四川地区，这意味着同为农村老龄化程度高的省份，浙江省比四川省在以城带乡、以工促农的经济基础和人口潜力上，均具有明显优势。

四　中国城乡老龄化预测

　　在人口老龄化加剧的同时，中国人口总量即将进入负增长。2021年中国人口净增加48万人，预期2022年人口增长趋近于零。如果保持

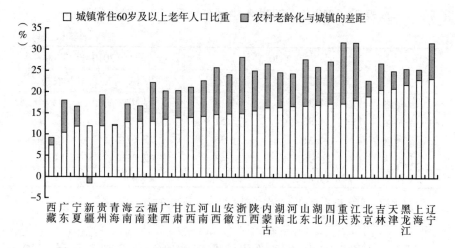

图 7　2020 年分省份城乡 60 岁及以上老年人口占比

资料来源：根据 2020 年第七次全国人口普查数据整理而得。

现在的生命周期，新生儿数量的减少将进一步提高全国总人口中的老年人口占比。由此可见，老龄化程度加深以及中国未来人口总量减少正在同步。与此同时，城乡人口流动既改变城乡人口总量分布，又将加剧老龄化城乡倒置现象。考虑到人口既是经济社会发展的重要因素，又是享受经济成果以及社会公共服务的对象，因此，未来老龄化水平预测对指导公共服务配置以及经济发展战略具有积极意义。

（一）人口老龄化预测模型

在人口预测中，有总量预测和分区域预测。考虑到城乡与全国之间存在内生关系，故此节预测以分区域预测进行。假定 $P_{u,t}^{常住}$、$P_{r,t}^{常住}$ 分别表示 t 年城镇和农村常住人口总量，$P_{r,t}^{流动}$ 表示 t 年从农村转移到城镇的人口①。则 $t+1$ 年城镇和农村常住人口可以分别表达为：

---

① 向晶、周灵灵：《户籍制度改革、生育政策调整与城镇化进程》，《开发研究》2021 年第 5 期，第 40~47 页。

$$P_{u,t+1}^{常住} = P_{u,t}^{常住} + P_{r,t}^{流动} \tag{1}$$

$$P_{r,t+1}^{常住} = P_{r,t}^{常住} - P_{r,t}^{流动} \tag{2}$$

在进行分年龄性别组计算时，将公式（1）和（2）进行转换，具体如下：

$$P_{u,t+1}^{常住} = p_{u,t+1}^{新生儿} + \sum_{i=0}^{n} p_{u,t}^{i,常住} \times r_{u,t+1,i}^{存活} + \sum_{i=0}^{n} p_{r,t}^{i,常住} \times r_{r,t,i}^{流动} \tag{3}$$

$$P_{r,t+1}^{常住} = p_{r,t+1}^{新生儿} + \sum_{i=1}^{n} p_{r,t}^{i,常住} \times (r_{r,t+1,i}^{存活} - r_{r,t,i}^{流动}) \tag{4}$$

其中，$p_{u,t+1}^{新生儿}$表示 $t+1$ 年在城镇出生的新生儿，该新生儿数量变化取决于当年城镇育龄妇女规模和城镇总和生育率；$p_{u,t}^{i,常住}$表示 t 年年龄 i 的城镇常住人口规模，$r_{u,t+1,i}^{存活}$表示城镇年龄 i 群体存活到 $t+1$ 年的概率。

公式（3）中，$\sum_{i=0}^{n} p_{r,t}^{i,常住} \times r_{r,t,i}^{流动}$ 即为 t 年从农村转移到城镇的人口规模。公式（4）中，$p_{r,t}^{i,常住}$表示年龄为 i 的农村常住人口规模；$r_{r,t+1,i}^{存活}$表示农村年龄 i 群体存活到 $t+1$ 年的概率；$r_{r,t,i}^{流动}$表示农村年龄 i 群体在 t 年转移到城镇的概率。

（二）模式参数设计

分城乡总和生育率。总体而言，中国总和生育率在持续下降。很多研究修正后的 2010 年总和生育率应该在 1.5~1.6[1]，2020 年全国总和生育率约为 1.3。本研究采用分区域的人口预测，城乡各自的总和生育率是进行预测的关键。但是，现有的官方统计并未给出连续时间的参考数据。鉴于很多分城乡生育率都是研究人员自行整理，因

---

[1] 陈卫、杨胜慧：《中国 2010 年总和生育率的再估计》，《人口研究》2014 年第 6 期，第 16~24 页。

此，本研究也以 2010 年和 2020 年两轮全国人口普查，以分城乡的分年龄、分性别人口数据为基础，通过反事实估计得到 2010~2020 年城乡的总和生育率。根据测算结果，在第六轮和第七轮全国人口普查期间，中国城镇常住人口的总和生育率在 1.2~1.4；农村常住人口的总和生育率略高一点，在 1.7~1.85①。2021 年 7 月发布的《中共中央 国务院关于优化生育政策促进人口长期均衡发展的决定》提出，实施一对夫妻可以生育三个子女政策，并取消社会抚养费等制约措施，清理和废止相关处罚规定，配套实施积极生育支持措施。生育政策调整预计将会对生育率产生积极影响。但这种积极的作用，可能更多地体现在城镇居民的总和生育率提高。原因在于，第一，一孩政策时期，农村执行的是一孩半政策，故农村总和生育率高于城镇。经济水平的提高，使得农村地区生育意愿也在持续下滑，未来提高的空间与城镇相比要小很多。第二，城乡人口流动导致农村育龄女性规模大幅度减少，即使农村总和生育率提高到更替水平，对农村地区总量增长的作用也非常有限。因此，在对 2021~2035 年人口进行预测时，假定城镇总和生育率到 2035 年提升到 1.43（在 2010~2020 年平均水平基础上提高 10%），农村总和生育率将保持在 1.8 的平均水平。

分城乡预期寿命设定。虽然城乡预期寿命存在差别，但是可靠的分城乡生命表不容易获得。因此，本研究中假定城乡的生命表一致，利用 2020 年第七次全国人口普查制作的生命表，确定中国人口预期寿命。其中，假定到 2035 年男性预期寿命为 79 岁，女性为 82 岁。其中，初始年份到预测年份间的预期寿命采用线性插值法。死亡率以 2020 年分性别、年龄死亡模式为基础，并保持到 2035 年不变。分城乡新生儿性别比，则以 2020 年分城乡 0 岁孩子的性别比为参数。

---

① 向晶、周灵灵：《户籍制度改革、生育政策调整与城镇化进程》，《开发研究》2021 年第 5 期，第 40~47 页。

城乡人口迁移模式。在进行分区域人口预测时，以2010年农村整村人口调查获得的农村转移人口分年龄性别的迁移模式为基础①，根据2010~2020年人口反事实估计，得到2016~2020年农村分年龄性别的净迁移率。

因此，本研究在对分区域人口总量和结构进行模拟时，以2020年作为人口预测基年，并假定2020~2035年，全面三孩政策使得城乡总和生育率均提高10%。主要设计两个人口预测方案：一是静态模拟方案。假定2020~2035年，人口总和生育率保持2020年的水平不变，农村分年龄性别的净迁移率保持在2016~2020年的平均水平。二是动态模拟方案。迁移模式与静态模拟一致。城镇总和生育率以线性插值的方式，逐渐提高到2035年的1.43。

（三）预测结果

第一，2025年中国人口总量预计在13.9亿左右，与2015年的人口总量大致相当。到2035年人口总量预计为13.3亿左右，大致和2010年的人口总量相当。65岁及以上老年人规模，预计从2021年的1.96亿逐渐提高到2030年的2.4亿，再提高到2035年的2.74亿。同时老龄化程度也将从2021年的13.9%逐渐提高到2030年的17.4%，到2035年老龄化程度预计达到20.5%。老年人口中，80岁及以上的高龄老人规模也将增加到2035年的5300万人，较2020年翻一番。比较静态和动态模拟下的人口总量可以看到，生育率水平的提高不会改变中国人口总量减少的发展趋势，仅能缓解人口减少的幅度，最大幅度约为1500万人。

第二，城镇人口总量预计持续增长，老龄化程度也将持续提高。

---

① 向晶、钟甫宁：《中国城乡迁移和流动人口规模重新估计——基于农村整村调查的分析》，《劳动经济研究》2017年第2期，第3~18页。

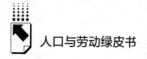

据估算，中国城镇化率预计从 2021 年的 64.43% 持续提高到 2035 年的 76%。城镇人口总量将从目前的 9 亿人持续提高到 2035 年的 10 亿人。其中，老年人规模将从 2021 年的 1 亿多人持续提高到 2035 年的 1.6 亿人。城镇老龄化水平也将在 2035 年超过 16%。

第三，农村老年人口总量还将有所提高，老龄化水平远超全国均值。据估算，中国农村人口总量预计从当前的 4.9 亿多人持续降低到 2035 年的 3.2 亿人。其中，老年人口总量将从 2021 年的 9200 万人逐渐提高到 2035 年的 1.1 亿人。农村老龄化程度迅速从 2021 年的 18.4% 提高到 2035 年的 34%。

对比城乡老年人口规模和人口构成，可以清楚地看到：城镇老年人口总量增速明显高于农村。城镇老年人口规模将在 15 年时间内增加 6000 万人，农村老年人仅增加 1500 万。但是，就人口结构来说，农村地区老龄化程度要远高于城镇。到 2035 年，农村每 100 个人将有近 34 个人年龄达到或超过 65 岁；城镇则是每 100 个人中有 16 个 65 岁及以上老年人。

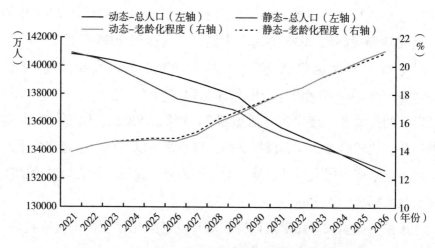

图 8　2021~2036 年中国人口总量和老龄化程度

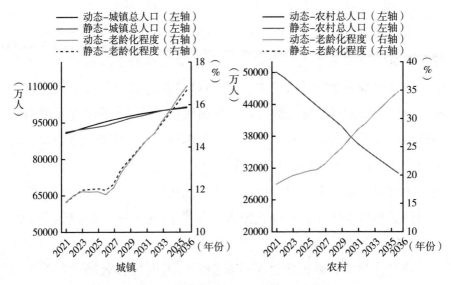

图9 2021~2036年城乡人口总量和老龄化程度
（65岁及以上人口比重）

五 结论和建议

通过整理城乡老龄化发展现状，并根据分区域的人口预测，本研究得出以下结论：（1）2021~2035年，中国人口总量将持续减少，但是老年人口规模预计从2021年的1.96亿持续提高到2035年的2.74亿。老龄化程度从2021年的13.9%提高到2035年的20.5%。（2）中国城镇人口总量将继续增长，预计从2021年的9亿逐渐增长到2035年的10亿。随着城镇化水平的提高，农村人口总量将从当前的近5亿人持续减少到2035年的3.2亿人。（3）对比城乡老年人口规模和总量可以清楚地看到，城镇老年人口规模增速高于农村，但是农村老龄化程度高于城镇。由此可见，应对老龄化对经济增长和社会保障制度发起的挑战，农村地区的难度将更大。

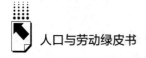

　　基于研究结论，本报告得出如下三个方面的政策建议。第一，提高人力资源利用效率，阻断老龄化对劳动力生产效率不利的影响。虽然，现有的研究关于人口老龄化对高质量发展的不利影响还在探讨中，但是中国老龄化程度提高，直接对应着劳动力规模的大幅度缩减。中国经济发展正面临着劳动力价格快速上涨、国际竞争优势减弱的挑战。尤其当前，农村地区人口总量迅速减少，老龄化程度却远超全国。且农村劳动年龄人口以高龄劳动力为主。如何发掘人力资本，实现乡村振兴是一个重要的议题。从长远角度来看，需要加快人力资源的创新和技术研发，提高我国人力资源利用效率，增强经济韧性，发掘新的经济增长动力。

　　第二，健全老龄化社会保障机制，延迟退休并鼓励老年人再就业，激发老年人的消费潜力。以银发经济等居民消费打造新的经济增长点，探索经济发展和民生保障的良性互动机制。在不断改善老年群体福利水平的基础上，重视老年群体的精神和物质需要。尤其是农村地区，随着大量农村青年人进入城镇，传统家庭式经济和情感交流式微，改善农村老年人精神健康状态和降低自杀率，是乡村治理的重要内容。以低成本应对老龄化是适合中国国情的自然选择，也是基于中国传统文化建立中国特色老龄化道路的关键。

　　第三，探索老龄产业创新机制。老龄化产业具有效率和效益的双重特征，同时还兼顾福利和公益性的社会公共服务特征。老龄化产业的发展是基于公共资源，政府为民众提供基础、兜底性的养老服务；在此基础上，社会资本可以为群体提供更多高品质、个性化的养老产品。在这样的情况下，需要处理好资本和公共服务之间的关系，建立以公共服务为基础、以社会资本促效益、以经济效益提高养老服务的良好的资源循环，促进养老产业发展。

参考文献

魏后凯、李玏、年猛:《"十四五"时期中国城镇化战略与政策》,《中共中央党校(国家行政学院)学报》2020 年第 4 期。

李建伟、周灵灵:《中国人口政策与人口结构及其未来发展趋势》,《经济学动态》2018 年第 12 期。

陈卫、杨胜慧:《中国 2010 年总和生育率的再估计》,《人口研究》2014 年第 6 期。

郝娟、邱长溶:《2000 年以来中国城乡生育水平的比较分析》,《南方人口》2011 年第 5 期。

王广州:《中国人口预测方法及未来人口政策》,《财经智库》2018 年第 3 期。

侯亚杰、段成荣:《对中国人口普查低龄人口数据的再认识》,《中国人口科学》2018 年第 2 期。

G.3
二元经济转型的阶段性特征
和政策实践：日本和韩国的经验

陆旸 陈卓*

摘 要： 中国正处于二元经济转型的关键时期，面临人口老龄化和城乡二元经济结构的问题。日本和韩国已经实现二元经济转型，位于发达国家之列。本报告通过对日本和韩国的二元经济转型过程进行梳理，总结了日韩两国在二元经济转型过程中的成功经验，并对未来中国的发展提出建议。建议中国从促进农村现代化、继续发展教育和建立健全城乡一体化的社会保障制度三个方面出发，从而顺利实现二元经济转型。

关键词： 二元经济转型 日本 韩国

一 二元经济国际到国内的研究综述

（一）国际上

经济发展中二元结构现象最早是由刘易斯提出的。1954 年，英

* 陆旸，中国社会科学院人口与劳动经济研究所研究员，博士生导师，主要研究方向为劳动经济学；陈卓，中国社会科学院大学应用经济学院硕士研究生，主要研究方向为人口、资源与环境经济学。

国经济学家刘易斯在《劳动力无限供给下的经济发展》[①] 一文中指出，后发国家的经济可以划分为以传统农业为主的维持生计部门（subsistence sector）和以工业为主的资本主义部门（capitalist sector）[②]，当资本主义部门的最低工资高于传统农业部门的收入即维持生计工资（subsistence wage）[③] 时，就可以从传统农业部门获取无限供给的劳动力，从而传统农业部门的剩余劳动力向资本主义部门转移，直到农业剩余劳动力消失为止。在农业剩余劳动力消失后，劳动力的实际工资也将摆脱维持生计工资水平开始上涨。刘易斯模型为发展经济学视角下解读经济发展打开了全新的思路，并推动了各界对于二元经济理论的关注。当然，刘易斯模型中所描绘的二元经济有着许多不甚合理的假设，比如假设传统农业部门的边际生产率为零，劳动力的跨部门流动不会引起实际工资的上涨，以及忽视了农业部门的发展对经济增长和收入分配的积极作用[④][⑤]。

费景汉（John C. H. Fei）和拉尼斯（Gustav Ranis）认为刘易斯

[①] Lewis W. A. Economic Development with Unlimited Supplies of Labour [J], *The Manchester School*, 1954, 22 (2): 139-191.

[②] 虽然通常情况下刘易斯模型中的维持生计部门被理解为传统农业部门，资本主义部门被理解为现代工业部门，但是在刘易斯关于二元经济的理念中上述其实并不存在严格一一对应的关系，比如资本主义部门也可以投资农业。上述概念的主要区别在于，维持生计部门主要包括的是传统农业，而资本主义部门投资的是借助再生产资本的投入、以追求利润为目的的现代农业。为了更加清晰地区分这两个部门，以及保证两个部门之间存在贸易，刘易斯在后续设定中假设维持生计部门负责生产粮食，资本主义部门则负责生产其余产品，以便于展开分析。

[③] 根据刘易斯的定义，维持生计工资实际上是一种以农产品计价的实际工资。由于存在隐蔽性失业，维持生计工资是固定不变的。

[④] Lipton M. Why Poor People Stay Poor: A Study of Urban Bias in World Development [M]. Temple Smith, Australian National University Press, 1977.

[⑤] Lal D. The Poverty of "Development Economies" [M]. London, Institute of Economic Affairs, 1983.

模型没有对农业部门的发展在推动工业部门增长中所起到的作用给予足够的重视。因此他们沿着古典经济学范式对刘易斯模型进行了改进，在1961年发表的《经济发展的一种理论》[①] 一文和1964年出版的《劳动力剩余经济的发展：理论和政策》[②] 一书中，考虑了隐蔽性失业，将经济发展和劳动力转移过程细分为三个阶段。第一阶段从工业化起步到农业剩余劳动力全部转移到工业部门为止。第一阶段和第二阶段的分界点称为"刘易斯转折点"（Lewis turning point），此时劳动力供给出现短缺，转折点亦被称为农产品的"短缺点"（shortage point）。第二阶段从"刘易斯转折点"开始，直至农业部门的低效率劳动力全部转移到工业部门。第二阶段和第三阶段的分界点被称为"商业化点"（commercialization point），此时农业部门的边际生产率恰好等于制度工资（institutional wage）[③]，在此之后农业部门的实际工资将等于劳动力的边际生产率。第三阶段从"商业化点"开始，直至成为高收入国家，这一阶段农业部门迎来彻底的商业化，劳动力实现了充分就业。其中二元经济转型的关键在于第二阶段的顺利进行。费景汉与拉尼斯对刘易斯模型的最大改进，就是将农业部门的发展纳入了分析框架，从农业和工业部门的动态均衡增长视角出发，刻画了二元经济结构的演变过程，详细讨论了不同发展阶段的临界条

---

① Ranis G., Fei J. C. H. A Theory of Economic Development [J]. *The American Economic Review*, 1961, 51 (4): 533-565.

② Fei J. C. H., Ranis G. Development of the Labor Surplus Economy: Theory and Policy [M]. Homewood: Irwin, 1964.

③ 在费景汉和拉尼斯给出的定义中，制度工资等于经济起飞初始农业部门的平均总产出。之所以称其为制度工资，原因在于该工资水平并非是由劳动力市场供求情况形成的，而是由制度或非市场的力量（institutional or nonmarket forces）决定，也因此制度工资是不变的。从制度工资的定义出发，亦可将其理解为居民在农业部门自给自足时生产的平均产品所能换取的收入（事实上在经济起飞时，由于农业部门存在隐蔽性失业，完全竞争假设下劳动力的市场工资水平应当为零）。

件，以及农业和工业部门生产率的变化对不同发展阶段转折点的影响。

随着新古典主义的发展，刘易斯模型中关于劳动力无限供给、不变制度工资的假定引起越来越多学者的质疑，戴尔·韦尔多·乔根森（Dale Weldeau Jorgenson）在发表于 1961 年的《二元经济的发展》[①]以及 1967 年的《农业剩余劳动力与二元经济》[②] 两篇文章中，提出放弃隐蔽性失业这一经典假设，借助新古典主义分析方法对既有二元经济理论进行了修正，再次强调了二元经济发展过程中农业部门技术进步对工业部门扩张的关键作用。但是，乔根森模型与刘易斯模型一样，都局限于一个国家部门之间的不对称性，并未扩展到国际上，同时都没有分析二元性本身的发展途径[③]。

为何工业部门会出现失业？在工业部门有失业的情况下，又为何仍然有劳动力向工业部门流动？农业部门与工业部门的实际工资率差异是怎样形成的？上述模型对于类似社会现象并不能给出合理的解释。约翰·里斯·哈里斯（John Rhys Harris）和迈克尔·保罗·托达罗（Michael Paul Todaro）于 1970 年发表的《迁移、失业和发展：一个两部门分析》[④] 一文中，在两部门模型中引入对失业问题的讨论，刻画了包含劳动力迁移决策的二元经济模型，即"哈里斯—托达罗"模型，为分析劳动力流动、失业、收入分配等问题提供了重要的理论基础，进一步推动了二元经济理论的发展。

① Jorgenson D. W. The Development of a Dual Economy [J]. *The Economic Journal*, 1961, 71 (282): 309-334.

② Jorgenson D. W. Surplus Agricultural Labour and the Development of a Dual Economy [J]. *Oxford Economic Papers*, 1967, 19 (3): 288-312.

③ 张红梅：《戴尔·乔根森及其经济理论——第 12 届约翰·贝茨·克拉克奖获得者评介》，《经济学动态》1997 年第 5 期，第 73~77 页。

④ Harris J. R., Todaro M. P. Migration, Unemployment, and Development: A Two-sector Analysis [J]. *The American Economic review*, 1970, 60 (1): 126-142.

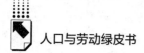

但是该模型没有考虑"非经济"因素对劳动力流动的影响[1]，也没有考虑到劳动力流动制度障碍和市场分割问题[2]，实际应用还需要继续改进。

（二）在国内

刘易斯二元经济模型在20世纪80年代传入中国并引起学者们的强烈讨论，鉴于中国的独特国情，很多学者基于刘费拉模型不断提出超越二元经济结构的理论框架。

部分学者认为，在二元经济向一元经济转化的过程中，还会出现一个三元结构时期。对于三元经济结构的研究，主要差别在于"第三元"是什么。对中国三元经济结构进行理论分析的代表人物如李克强[3]、陈吉元与胡必亮[4]等认为，应将农村工业作为我国国民经济变革的一股带头力量，从而构成农村工业、农村农业和城市工业的三元经济结构。三元经济结构论在理论上具有较大的影响，对发展中国家的经济发展具有重要的现实价值。林刚[5]认为，现代部门并没有办法完全吸收传统部门的劳动力，在三元经济结构框架之下，中国经济现代化不仅需要现代部门吸收传统部门劳动力，还需要传统部门自身现代化，从而吸收一部分劳动力，现代部门与传统部门协调发展进而

① Bahns K. M. Rural-to-urban Migration in Developing Countries: The Applicability of the Harris Todaro Model with A Special Focus on the Chinese Economy [D], 2005.

② 郭熙保：《发展中国家人口流动理论比较分析》，《世界经济》1989年第12期，第38~45页。

③ 李克强：《论我国经济的三元结构》，《中国社会科学》1991年第3期，第65~82页。

④ 陈吉元、胡必亮：《中国的三元经济结构与农业剩余劳动力转移》，《经济研究》1994年第4期，第14~22页。

⑤ 林刚：《关于中国经济的二元结构和三元结构问题》，《中国经济史研究》2000年第3期，第40~65页。

实现中国经济全面现代化。

但是徐庆[①]等人批判了二元和三元经济结构论，认为二元和三元经济结构论虽然以产业类别相区分，却忽略了第三产业的发展，会导致片面工业化。他们按照先产业后地域的原则，将我国的经济结构分为四个相互区别的"经济元"：城市现代部门、城市传统部门、乡镇企业部门和农村传统部门。这种理论可能更接近我国的经济现实。

而吴天然、胡怀邦[②]等人认为，我国经济不是一般的二元经济结构，而是一种比较特殊的环二元经济结构：在总体上存在城市及工业和农村及农业这样两个相互区别的"经济元"，而各个"经济元"内部又存在两个相互区别的"微经济元"，并且可以将"微经济元"再细分，整个国民经济形成了大小不等的二元的环的重叠。相较于上述理论，环二元经济结构更好地揭示了我国经济结构的复杂性，但是没有探究这种特殊经济结构形成的原因，也没有说明其动力机制。

国内的学者还对二元经济结构的其他方面进行了一系列本土化研究，根据引入或创新的二元经济理论，围绕我国的收入分配[③][④][⑤]、金

[①] 徐庆：《四元经济发展模型与城乡收入差距扩大》，《经济科学》1997 年第 2 期，第 3~9 页。

[②] 吴天然、胡怀邦、俞海、陈伟明：《二元经济结构理论与我国的发展道路——兼论环二元经济结构的形成及转换》，《经济理论与经济管理》1993 年第 4 期，第 8~14 页。

[③] 高帆：《中国城乡二元经济结构转化的影响因素分解：1981~2009 年》，《经济理论与经济管理》2012 年第 9 期，第 5~18 页。

[④] 张桂文、孙亚南：《二元经济转型中收入分配的演变》，《中国人口科学》2013 年第 5 期，第 40~49+127 页。

[⑤] 陈宗胜、康健：《中国居民收入分配"葫芦型"格局的理论解释——基于城乡二元经济体制和结构的视角》，《经济学动态》2019 年第 1 期，第 3~14 页。

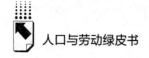
融发展①②等问题进行了一系列研究，认为我国的工业化进程具有典型的二元经济特征，同时对一些中国特色的现象进行着重研究。

二　对于中国所处经济阶段的判断

中国是一个拥有典型二元经济结构特征的发展中国家，而刘易斯转折区间是二元经济转型最关键的阶段，判断我国是否进入了刘易斯转折区间并且制定出相应的政策对我国二元经济转型具有重要的意义。

2004 年和 2010 年的"民工荒"现象引起了学术界对中国刘易斯转折点是否到来的讨论。目前，学者们对这个问题进行了多角度、深入的研究。

现有研究大多是使用农业劳动力边际生产率计算刘易斯转折点出现的时间。蔡昉③根据"民工荒"和农民工工资迅速上升的现象，认为农业剩余劳动力已经接近吸纳殆尽，由此判定刘易斯转折点在 2010 年已经到来。岳龙华等④认为，中国在 2004 年已经越过了刘易斯第一转折点。王必达、张忠杰⑤基于 31 个省际面板数据进行实证研究，认为 1997~2004 年中国越过刘易斯第一转折点，但是 2005~

① 仇娟东、何风隽：《中国城乡二元经济与二元金融相互关系的实证分析》，《财贸研究》2012 年第 4 期，第 25~33 页。
② 杨筝、刘贯春、刘放：《金融发展与二元经济结构失衡：基于要素配置的新视角》，《管理评论》2020 年第 11 期，第 48~65 页。
③ 蔡昉：《人口转变、人口红利与刘易斯转折点》，《经济研究》2010 年第 4 期，第 4~13 页。
④ 岳龙华、杨仕元、申荣太：《中国的刘易斯转折点到来了吗？——基于农业部门工资决定的视角》，《人口学刊》2013 年第 3 期，第 89~96 页。
⑤ 王必达、张忠杰：《中国刘易斯拐点及阶段研究——基于 31 个省际面板数据》，《经济学家》2014 年第 7 期，第 16~26 页。

2012 年又回到刘易斯第一阶段。蔡昉①又通过对不同国家尤其是人均 GDP 超过中国但小于 13000 美元的国家农业劳动力占比进行比较得出，2015 年中国还有 15.7% 的农业劳动力有待转移。还有学者②使用国际上衡量二元经济转化状况的通用指标——非农产业比较劳动生产率来进行计算，基本确定了 2004 年前后为刘易斯第一转折点，并推算出 2035 年前后越过刘易斯第二转折点。

对于中国刘易斯转折点的争论，张桂文③认为关键是忽略了对中国二元经济转型特殊性的认识，并且研究者对于刘易斯转折点到来的判断标准存在不一致的看法。陈长江和高波④的研究表明，在我国独特的双重二元经济结构下，非农部门的劳动力工资上涨并不意味着剩余劳动力转移结束，因此不能用两个部门劳动边际产出相等的标准作为判断依据。但是，结合诸多文献的研究观点，学者们普遍认为我国已经跨过了刘易斯第一转折点，中国目前正处于刘易斯转折区间，即将迎来刘易斯第二转折点。

三　二元经济问题的国际比较

日本和韩国都曾经是典型的劳动力过剩的二元经济国家，并且成功实现了二元经济转型。出于和我国地缘和文化相似性的考虑，对日韩两国的二元经济进程进行比较分析对我国有很好的借鉴意义。

① 蔡昉：《农业劳动力转移潜力耗尽了吗?》，《中国农村经济》2018 年第 9 期，第 2~13 页。
② 杨俊青、王玉博、靳伟择：《劳动力有限供给条件下的二元经济转化探索》，《中国人口科学》2022 年第 1 期，第 44~58+127 页。
③ 张桂文：《二元转型及其动态演进下的刘易斯转折点讨论》，《中国人口科学》2012 年第 4 期，第 59~67+112 页。
④ 陈长江、高波：《中国"双重"二元经济的转型分析》，《经济学家》2015 年第 10 期，第 11~18 页。

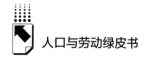

（一）日本、韩国的刘易斯转折点问题相关研究

关于日本的转折点问题，最先提出转折点概念的刘易斯认为，日本将会在 20 世纪 50 年代的某个时刻到达转折点。而费景汉和拉尼斯（1964）对刘易斯的理论进行了改进以后，应用于日本经济，得出的结论是，第一次世界大战后期的 1916~1919 年前后是转折点。他们的发现遭到了乔根森（1966）的批判，乔根森认为即使在第一次世界大战之前也没有发现劳动力的无限供给，从而否定了古典学派的适用性。在日本的经济学家中，尤其是大川①、南亮进②，其占主导的观点是，刘易斯转折点发生在第二次世界大战之后。南亮进通过转折点理论提出判断刘易斯转折点的五大标准，根据日本经济的长期结构变化，通过对农业部门边际劳动生产力和工资的分析，确定日本在 1955 年前后通过刘易斯转折点，并在 20 世纪 60 年代初通过刘易斯第二转折点。

关于韩国的转折点问题，费景汉和拉尼斯③认为，韩国的刘易斯转折点发生在 1966~1967 年。梅森等④则认为，韩国在 20 世纪 60 年代中期之后劳动力出现短缺的情况。王诚⑤认为，韩国在 20 世纪 80 年代初出现了劳动力市场紧缺的状况，可以认为刘易斯第二转折点出

① Kazushi O. Agriculture and the Turning-points in Economic Growth ［J］. *The Developing Economies*, 1965, 3（4）: 471-486.

② Minami R. Turning Point in Economic Development: Japan's Experience ［M］. Tokyo: Kinokuniya Bookstore Co, 1973.

③ Fei J. C. H., Ranis G. A Model of Growth and Employment in the Open Dualistic Economy: the Cases of Korea and Taiwan ［J］. *The Journal of Development* Studies, 1975, 11（2）: 32-63.

④ Mason E. S., Kim M. J., Perkins D. H., et al. The Economic and Social Modernization of the Republic of Korea ［M］. Cambridge, MA: Harvard University Press, 1980.

⑤ 王诚：《劳动力供求"拐点"与中国二元经济转型》，《中国人口科学》2005 年第 6 期，第 2~10+95 页。

现在 20 世纪 80 年代初，孙亚南①对韩国农业实际工资指数和实际农户收入进行分析，粗略地认为刘易斯第二转折点出现在 20 世纪 80 年代初。

（二）日本、韩国二元经济转型阶段

本报告在刘易斯—费景汉—拉尼斯模型的基础上将一个经济体的二元经济转型划分为三个阶段，参考孙亚南和张桂文②的划分标准，将刘易斯第一转折点之前的发展阶段界定为二元经济转型初期，将刘易斯第一转折点和刘易斯第二转折点之间的时间间隔界定为刘易斯转折阶段，将刘易斯第二转折点到一国进入高收入阶段界定为二元经济转型后期。

1. 日韩二元经济转型阶段划分

根据诸多文献的研究结果，对日本的二元经济转型阶段划分以南亮进为准，将日本的二元经济转型分为：二元经济转型初期（19 世纪 80 年代中后期至 1955 年前后）、刘易斯转折阶段（1955 年前后至 20 世纪 60 年代初）、二元经济转型后期（20 世纪 60 年代初至 20 世纪 80 年代）。将韩国的二元经济转型阶段大概划分为：二元经济转型初期（20 世纪 50 年代初至 20 世纪 60 年代中后期）、刘易斯转折阶段（20 世纪 60 年代中后期至 20 世纪 80 年代初）、二元经济转型后期（20 世纪 80 年代初至 20 世纪 90 年代中期）（见表 1）。

---

① 孙亚南：《二元经济转型国际比较研究》，中国社会科学出版社，2016。
② 孙亚南、张桂文：《二元经济转型的一般规律研究——基于跨期国际比较分析的视角》，《天津社会科学》2017 年第 2 期，第 107~114 页。

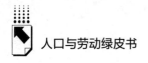

表 1　日韩两国的二元经济转型阶段划分

国家	二元经济转型初期	刘易斯转折阶段	二元经济转型后期
日本	19 世纪 80 年代中后期至 1955 年前后	1955 年前后至 20 世纪 60 年代初	20 世纪 60 年代初至 20 世纪 80 年代
韩国	20 世纪 50 年代初至 20 世纪 60 年代中后期	20 世纪 60 年代中后期至 20 世纪 80 年代初	20 世纪 80 年代初至 20 世纪 90 年代中期

2. 城乡情况

（1）日本

在二元经济转型初期，战前的农业就业比重缓慢下降，农村剩余劳动力向城市转移，带动了城镇化率的提高。第一产业就业比重从1920 年的 54.9% 降低到 1940 年的 44.6%，降低了 10.3 个百分点，而城镇化率从 18.1% 上升到 37.9%，提高了 19.8 个百分点。但是这一时期的农业劳动力转移缓慢，第一产业就业比重在 40% 以上。根据张季风[①]的分析，这一方面与日本农村中传统的"长子继承家业"制度有关，另一方面，农村土地的小农经营也制约了一部分劳动力转移。二战以后，大批战后遣返人员回到农村，农村剩余劳动力短时间内剧增，使得第一产业就业人员占比出现短暂的上升，1950 年以后，农村剩余劳动力大规模向工业转移，城镇化率也从 1940 年的 37.9% 增加到 1955 年的 56.3%。

在刘易斯转折阶段，第一产业就业比重仍然不断下降，城镇化率从 1955 年的 56.3% 上升到 1960 年的 63.5%。在二元经济转型后期，城镇化率从 1960 年的 63.5% 升至 1975 年的 75.7%。1985 年，日本第一产业就业人口比重降至 9.3%，城镇化水平达到了 76.7%，这表明日本基本完成了农业剩余劳动力的转移，二元经济转型完成。自 2010 年起，日本的城镇化率达到惊人的 90% 以上，位列世界之最（见表 2）。

---

① 张季风：《战前日本农村剩余劳动力的转移及特点》，《日本学刊》2002 年第 3 期，第 81~98 页。

表2 1920~2020年日本三大产业就业人数比重和城镇化率

单位：%

年份	第一产业占比	第二产业占比	第三产业占比	城镇化率
1920	54.9	20.9	24.2	18.1
1930	49.8	20.3	29.9	24.1
1940	44.6	26.2	29.2	37.9
1950	48.6	21.8	29.7	37.5
1955	41.2	23.4	35.5	56.3
1960	32.7	29.1	38.2	63.5
1965	24.7	31.5	43.7	68.1
1970	19.3	34.1	46.6	72.1
1975	13.9	34.2	52.0	75.7
1980	10.9	33.6	55.4	76.2
1985	9.3	33.2	57.5	76.7
1990	7.2	33.5	59.4	77.3
1995	6.0	31.8	62.2	78.0
2000	5.1	29.0	65.1	78.6
2005	4.5	28.0	67.5	86.0
2010	4.1	25.6	70.3	90.8
2015	3.6	25.0	71.4	91.4
2020	3.2	23.1	73.7	91.8

资料来源：（1）三大产业就业人数占比数据，1920~2020年的资料来源于日本统计局。（2）城镇化率，1920~1970年的资料来源于《经济发展的转折点：日本经验》（南亮进著，关权译，社会科学文献出版社，2008，第22页）；1970年及以后的资料来源于WDI数据库。

（2）韩国

在二元经济转型初期，韩国的农业严重落后于工业，城乡发展极不均衡。在这一期间，第一产业的就业比重在持续下降，城镇化率在持续增加，但是总体上来说，城乡二元结构较为突出。在刘易斯转折阶段，第一产业就业比重下降的速度很快，从1965年的58.5%下降到1980年的34.0%，同一时期的城镇化率从32.4%上升到56.7%，农业劳动力的转移使得农村人口明显减少，二元经济转型初期滞留在

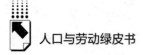

农村的不充分就业人员和失业人员等剩余劳动力迅速消失。在二元经济转型后期，工业化、城镇化快速推进，在较短的时间内就完成了从二元经济到一元经济的转型。进入 21 世纪以后，韩国的第一产业就业占比降至 10% 以下，城镇化率也达到了 80% 以上（见表 3）。

表 3　1963~2010 年韩国三大产业就业人数比重和城镇化率

单位：%

年份	第一产业占比	第二产业占比	第三产业占比	城镇化率
1963	63.1	11.2	25.6	27.7
1965	58.5	10.4	31.2	32.4
1970	50.4	14.3	35.3	40.7
1975	45.7	19.1	35.2	48.0
1980	34.0	22.5	43.5	56.7
1985	24.9	30.8	44.3	64.9
1990	17.9	35.4	46.7	73.8
1995	11.8	33.4	54.8	78.2
2000	10.6	28.1	61.3	79.6
2005	7.9	26.4	65.4	81.3
2010	6.6	24.7	68.5	81.9

资料来源：（1）三大产业就业人数占比数据，1963~2010 年的资料来源于韩国统计局。（2）城镇化率，来源于 WDI 数据库。

3. 人口情况

（1）日本

在二元经济转型初期，日本的人口变化主要分为三个时期。在第二次世界大战之前，即 1875~1940 年，日本人口数量快速增长，处于高出生率、高死亡率的人口转变第一阶段。人口数量从明治时期就开始加速增长，在 1874 年人口就超过了 3500 万，随后自然增长率除了个别年份略有波动外，总体上呈现上升的趋势，1891 年，日本人口达到4000 万，1912 年，日本人口突破 5000 万大关，到了 1940 年，日本人口已接近 7200 万人。在这一阶段，人口出生率基本保持在 30‰ 左右。

在 1940~1945 年，由于第二次世界大战的发生，日本死亡率第一次出现了高于出生率的情况，这一时期的人口自然增长率为负。在战后到刘易斯转折阶段之前，即 1945~1955 年，由于战后军人从海外撤回日本，加上生育高峰的兴起，这一时期的生育率最高接近 30‰，同时由于医疗技术的进步和人民生活水平的提高，这一时期的死亡率大幅度下降，从 1945 年的 29.8‰降到 1955 年的 7.9‰。这一阶段的人口增长与战前不同，是高出生率和低死亡率结合的结果。因此，在二元经济转型初期，日本人口从人口转变的第一阶段逐渐转向第二阶段。从人口年龄结构来看，0~14 岁人口占比为 35%左右，65 岁及以上人口占比在 5%左右，这一时期的人口结构由于出生率的居高不下而偏于年轻。

在刘易斯转折阶段，人们认识到了人口过剩的问题，开始有意识地采取抑制人口措施，人口相对稳定增长。这一时期的生育率继续下降，到 1960 年，出生率降至 17.2‰，同时死亡率也继续下降，1960 年降至 7.6‰。这一时期日本人口逐渐转向低出生率、低死亡率的第三阶段。从人口年龄结构看，由于出生率和死亡率的下降，年轻人口占比逐渐下降，从 1955 年的 33.4%降到 1965 年的 25.7%，降幅明显。65岁及以上的人口比重则逐渐上升，年龄结构迅速向高龄化的方向发展。

在二元经济转型后期，日本的出生率大体维持在 17‰~19‰的低水平上，而到了 1980 年，出生率下降到了明治以来的最低水平，也说明了计划生育政策在日本的普及。这一时期的死亡率仍在缓慢下降，自然增长率保持在 11‰左右，人口低速增长。从人口年龄结构来看，这一时期的 0~14 岁人口比重仍然在持续下降，65 岁及以上的老年人口比重逐渐上升。在 1970 年，老龄化系数达到 7.1%，老少比接近 30%，自此，日本进入老龄化社会[①]。

---

① 根据联合国 1956 年组织撰写的《人口老龄化及其社会经济影响》，一个国家 65 岁及以上人口超过 7%，即进入老龄化社会。

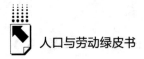

完成二元经济转型以后，日本的出生率发生了大幅度下降，同时死亡率维持在低水平，日本和欧美发达国家一样，低出生率、低死亡率的模式基本固定。从 2010 年开始，日本的人口自然增长率转为负数，日本面临着劳动力短缺和老龄化严重的问题。从人口年龄结构来看，日本的老龄化速度也是非常快的，在 1985～2005 年短短二十年时间里，老龄化系数翻了一番，从 10.3% 上升到了 20.1%。如何应对超老龄化社会，是日本今后要面对的重要课题（见表 4、表 5）。

表 4　1875～2020 年日本人口动态变化

单位：‰

年份	净出生率	净死亡率	自然增长率
1875	25.7	18.7	6.9
1880	25.5	16.6	8.9
1885	30.0	23.7	6.3
1890	29.8	20.8	9.0
1895	31.6	20.8	10.8
1900	33.5	20.9	12.6
1905	32.5	22.5	10.1
1910	36.2	21.8	14.5
1915	35.5	20.9	14.6
1920	37.9	25.8	12.2
1925	36.0	20.7	15.3
1930	33.1	18.4	14.7
1935	31.5	16.9	14.6
1940	29.3	17.0	12.3
1945	26.4	29.8	−3.4
1950	29.1	10.9	18.2
1955	19.6	7.9	11.8
1960	17.2	7.6	9.7
1965	18.3	7.2	11.1
1970	18.5	6.9	11.6
1975	17.4	6.3	11.1
1980	13.8	6.2	7.6

续表

年份	净出生率	净死亡率	自然增长率
1985	12.0	6.1	5.9
1990	10.0	6.7	3.4
1995	9.7	7.4	2.4
2000	9.4	7.6	1.8
2005	8.5	8.4	0.1
2010	8.5	9.3	−0.8
2015	8.1	10.2	−2.2
2020	6.8	11.1	−4.3

资料来源：根据《日本统计年鉴2022》整理得出。

表5 1935~2015年日本人口年龄结构

单位：%

年份	0~14岁人口占比	15~64岁人口占比	65岁及以上人口占比	老少比
1935	36.9	58.5	4.7	12.6
1940	36.1	59.2	4.7	13.1
1945	36.8	58.1	5.1	14.0
1950	35.4	59.6	4.9	13.9
1955	33.4	61.2	5.3	15.9
1960	30.2	64.1	5.7	19.0
1965	25.7	68.0	6.3	24.4
1970	24.0	68.9	7.1	29.4
1975	24.3	67.7	7.9	32.6
1980	23.5	67.3	9.1	38.7
1985	21.5	68.2	10.3	47.9
1990	18.2	69.5	12.0	66.2
1995	15.9	69.4	14.5	91.2
2000	14.6	67.9	17.3	119.1
2005	13.7	65.8	20.1	146.5
2010	13.2	63.8	23.0	174.0
2015	12.6	60.7	26.6	210.6

资料来源：历年《日本统计年鉴》。

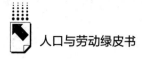

（2）韩国

在二元经济转型初期，韩国出生率维持在较高水平，死亡率快速下降，人口转变迅速进入高出生率、低死亡率、高增长率的第二阶段。从人口年龄结构来看，这一时期劳动力充足，老年化系数和老少比很小，为发展劳动密集型产业奠定了基础。在刘易斯转折阶段，出生率、死亡率和自然增长率都在下降，但是韩国的自然增长率仍然比较高，还处于人口转变的第二阶段。从人口年龄结构来看，劳动年龄人口占比从1965年的53.1%上升到1980年的62.0%，老龄化系数和老少比缓慢上升，这一时期的劳动人口抚养负担下降。在二元经济转型后期，韩国开始进入低出生率、低死亡率、低增长率的人口转变第三阶段。从人口年龄结构来看，1980年，少儿人口占总人口的比例为33.9%，65岁及以上老年人口的比例为4.1%，劳动年龄人口比例为62.0%；1995年，少儿、老年人口、劳动年龄人口的占比分别为23.0%、6.0%、71.0%，老少比缓慢上升，总体人口年龄结构属于"成年型"。

与日本不同的是，韩国是在二元经济转型后期进入的人口转变第三阶段，形成的人口红利促进了二元经济转型的完成。进入21世纪以后，韩国也出现了人口老龄化问题，但是相较日本情况略好（见表6、表7）。

表6　1960~2020年韩国人口动态变化

单位：‰

年份	净出生率	净死亡率	自然增长率
1960	42.3	12.6	29.7
1965	35.1	10.7	24.5
1970	31.2	8.0	23.2
1975	24.8	7.7	17.1
1980	22.6	7.3	15.3
1985	16.1	5.9	10.2
1990	15.2	5.6	9.6

续表

年份	净出生率	净死亡率	自然增长率
1995	15.7	5.3	10.4
2000	13.5	5.2	8.3
2005	9.0	5.1	3.9
2010	9.4	5.1	4.3
2015	8.6	5.4	3.2
2020	5.3	5.9	-0.6

资料来源：WDI 数据库。

表7 1960~2020 年韩国人口年龄结构

单位：%

年份	0~14 岁人口占比	15~64 岁人口占比	65 岁及以上人口占比	老少比
1960	43.2	53.4	3.4	7.8
1965	43.4	53.1	3.5	8.0
1970	41.9	54.7	3.4	8.2
1975	38.1	58.1	3.8	9.9
1980	33.9	62.0	4.1	12.2
1985	30.0	65.5	4.5	14.9
1990	25.4	69.3	5.2	20.6
1995	23.0	71.0	6.0	26.0
2000	20.6	72.2	7.2	34.9
2005	18.8	72.3	8.9	47.1
2010	16.1	73.2	10.7	66.4
2015	13.8	73.4	12.9	93.3
2020	12.5	71.7	15.8	125.9

资料来源：WDI 数据库。

4. 政策实施

(1) 日本

在二元经济转型初期，战前，实行"殖产兴业"和地税改革等一系列措施，允许农民自由迁移和选择职业，促进农村剩余劳动力向城市转移。战后,为了发展经济,日本做出一系列解放劳动生产力的举措。首先是进行农地改革,日本政府制定了《农地调整法修正案》《农村工业振兴方略纲要》等相关法律,大大调动了农民的劳动积极性,为后期农业生产率的提高奠定了基础。其次是进行劳动改革,制定了《工会法》《劳动标准法》等法律法规,保障了工人的利益。这一时期日本政府对工农阶层利益的保护与大力发展劳动密集型产业的经济方针一致,实现了经济稳定增长的目标。

在刘易斯转折阶段,日本政府主要从三个方向来推动二元经济转型。一是促进产业结构升级。1957年,日本颁布《新长期经济计划》,确立了经济重心从轻工业转向重工业、产业结构从劳动密集型向资本密集型升级。二是继续注重农业保护。农业政策目标从粮食增产向提高农业生产率转变,以提高农业生产率为中心的先进技术被引进,农业生产现代化加速。三是重视教育。日本政府在《国民收入倍增计划》中,提出"开发人的能力和振兴科学技术"(见图1)。

在二元经济转型后期,1961年日本颁布了《农地基本法》,消除了之前《农地法》限制农民流动的负面影响,促进了农村剩余劳动

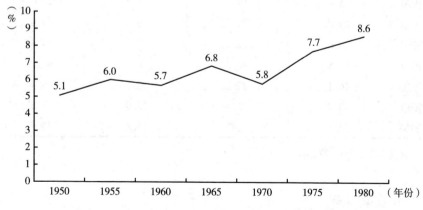

图1　1950~1980年日本历年教育经费投入占比

资料来源:王琥生、赵军山编《战后日本经济社会统计》,航空工业出版社,1988,第387页。

力进一步向城市转移。这一时期，日本继续加大教育投入，增加人力资本投资，提高了劳动者的平均受教育年限，提高了劳动者素质。

（2）韩国

在二元经济转型初期，韩国的经济重心主要放在劳动密集型制造业上，从而推进农村剩余劳动力的转移。韩国 1949 年就颁布了《教育法》，构筑了教育制度的框架。

在刘易斯转折阶段，首先，韩国大力发展教育，提倡"教育兴国，科技兴邦"，推行"巩固初等义务教育、普及中等教育、提高高等教育、加强职业技术教育"的政策方针。同时颁布了《地方教育财政交付金法》等相关法律法规保障对教育的投入。韩国政府在战后就开始普及义务教育，在 20 世纪 60 年代和 70 年代的政策是依靠已有的人力资源发展教育。到 60 年代末，实现了普及初等教育的目标。在 70 年代，接受中学教育的机会也大大增加了。韩国农民教育是促进城乡一体化的重要政策，始于 20 世纪 60 年代，现已形成三个层次，包括"4H"教育、农渔民后继者教育和专业农民教育。其次，保护农业。鼓励实行农村工业化政策，把发展农村工业作为国家开发战略。韩国的医疗保险面向全体农民，1963 年，韩国颁布了第一部《医疗保险法》。1967 年当局制订了农民家庭副业区计划，旨在促进由 10 户以上农户集中的传统家庭企业的发展。1971 年，韩国政府开展了"新村运动"，全面推进农业现代化的实现、农业生产率的提高和农户收入的增加，起到了缩小城乡差距的作用。

在二元经济转型后期，20 世纪 80 年代，韩国又把大力发展乡村工业摆在了重要的战略地位。这一时期的社会保障制度也很完善，韩国农民所享受的社会保障分为社会保险、公共救济和社会福利三部分，其中农民社会保险主要包括国民年金和医疗保险。韩国健康和社会事务部于 1973 年提出《国民年金法》草案，目的是"为改善人民

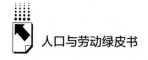
的生活保险和社会福利做出贡献"。该法是公共社会福利政策的第一次方向性转变，是保证韩国建立易于管理的社会保险体制的第一步。政府于 1988 年 1 月开始实行《国民年金法》，1995 年 7 月开始扩大到农村和渔村，农民和渔民义务加入。韩国的医疗保险法于 1976 年 12 月通过以后在全国范围内开始推行，该法律的通过是韩国社会立法史上的里程碑事件。20 世纪 90 年代医疗保险开始在全国农村强制实施。为了提高劳动生产率，韩国一直奉行教育优先的战略，20 世纪 80 年代中期首次设立"教育改革理事会"，为知识型社会的到来做好准备。

四　日韩对中国二元经济转型的启示

日本和韩国都在二元经济转型的过程中出现了城乡二元结构，主要出现在二元经济转型初期和刘易斯转折阶段。两国都采取了相应的措施实现城乡融合发展，主要包括重视教育和促进农村工业化等相关政策。中国正处于刘易斯转折阶段，针对目前中国出现的问题，可以借鉴日韩两国在城乡融合中的举措。

第一，农村工业化。受户籍制度和土地制度的影响，中国的城乡二元结构仍然较为突出，农业偏向于小规模生产，生产率不高，可以借鉴日韩两国在刘易斯转折阶段推行的土地制度，扩大土地经营规模，引进先进技术，实现农业的专业化现代化生产。

第二，重视教育体制改革。日韩两国在刘易斯转折阶段之后，都大力发展教育，以劳动力质量代替劳动力数量，从而实现二元经济的转型。中国正处于刘易斯转折阶段，人口老龄化问题已经显现，因此建议继续深化教育体制改革，推进高等教育的普及化，以培养更多的人才。

第三，建立健全社会保障制度。在农业剩余劳动力向城市转移的过程中，由于以往户籍制度的限制，中国农民工的社会保障水平较低，即使实行了"新农合"等措施，社会保障水平仍然不及城镇人口。因此，建议不断深化制度改革，建立健全各项保障制度，推进农民工市民化。

参考文献

Jorgenson D. W. The Development of a Dual Economy [J]. *The Economic Journal*, 1961, 71 (282): 309-334.

Jorgenson D. W. Surplus Agricultural Labour and the Development of A Dual Economy [J]. *Oxford Economic Papers*, 1967, 19 (3): 288-312.

Harris J. R., Todaro M. P. Migration, Unemployment, and Development: A Two-sector Analysis [J]. *The American Economic Review*, 1970, 60 (1): 126-142.

Fei J. C. H., Ranis G. A Model of Growth and Employment in the Open Dualistic Economy: the Cases of Korea and Taiwan [J]. *The Journal of Development Studies*, 1975, 11 (2): 32-63.

陈吉元、胡必亮：《中国的三元经济结构与农业剩余劳动力转移》，《经济研究》1994 年第 4 期。

蔡昉：《人口转变、人口红利与刘易斯转折点》，《经济研究》2010 年第 4 期。

孙亚南：《二元经济转型国际比较研究》，中国社会科学出版社，2016。

城乡经济发展篇

Urban and Rural Economic Development

G.4
人口老龄化背景下中国城乡
老年人力资源开发研究

谢倩芸*

摘　要： 在人口老龄化背景下，中国老年人力资源快速增长，老年人口的人力资本有所提升但结构性问题依然存在，老年人力资本在城乡间分布不均衡。老年人力资源开发尚存一些问题，城乡老年人力资源开发存在差距。为有效应对中国人口老龄化，实施积极应对人口老龄化国家战略，应积极开发老年人力资源、利用老年人力资本，鼓励老年人继续发挥作用。建议转变传统观念提高老年人力资源开发的社会认可度、构建老年人力资源开发相关法律法规和政策支持体系、推进老年人力资本提升及城乡间均衡发展、采取多样化措施提高老年

* 谢倩芸，中国社会科学院人口与劳动经济研究所副研究员，主要研究方向为人力资源管理、劳动经济与劳动关系。

人力资源开发程度、大力推动城乡融合发展以缩小城乡老年人力资源开发的差距，进一步把我国庞大的老年人口转化为人力资源优势，在新发展阶段提升我国综合国力。

关键词： 老年人口　人力资本　人力资源开发

一　引言

截至 2021 年底，我国 60 岁及以上老年人口已达 2.67 亿，占总人口的 18.9%。2035 年前后，60 岁及以上老年人口将突破 4 亿，在总人口中的占比将超过 30%，进入重度老龄化阶段。2050 年前后我国老年人规模将达峰值。[①] 近年来，为有效应对中国人口老龄化，实施积极应对人口老龄化国家战略，中国共产党和中国政府提出了一系列关于开发老年人力资源的倡议、政策和规划[②]。特别是 2019 年，中共中央、国务院印发《国家积极应对人口老龄化中长期规划》，明确了积极应对人口老龄化的战略目标，部署了应对人口老龄化的具体工作任务，其中重要的一项就是"改善人口老龄化背景下的劳动力有效供给"。2020 年，中国共产党第十九届五中全会通过的《中共中央关于制定国民经济和社会发展第十四个五年规划和二〇三五年远景目标的建议》提出"积极开发老龄人力资源，发展银发经济"。2021年，中共中央、国务院印发《中共中央　国务院关于加强新时代老龄工

[①] 国家卫生健康委员会 2022 年 9 月 20 日新闻发布会：介绍党的十八大以来老龄工作进展与成效，http://www.nhc.gov.cn/xwzb/webcontroller.do? titleSep = 11480&gecstype = 1。

[②] 陶涛：《中国的人口老龄化与老年人力资本开发》，《团结》2020 年第 6 期，第 35~38 页。

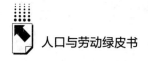

作的意见》，提出"促进老年人社会参与，鼓励老年人继续发挥作用"。

老年人力资源一般是指年满 60 周岁，身体健康、有劳动能力且有劳动意愿的老年人口。开发老年人力资源，主要是指开发和利用老年人的人力资本，即老年人"个人拥有的能够创造个人、社会和经济福祉的知识、技能、能力和素质"[1]。将老年人力资本作为可利用的生产要素，在体力和脑力能够支撑的前提下，继续从事社会生产活动、社会公益活动、科研工作等，能够为社会创造财富[2]。因此，积极开发老年人力资源，发挥老年人力资本的作用，逐渐成为有效应对我国劳动力短缺以及人口老龄化的重要手段。

在人口老龄化背景下，对中国老年人口的人力资本变化情况进行全面系统的研究，从人力资源可持续发展角度深入分析中国老年人力资源的开发，特别是城乡老年人力资源开发情况的比较及未来的融合发展，对我国经济持续、健康的发展有着重要的现实意义。为此，本报告利用宏观数据首先测量中国老年人口的人力资本并分析其变化情况，再进一步分析中国老年人力资源开发的状况并进行城乡比较，然后，给出更精准的人口老龄化背景下促进中国城乡老年人力资源开发的政策建议。

二　中国人口老龄化及变化情况

自 21 世纪以来，中国人口老龄化呈现程度不断提高、水平不断上升的趋势。2000 年中国 60 岁及以上人口为 12998 万，占总人口的比重为 10.46%，其中，65 岁及以上人口为 8827 万，占总人口的比重为 7.10%；2010 年中国 60 岁及以上人口增长到 17759 万，占总人

① OECD：*The Well-being of Nations：The Role of Human and Social Capital*，2001，OECD Publishing，Paris，p.18.

② 陈功：《以时间银行开发利用我国老年人力资本》，《人民论坛·学术前沿》2021 年第 24 期，第 61~67、135 页。

口的比重上升为 13.32%，其中，65 岁及以上人口增长到 11893 万，占总人口的比重上升为 8.92%[①]。从第七次全国人口普查数据看，2020 年中国 60 岁及以上人口达到 26402 万，占总人口的比重达到 18.70%，其中，65 岁及以上人口为 19064 万，占总人口的比重为 13.50%。由此可见，2000～2020 年，中国老年人力资源数量不断增加，老年人口占总人口的比重不断增加，目前中国正处于从老龄化社会向深度老龄化社会过渡的阶段[②]。同时，中国人口老龄化速度明显加快，且随着时间增速越来越快[③]。2000～2010 年，60 岁及以上人口比重上升了 2.86 个百分点，65 岁及以上人口比重上升了 1.82 个百分点[④]。2010～2020 年，60 岁及以上人口比重上升了 5.38 个百分点，65 岁及以上人口比重上升了 4.58 个百分点[⑤]。这表明中国老年人力资源处于快速增长阶段，其总量已达较高水平。

分城乡来看，2000～2020 年，中国人口老龄化城乡差距较大且呈现快速扩大的趋势[⑥]。2010 年，乡村 60 岁及以上老年人口占乡村人口的比重为 14.98%，比城市高 3.51 个百分点，65 岁及以上老年人口占比为 10.06%，比城市高 2.38 个百分点；与 2000 年相比，60 岁及以上、65 岁及以上老年人口占比的城乡差距分别扩大 2.64 个、

[①] 2000 年、2010 年数据分别根据第五次、第六次全国人口普查数据测算。

[②] 按照国际通行划分标准，当一个国家或地区 65 岁及以上人口占总人口的比重超过 7% 时，意味着这个国家或地区进入老龄化社会；当 65 岁及以上人口占总人口的比重超过 14% 时，代表着进入了深度老龄化社会；当比重超过 20% 时，则进入超老龄化社会。

[③] 陶涛：《中国的人口老龄化与老年人力资本开发》，《团结》2020 年第 6 期，第 35～38 页；林宝：《积极应对人口老龄化：内涵、目标和任务》，《中国人口科学》2021 年第 3 期，第 42～55、127 页。

[④] 2000 年、2010 年数据根据第五次、第六次全国人口普查数据测算。

[⑤] 2010 年、2020 年数据根据第六次、第七次全国人口普查数据测算。

[⑥] 2000 年、2010 年和 2020 年数据分别根据第五次、第六次和第七次全国人口普查数据测算。

1.55 个百分点。2020 年，乡村 60 岁及以上老年人口占比为 23.81%，比城市高 8.27 个百分点，乡村 65 岁及以上老年人口占比为 17.72%，比城市高 6.95 个百分点；与 2010 年相比，60 岁及以上、65 岁及以上老年人口占比的城乡差距分别扩大 4.76 个、4.57 个百分点。由此可见，中国城乡人口老龄化程度均有所增加，且呈现显著的城乡差异[1]，城乡差距快速扩大，意味着应对乡村人口老龄化、开发乡村人口老年人力资源，以缩小城乡差距存在紧迫性和复杂性。

三 中国老年人力资本及城乡比较

人力资本概念最早由 Schultz[2] 和 Becker[3] 提出。人力资本的积累，即人口素质的改善和提高，以及人力资本的投资能够促进经济的增长[4]。现有研究对中国人力资本及其发展变化[5]、劳动年龄人口的人力资本

[1] 鲁全：《系统集成视角下积极应对人口老龄化的社会保障改革研究》，《学术研究》2021 年第 8 期，第 81~87 页。

[2] Theodore W. Schultz: "Investment in Human Capital", *American Economic Review*, 1961, 51 (1), pp. 1-17.

[3] Gary S. Becker, *Human Capital (2nd edition)*, New York: Columbia University Press, 1964.

[4] Fleisher, B., Li H., and Zhao M., "Human Capital, Economic Growth, and Regional Inequality in China", *Journal of Development Economics*, 2010, 92 (2): 215-231；杜伟、杨志江、夏国平：《人力资本推动经济增长的作用机制研究》，《中国软科学》2014 年第 8 期，第 173~183 页；刘智勇、李海峥、胡永远、李陈华：《人力资本结构高级化与经济增长——兼论东中西部地区差距的形成和缩小》，《经济研究》2018 年第 3 期，第 50~63 页；丁小浩、黄依梵：《人力资本对经济增长的贡献：理论与方法》，《北京大学教育评论》2020 年第 1 期，第 27~41、189 页。

[5] 胡鞍钢：《从人口大国到人力资本大国：1980~2000 年》，《中国人口科学》2002 年第 5 期，第 3~12 页；杜鹏、安瑞霞：《从人口大国到人力资源强国——改革开放四十年中国教育发展成就与人力资源发展》，《国家教育行政学院学报》2018 年第 11 期，第 3~12 页。

及其变化①等内容进行了较为全面的分析，也有研究考察了中国老年人力资本的情况②。为了更好地分析中国老年人力资源的开发情况，基于新时代高质量发展阶段赋予人力资本的新内涵③，本报告对中国老年人口的人力资本，即教育型人力资本、健康型人力资本、技能型人力资本进行测量，并进行城乡比较，对中国老年人力资本及其变化进行全面深入的分析讨论。

（一）中国老年人口的教育型人力资本及其变化

教育型人力资本是人力资本的重要组成部分，也是影响经济发展的重要因素④。本部分运用第五次、第六次和第七次全国人口普查数据，测算 2000~2020 年中国 60 岁及以上老年人口的教育型人力资本的水平、结构、存量及变化，并进一步分析城乡老年人口教育型人力资本的分布差异及变化趋势。

1. 老年人口教育型人力资本的水平变化

（1）老年人口的平均受教育年限

本报告用老年人口的平均受教育年限⑤来测量其教育型人力资本

---

① 谢倩芸：《中国劳动年龄人口的人力资本变动研究——基于教育型和技能型人力资本双重维度的考察》，《北京师范大学学报》（社会科学版）2021 年第 3 期，第 70~81 页。

② 金光照、陶涛、刘安琪：《人口老龄化与劳动力老化背景下中国老年人力资本存量与开发现状》，《人口与发展》2020 年第 4 期，第 60~71 页；陶涛：《中国的人口老龄化与老年人力资本开发》，《团结》2020 年第 6 期，第 35~38 页。

③ 张车伟等：《"十四五"时期中国人力资本积累现状、问题挑战及对策思考》，载张车伟主编《中国人口与劳动问题报告 No.21："十四五"时期人力资本提升与经济高质量发展》，社会科学文献出版社，2020，第 1~18 页。

④ 谢倩芸、蔡翼飞：《"十四五"时期我国教育人力资本供需形势分析》，《中国人力资源开发》2020 年第 12 期，第 17~33 页。

⑤ 老年人口的平均受教育年限的计算公式为：平均受教育年限=（未上过学的老年人口×0+扫盲班/学前教育的老年人口×2+小学文化程度的老年人口×6+初中文化程度的老年人口×9+高中文化程度的老年人口×12+中专文化（转下页注）

水平。中国 60 岁及以上老年人口的平均受教育年限不断提高，说明老年人口的教育型人力资本水平在不断提高，但其绝对水平仍然较低（见表 1）。2000 年，中国 60 岁及以上人口的平均受教育年限为 4.03 年，2010 年增加到了 5.89 年，2020 年达到 7.10 年；2000 年，中国 65 岁及以上人口的平均受教育年限为 3.42 年，2020 年增加为 6.65 年。其中，低龄（60~64 岁）老年人口的平均受教育年限相对较高且增加较快，从 2000 年的 5.33 年，增加到 2010 年的 6.86 年，再达到了 2020 年的 8.24 年，接近于初中受教育年限。

可见，2000~2020 年，中国老年人口的平均受教育年限在不断增加，平均受教育水平基本达到了小学文化程度。

表 1　2000 年、2010 年、2020 年中国 60 岁及以上人口平均受教育年限及城乡比较

单位：年

年份	年龄	全国	城市	乡村	城乡差距
2000	60 岁及以上	4.03	6.11	3.21	2.90
	60~64 岁	5.33	7.70	4.32	3.38
	65 岁及以上	3.42	5.31	2.71	2.60
2010	60 岁及以上	5.89	7.98	4.85	3.13
	60~64 岁	6.86	8.79	5.88	2.91
	65 岁及以上	5.41	7.57	4.35	3.22
2020	60 岁及以上	7.10	8.73	5.93	2.80
	60~64 岁	8.24	9.68	7.03	2.65
	65 岁及以上	6.65	8.31	5.56	2.75

资料来源：2000 年、2010 年和 2020 年数据分别根据第五次、第六次和第七次全国人口普查数据测算。

（接上页注⑤）程度的老年人口×12+大专及以上文化程度的劳动年龄人口×16）／老年人口总数。其中，2000 年第五次全国人口普查，可获得参加过扫盲班的人口信息，而扫盲班的受教育年限一般认为是 2 年；2020 年第七次全国人口普查，可获得参加过学前班的人口信息，学前班的受教育年限处理与扫盲班相同，认为是 2 年。下同。

（2）老年人口平均受教育年限的城乡比较

2000~2020年，城乡60岁及以上老年人口的平均受教育年限存在差异，但均有所增加，不过增加幅度不相同。城市60岁及以上人口的平均受教育年限从2000年的6.11年上升到2020年的8.73年，共增加2.62年；乡村60岁及以上人口的平均受教育年限则由2000年的3.21年增加到2020年的5.93年，共增加2.72年。城市65岁及以上人口的平均受教育年限从2000年的5.31年增加到2020年的8.31年，共增加3.00年；乡村65岁及以上人口的平均受教育年限则由2000年的2.71年增加到2020年的5.56年，共增加2.85年。可见，城市老年人口的平均受教育年限明显高于乡村老年人口，而乡村60岁及以上人口的平均受教育年限增加幅度高于城市，但乡村65岁及以上人口的平均受教育年限增加幅度低于城市。

与此同时，虽然城乡60岁及以上老年人口的平均受教育年限仍有差距，但是城乡差距呈现下降的趋势，由2000年的2.90年减少到2020年的2.80年。不过，65岁及以上人口平均受教育年限的城乡差距有所扩大，从2000年的2.60年扩大到2020年的2.75年。

由此可见，我国老年人口城乡之间的教育型人力资本水平差距仍然较大，这影响了乡村老年人力资源的开发。

2. 老年人口教育型人力资本的结构变化

（1）老年人口的受教育结构

2000~2020年，中国60岁及以上老年人口的受教育结构得到了显著改善，未上过学的老年人口比例明显下降，接受过大专及以上高等教育的老年人口比例有所增加，受教育程度不断提高[①]。2000~2020年，未上过学60岁及以上人口占60岁及以上老年人的比例不

---

① 2000年和2020年数据分别根据中国第五次和第七次人口普查数据测算。

断下降，从 2000 年的 40.07%下降到 2020 年的 11.74%；同时，初中、高中及中专、大专及以上受教育程度的 60 岁及以上人口占比均有所提升，分别从 2000 年的 9.46%、4.12%、2.05%上升到 2020 年的 27.46%、9.92%、3.98%。其中，未上过学的 65 岁及以上人口占比也不断下降，从 2000 年的 46.83%下降到 2020 年的 14.20%；初中、高中及中专、大专及以上受教育程度的 65 岁及以上人口占比均有所提升。另外，低龄（60～64 岁）老年人口的受教育程度相对优于 65 岁及以上老年人口，表现为相对很低的未上过学人口比例和相对较高的初中及以上受教育程度人口比例。

（2）老年人口受教育结构的城乡比较

2000～2020 年，乡村 60 岁及以上人口中未上过学的比例（从 2000 年 45.75%下降到 2020 年的 16.27%）明显高于城市（从 2000 年的 25.97%下降到 2020 年的仅 5.85%），但该比例在城乡之间的差距从 2000 年的 19.78 个百分点，缩小到 2020 年的 10.42 个百分点（见表 2）。而乡村 60 岁及以上人口中初中、高中及中专、大专及以上受教育程度人口的比例明显低于城市，且这三类比例在城乡之间的差距分别从 2000 年的 10.73 个、8.90 个、7.23 个百分点，扩大到 2020 年的 12.69 个、14.66 个、8.98 个百分点。

同时，城乡 65 岁及以上人口也呈现相似的变化趋势。未上过学的 65 岁及以上人口比例在城乡之间的差距从 2000 年的 19.99 个百分点，缩小到 2020 年的 11.83 个百分点；而受过初中、高中及中专、大专及以上教育的 65 岁及以上人口比例在城乡之间的差距分别从 2000 年的 10.27 个、7.06 个、5.48 个百分点，扩大到 2020 年的 15.19 个、11.68 个、8.70 个百分点。

以上数据说明虽然未上过学的 60 岁及以上老年人口比例在城乡之间的差距有明显下降，但是初中及以上，特别是高中及中专、大专及以上受教育程度的老年人口比例在城乡之间的差距呈现扩大的趋势。这意味着中国老年人口受教育结构在城乡间分布不均衡的趋势将依然存在，城乡间差距较大，这将会影响到老年人力资本的整体积累和提升。

表2 2000年、2020年中国60岁及以上人口受教育程度的城乡比较

单位：%

年份	受教育程度	城市			乡村		
		60岁及以上	60~64岁	65岁及以上	60岁及以上	60~64岁	65岁及以上
2000	未上过学	25.97	13.35	32.38	45.75	31.20	52.37
	扫盲班/学前教育	5.10	3.20	6.07	8.49	7.30	9.03
	小学	34.12	36.36	32.98	37.82	48.70	32.87
	初中	16.97	21.21	14.81	6.24	9.97	4.54
	高中及中专	10.41	14.92	8.12	1.51	2.51	1.06
	大专及以上	7.42	10.96	5.62	0.19	0.32	0.14
2020	未上过学	5.85	2.54	7.32	16.27	7.88	19.15
	扫盲班/学前教育	0.21	0.10	0.26	0.58	0.30	0.67
	小学	31.46	21.15	36.02	57.01	50.17	59.35
	初中	34.50	37.99	32.96	21.81	33.59	17.77
	高中及中专	18.55	28.05	14.34	3.89	7.47	2.66
	大专及以上	9.43	10.16	9.10	0.45	0.59	0.40

资料来源：2000年和2020年数据分别根据第五次和第七次全国人口普查数据测算。

3. 老年人口教育型人力资本存量的变化

（1）老年人口的教育型人力资本存量

为了全面反映我国老年人口教育型人力资本的整体情况，本报告将60岁及以上老年人口的教育型人力资本存量表示为老年人口数量与老年人口平均受教育年限之积①。2000~2020年，中国60岁及以

---

① 2000年和2020年数据分别根据第五次和第七次全国人口普查数据测算。

上老年人口的教育型人力资本存量快速增加，从 2000 年的 5.24 年·亿人增加为 2020 年的 18.73 年·亿人；65 岁及以上老年人口的教育型人力资本也从 2000 年的 3.02 年·亿人增加为 2020 年的 12.69年·亿人。可见中国老年人口的教育型人力资本存量不断提升，具有庞大的开发空间。

（2）老年人口教育型人力资本存量的城乡比较

分城乡来看，2000~2020 年，城市、乡村的 60 岁及以上老年人口的教育型人力资本存量均有增加，分别从 2000 年的 1.80 年·亿人、2.75 年·亿人增加到 2020 年的 7.80 年·亿人、7.20 年·亿人；城市、乡村的 65 岁及以上老年人口的教育型人力资本存量均有增加，分别从 2000 年的 1.04 年·亿人、1.59 年·亿人增加到 2020 年的 5.15 年·亿人、5.02 年·亿人。其中，城市老年人口的教育型人力资本存量增长主要是因为城市老年人口平均受教育年限的增加，而乡村老年人口的教育型人力资本存量增长更多是因为乡村老年人口数量的增加。

（二）中国老年人口的健康型人力资本及其变化及城乡比较

健康型人力资本一直是人力资本的重要组成部分。老年人的健康型人力资本直接影响着老年人能否进行就业、社会参与等人力资源开发活动。2000~2020 年，中国人口的平均预期寿命不断提高，从2000 年的 71.40 岁提高到 2010 年的 74.83 岁，再提高到 2015 年的76.34 岁，2020 年时达到 77.93 岁[①]。不断延长的寿命可以说明老年人口的健康水平在不断提高，也意味着有更多的可能进行老年人力资源开发。

本部分用中国人口普查数据测算老年人的健康状况以直接反映老

[①] 2000 年、2010 年、2015 年数据均来源于《中国统计年鉴（2021）》，2020 年资料来源于《2021 年我国卫生健康事业发展统计公报》。

年人口健康型人力资本及其变化，并分析中国老年人口健康型人力资本的城乡差异。

1. 老年人口的健康状况及变化

2010～2020年，中国60岁及以上老年人口的健康型人力资本得到了明显改善，身体健康和基本健康的老年人占比显著提高，不健康、生活不能自理的老年人占比有所下降，老年人口的健康状况不断提高（见表3）。2010年，身体健康和基本健康的60岁及以上人口占老年人口比重分别为43.82%、39.33%，2020年这两个比例分别为54.64%、32.61%，超过85%的60岁及以上老年人口身体状况良好；而不健康、生活不能自理的60岁及以上老年人口占比从2010年的2.95%下降到2020年的2.34%。与此同时，身体健康和基本健康的

表3 2010年、2020年中国60岁及以上老年人口健康状况及城乡比较

单位：%

区域	健康状况	2010年			2020年		
		60岁及以上	60～64岁	65岁及以上	60岁及以上	60～64岁	65岁及以上
全国	健康	43.82	60.77	35.46	54.64	70.29	48.48
	基本健康	39.33	32.35	42.77	32.61	24.03	35.99
	不健康,但生活能自理	13.90	6.00	17.80	10.41	4.88	12.58
	不健康,生活不能自理	2.95	0.88	3.97	2.34	0.80	2.95
城市	健康	49.95	65.53	42.26	62.98	75.98	57.09
	基本健康	39.41	30.28	43.93	28.66	20.43	32.38
	不健康,但生活能自理	8.29	3.58	10.61	6.30	2.99	7.80
	不健康,生活不能自理	2.35	0.61	3.21	2.07	0.60	2.73
乡村	健康	40.42	58.24	31.71	48.54	65.54	42.58
	基本健康	39.33	33.48	42.18	35.36	26.96	38.30
	不健康,但生活能自理	16.94	7.26	21.66	13.55	6.54	16.00
	不健康,生活不能自理	3.32	1.01	4.44	2.55	0.96	3.11

资料来源：2010年、2020年数据分别根据第六次和第七次全国人口普查数据测算。

65 岁及以上人口占老年人口比重也从 2010 年的 35.46%、42.77%整体上升为 2020 年的 48.48%、35.99%，而不健康、生活不能自理的 65 岁及以上老年人口占比从 2010 年的 3.97%略微下降为 2020 年的 2.95%。另外，低龄（60~64 岁）老年人口的健康状况明显优于 65 岁及以上老年人口，2020 年，身体健康和基本健康的 60~64 岁人口占老年人口的比重分别为 70.29%、24.03%，超过 90%的 60~64 岁老年人口健康状况良好。

可见，中国老年人口的健康型人力资本有改善的趋势，特别是身体健康的老年人口比例显著增加，一定程度上保证了老年人健康型人力资本的充足。

2. 老年人口健康状况的城乡比较

2010~2020 年，城市 60 岁及以上人口中身体健康的比例（从 2010 年的 49.95%上升到 2020 年的 62.98%）明显高于乡村（从 2010 年的 40.42%上升到 2020 年的 48.54%），且该比例在城乡之间的差距从 2010 年的 9.53 个百分点扩大到 2020 年的 14.44 个百分点（见表 3）。同时，不健康、生活不能自理的 60 岁及以上老年人口占比在城市、乡村均有下降，分别从 2010 年的 2.35%、3.32%下降到 2020 年的 2.07%、2.55%，虽然该比例在乡村最高，但是在城乡之间的差距从 2010 年的 0.97 个百分点，缩小到了 2020 年的 0.48 个百分点。

与此同时，城乡 65 岁及以上人口的健康状况也呈现相似的变化趋势。身体健康的 65 岁及以上人口比例在城乡之间的差距从 2010 年的 10.55 个百分点扩大到 2020 年的 14.51 个百分点；不健康、生活不能自理的 65 岁及以上人口比例在城乡之间的差距从 2010 年的 1.23 个百分点缩小到 2020 年的 0.38 个百分点。

由此可见，中国 60 岁及以上老年人口的健康型人力资本在城乡之间依然分布不均衡，特别是在健康状况为"健康"的老年人力资源中不均衡存在扩大的趋势。

（三）中国老年人口的技能型人力资本及其变化

技能型人力资本是指通过专门教育或培训形成的具有特殊知识、技术和技能的人力资本①。专门教育（如职业教育）和技能培训是人们获取生产生活所需知识技能、进行技能型人力资本积累的重要途径。具备一定的技能型人力资本对老年人适应社会、愿意进行人力资源开发有促进作用。参照以往研究②，基于数据可获得性，本报告利用2015~2018年《中国劳动统计年鉴》数据，以年末就业老年人口中受教育程度为中等职业教育、高等职业教育的老年人所占比例从宏观层面来间接测量老年人的技能型人力资本。

2015~2018年，中国65岁及以上就业老年人口中的中等职业教育程度人口占比很低，从2015年的0.4%减少到2018年的0.3%；65岁及以上就业老年人口中的高等职业教育程度人口占比更低，从2015年的仅0.1%减少到2018年的接近于0③。同时，虽然低龄（60~64岁）就业老年人口中受过中等职业教育、高等职业教育人口的比例高于65岁及以上老年人口，但是其绝对水平仍然很低且呈现下降趋势，60~64岁就业老年人中中职、高职比例分别从2015年的0.6%、0.2%减少到2018年的0.3%、0.1%④。

由以上数据可以看出，从宏观层面来看，中国就业老年人口中受过职业教育等技能型专门教育的人员占比极低且呈现不断下降的趋势，这会影响到老年人对工作中技能型人力资本要求的适应。

---

① 胡茂波、谢丽丽、袁飞：《中国技能型人力资本对经济增长的贡献率及提升策略——基于1995~2014年统计数据的分析》，《职业技术教育》2018年第1期，第50~54页。

② 胡永远、刘智勇：《不同类型人力资本对经济增长的影响分析》，《人口与经济》2004年第2期，第55~58页。

③ 《中国劳动统计年鉴》历年数据。

④ 《中国劳动统计年鉴》历年数据。

（四）中国老年人口的人力资本及其变化小结

以上分析说明，在人口老龄化加速发展的过程中，中国 60 岁及以上老年人口的人力资本提高并呈现继续提高的趋势，但乡村老年人口的人力资本整体低于城市老年人口，且城乡间分布不均衡的趋势依然存在。

首先，中国老年人口的教育型人力资本不断提升，但乡村老年人口的教育型人力资本明显低于城市老年人口。这表明中国老年人力资源有着充足的开发空间，但是，老年人口的教育型人力资本存在较大的城乡差距。特别是，城市老年人口的平均受教育年限和接受过初中及以上教育程度人口占比均高于乡村老年人口，但乡村老年人口数量庞大且不断增加又使得乡村老年教育型人力资本存量极大，这在一定程度上说明在进行城市和乡村老年人力资源开发时需要采用不同的方式和方法。

其次，中国老年人口的健康型人力资本整体提升且呈现持续改善的趋势。老年人口健康型人力资本的充足为老年人力资源的开发提供了保障。不过，值得重视的是老年人口健康型人力资本也存在城乡间分布不均衡的问题，虽然生活不能自理的老年人口占比在城乡间差距有所下降，但是身体健康的老年人口占比在城乡间的差距日趋扩大。

最后，中国就业老年人口中受过职业教育的人员占比极低且该比例不断下降，这在一定程度上说明中国就业老年人口的技能型人力资本较低，且有不断降低的发展趋势。老年人技能型人力资本相对较低的状况不利于其在新的社会经济条件下寻找工作机会、适应社会环境，在一定程度上阻碍了老年人力资源的开发。

四　中国老年人力资源开发及城乡比较

老年人力资源开发指的是老年人的社会参与，包括老年人通过就业、志愿服务、文化体育、教育等活动继续发挥作用。本报告主要考察老年人口的就业活动，通过对中国老年人力资源的开发程度、开发层次、开发质量、再就业渠道等进行分析及进行城乡比较，以探讨中国老年人力资源开发的情况。

（一）中国老年人力资源的开发程度及城乡比较

本报告用老年人口的劳动参与率[①]及老年人口的就业率[②]来衡量老年人力资源的开发程度。2000~2020 年，中国 60 岁及以上老年人口的劳动参与率[③]和就业率均呈现下降的趋势（见表 4）。2000 年、2010 年，60 岁及以上老年人口的劳动参与率分别为 33.06%、30.48%，65 岁及以上老年人口的劳动参与率分别为 25.06%、21.10%，而 2000 年、2010 年和 2020 年，60 岁及以上老年人口的就业率分别为 32.99%、30.25% 和 22.64%，65 岁及以上老年人口的就业率分别为 25.00%、20.94% 和 17.99%，水平均较低且不断下降。这说明虽然目前中国老年人力资源的数量庞大，但老年人力资源的开发程度仍然十分有限。

进一步，中国老年人力资源的开发程度也存在明显的城乡差异。2000~2010 年，乡村老年人口的劳动参与率明显高于城市：2000 年，乡村 60 岁及以上老年人口的劳动参与率高达 43.19%，而城市 60 岁及以上老年人口的劳动参与率为 10.22%；2010 年，乡村 60 岁及以上老年人口的劳动参与率为 43.01%，远高于城市。2000~2020 年，乡村 60 岁及以上老年人口的就业率也明显高于城市：2000 年，乡村

---

① 老年人口的劳动参与率是老年人口中的经济活动人口（包括就业者和失业者）占老年人口的比例。

② 老年人口的就业率是老年人口中的就业者占老年人口的比例。

③ 由于数据所限，目前仅展现 2000 年和 2010 年的 60 岁及以上人口、65 岁及以上人口的劳动参与率。

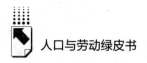
表4　中国60岁及以上人口的劳动参与率、就业率及城乡比较

单位：%

年份	年龄	全国		城市		乡村	
		老年人口劳动参与率	老年人口就业率	老年人口劳动参与率	老年人口就业率	老年人口劳动参与率	老年人口就业率
2000	60岁及以上	33.06	32.99	10.22	10.10	43.19	43.15
	60~64岁	50.05	49.97	16.80	16.64	65.85	65.81
	65岁及以上	25.06	25.00	6.90	6.81	32.90	32.86
2010	60岁及以上	30.48	30.25	7.19	6.89	43.01	42.84
	60~64岁	49.52	49.14	13.76	13.20	68.74	68.50
	65岁及以上	21.10	20.94	3.94	3.77	30.44	30.31
2020	60岁及以上		22.64		7.71		34.45
	60~64岁		34.43		13.79		53.23
	65岁及以上		17.99		4.96		27.86

资料来源：2000年、2010年和2020年数据分别根据第五次、第六次和第七次全国人口普查数据整理测算所得。

60岁及以上老年人口的就业比例高达43.15%，而城市60岁及以上老年人口的就业比例为10.10%；2020年，乡村60岁及以上老年人口的就业比例稍有下降，为34.45%，但仍远高于城市。城乡65岁及以上老年人口的劳动参与率、就业率也呈现同样的趋势。一个可能的原因是生活需要，很多乡村老年人仍继续从事农业生产或寻找其他收入渠道，于是其劳动参与率和就业率较高。

此外，《中国劳动统计年鉴（2021）》数据显示，2020年中国60~64岁的城镇失业人员中，26.9%是因为退休，13.5%是因为辞职，10.0%是因为健康或身体原因而结束上一份工作；而65岁及以上城镇失业人员中，16.4%是因为退休，13.7%是因为辞职，10.4%是因为健康或身体原因而结束上一份工作。

（二）中国老年人力资源的开发层次及城乡比较

本报告用就业老年人口的受教育水平和受教育结构来衡量老年人力资源的开发层次。中国就业老年人口受教育水平偏低，但呈现提升的趋势，受教育结构有所改善[①]。从受教育水平来看，60 岁及以上、65 岁及以上就业老年人口的平均受教育年限分别从 2000 年的仅 4.01 年、3.42 年明显增加到 2020 年的 6.95 年、6.46 年，但绝对水平仍然较低。从受教育结构来看，60 岁及以上、65 岁及以上就业人口中，未上过学的老年人占比显著下降，分别从 2000 年的 34.94%、41.55% 下降到 2020 年的 7.49%、9.48%；小学、初中老年人口占比仍然最高，2020 年时分别为 54.31%、30.21% 和 60.84%、24.62%；高中占比有所增加，不过大专及以上占比仍很少。这表明虽然中国就业老年人口的受教育水平和受教育结构均有所提升，但老年人力资源的开发层次依然处于较低水平，未上过学和小学水平的老年人口是就业老年人群的主体，接受中、高等教育老年人口的人力资本开发水平较低。

进一步，就业老年人口的开发层次在城乡间存在一定的差异，城市老年人力资源的开发层次稍高于乡村。第七次全国人口普查数据显示，2020 年，城市 60 岁及以上就业老年人口的平均受教育年限（8.20 年）高于乡村（6.65 年）。城市就业老年人口中未上过学和小学教育水平的老年人占比（分别为 4.35%、39.45%）低于乡村（分别为 8.37%、57.92%），而初中、高中及中专、大专及以上老年人占比（分别为 36.95%、13.67%、5.39%）均高于乡村（分别为 28.14%、4.96%、0.24%）。

---

① 2000 年、2020 年数据分别根据第五次、第七次全国人口普查数据整理测算所得。

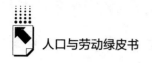

（三）中国老年人力资源的开发质量及城乡比较

本报告通过对 60 岁及以上就业老年人口的行业和职业①分布进行测算，以此来衡量中国老年人口的就业质量，即老年人力资源的开发质量。

1. 就业老年人口的行业分布

如表 5 所示，从中国就业老年人口的行业分布来看，2010 年，在 60 岁及以上就业人口中，农、林、牧、渔业人员所占比重最大（87.07%），其次是制造业人员，再次是住宿和餐饮业人员；在 65 岁及以上就业人口中，农、林、牧、渔业人员所占比重高达 90.01%，制造业人员、住宿和餐饮业人员占比分别列第 2、第 3 位。2020 年，60 岁及以上老年人口的就业行业分布虽然有所调整，但仍以农、林、牧、渔业人员占比最多（较 2010 年有所下降，为 66.14%），其次是建筑业人员，再次为制造业人员。而需要较高技术或专业含量的行业，如信息传输、软件和信息技术服务业，金融业，科学研究和技术服务业等行业中老年人口比例很低。

表 5　2010 年、2020 年中国就业老年人口的行业分布

单位：%

行业	2010 年			2020 年		
	60 岁及以上	60~64 岁	65 岁及以上	60 岁及以上	60~64 岁	65 岁及以上
农、林、牧、渔业	87.07	84.53	90.01	66.14	57.38	72.74
采矿业	0.20	0.26	0.14	0.21	0.30	0.15
制造业	3.70	4.43	2.85	6.59	8.33	5.27
电力、热力、燃气及水生产和供应业	0.10	0.13	0.07	0.23	0.32	0.16
建筑业	1.85	2.53	1.06	7.03	9.97	4.82

① 为了保持行业和职业分类的可比性，本报告采用 2010 年和 2020 年的数据进行分析。

行业	2010 年			2020 年		
	60 岁及以上	60~64 岁	65 岁及以上	60 岁及以上	60~64 岁	65 岁及以上
批发和零售业	0.55	0.70	0.37	6.28	7.15	5.62
交通运输、仓储和邮政业	0.04	0.05	0.03	1.23	1.78	0.82
住宿和餐饮业	2.62	2.93	2.25	1.65	2.29	1.16
信息传输、软件和信息技术服务业	0.55	0.67	0.40	0.07	0.10	0.05
金融业	0.05	0.06	0.04	0.12	0.17	0.08
房地产业	0.21	0.27	0.15	1.28	1.71	0.96
租赁和商务服务业	0.16	0.18	0.13	1.10	1.40	0.87
科学研究和技术服务业	0.05	0.06	0.04	0.28	0.31	0.25
水利、环境和公共设施管理业	0.28	0.33	0.22	1.65	1.76	1.56
居民服务、修理和其他服务业	0.89	0.94	0.83	2.74	2.99	2.56
教育	0.40	0.48	0.30	0.76	1.01	0.58
卫生和社会工作	0.49	0.53	0.44	0.82	0.89	0.76
文化、体育和娱乐业	0.08	0.10	0.07	0.20	0.25	0.17
公共管理、社会保障和社会组织	0.71	0.81	0.60	1.64	1.89	1.44
国际组织	0.00	0.00	0.00	0.00	0.00	0.00

资料来源：2010 年、2020 年数据分别根据第六次、第七次全国人口普查数据整理测算所得。

分城乡来看，就业老年人口的行业分布在城乡间存在较为明显的差异。虽然农、林、牧、渔业是城乡 60 岁及以上就业人口分布最多的行业，但乡村就业老年人口在农、林、牧、渔业的比例远高于城市，且乡村就业老年人口绝大多数分布在农、林、牧、渔业，而城市就业老年人口也有在其他行业分布。第七次全国人口普查数据测算显示，2020 年，城市 60 岁及以上就业人口分布最多的 5 个行业为农、林、牧、渔业，批发和零售业，制造业，建筑业和居民服务、修理和其他服务业，同时也有城市就业老年人口分布在一些需要一定专业技能的行业，如水利、环境和公共设施管理业，租赁和商务服务业，教育等；而乡村 60 岁及以上就业老年人口绝大多数是从事农、林、牧、渔业（77.75%），即使从事其他行业，也是集中在技术含量较低的建筑业或者制造业等行业。

2. 就业老年人口的职业分布

如表6所示，从事与农业相关职业的老年人口比重相对最高，而技术含量较高的职业的就业人员占比较低。2020年，60岁及以上就业老年人口中，从事农、林、牧、渔业生产及辅助人员的老年人比重虽然较2010年时有所降低，但仍占老年人从业人数的66.81%，社会生产服务和生活服务人员、生产制造及有关人员等占比均比2010年时有所提高，而党的机关、国家机关、群众团体和社会组织、企事业单位负责人依然占比最低。65岁及以上就业人口的职业分布与60岁及以上类似。

表6　2010年、2020年中国就业老年人口的职业分布

单位：%

职业	2010年			2020年		
	60岁及以上	60~64岁	65岁及以上	60岁及以上	60~64岁	65岁及以上
党的机关、国家机关、群众团体和社会组织、企事业单位负责人	0.45	0.58	0.29	0.61	0.85	0.43
专业技术人员	1.29	1.45	1.10	1.72	2.05	1.48
办事人员和有关人员	1.49	1.66	1.29	2.49	3.09	2.03
社会生产服务和生活服务人员	4.99	5.69	4.18	16.29	19.64	13.76
农、林、牧、渔业生产及辅助人员	87.07	84.53	90.00	66.81	57.89	73.54
生产制造及有关人员	4.67	6.03	3.10	11.92	16.32	8.61
不便分类的其他从业人员	0.05	0.05	0.05	0.15	0.17	0.15

资料来源：2010年、2020年数据分别根据第六次、第七次全国人口普查数据整理测算所得。

进一步，就业老年人口的职业分布在城乡间差异较为明显①。2020 年，60 岁及以上城市就业老年人员中，社会生产服务和生活服务人员所占比重最大（43.91%），其次是生产制造及有关人员（19.85%），再次为农、林、牧、渔业生产及辅助人员（19.79%），办事人员和有关人员、专业技术人员、单位负责人占比分别为 8.43%、5.54%、2.14%；而 60 岁及以上乡村就业人员中，农、林、牧、渔业生产及辅助人员占比仍最高，为 78.56%，其后为生产制造及有关人员（9.55%）、社会生产服务和生活服务人员（9.44%），而技术含量较高的专业技术人员、单位负责人等职业所占比重仅分别为 0.89%、0.28%。但 65 岁及以上就业老年人口的职业分布稍有不同。2020 年，65 岁及以上城市就业人员中，社会生产服务和生活服务人员所占比重仍最大（41.56%），不过农、林、牧、渔业生产及辅助人员占比（26.78%）为第二位，再次是生产制造及有关人员（15.87%），专业技术人员、单位负责人占比仍较低；65 岁及以上乡村就业人员中，农、林、牧、渔业生产及辅助人员占比高达 82.82%，其他职业仅有少数人从事。

（四）中国老年人口的再就业渠道

根据 2021 年《中国人口和就业统计年鉴》数据，2020 年 65 岁及以上城镇失业人员中有 82.1% 的人通过"委托亲戚朋友介绍"的方式寻找工作，还有 8.4% 直接联系雇主或单位，而通过查询招聘网站或广告、联系就业服务机构、参加招聘会等方式寻找工作的老年人口占比较少，仅分别为 3.3%、1.3%、0.2%。2020 年低龄（60～64岁）老年人口寻找工作的主要方式也是委托亲戚朋友介绍（占比

---

① 2010 年、2020 年数据分别根据第六次、第七次全国人口普查数据整理测算所得。

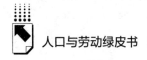

79.8%)、直接联系雇主或单位（占比8.1%），通过招聘网站或广告、招聘会、就业服务机构寻找工作的占比较少。可见，老年人口的再就业渠道缺乏多样性，依靠招聘会、职业介绍机构等正式途径寻找再就业机会的占比较少。

（五）中国老年人力资源开发现状及城乡比较小结

以上分析说明，中国老年人力资源开发十分有限，在老年人力资源的开发程度、开发层次、开发质量、再就业渠道等方面均存在问题，有着明显的提升空间。

首先，中国老年人力资源的开发程度仍然很低，老年人口的劳动参与率、就业率的绝对水平均较低且不断下降。老年人力资源的开发程度有明显城乡差异，乡村老年人口的劳动参与率、就业率均高于城市老年人口，这可能与很多乡村老年人从事农业或与农业相关的就业活动有关。

其次，中国老年人力资源的开发层次较低，虽然近年来整体有所提升，但就业老年人口的受教育程度仍以小学及以下层次为主，高层次受教育水平者少。同时，老年人力资源的开发层次存在城乡差异，城市老年人力资源的开发层次稍高于乡村。这在一定程度上会造成有开发意愿的老年人的人力资本与劳动力市场需求不匹配的情况出现，阻碍了老年人力资本的合理、有效开发。

再次，中国老年人力资源的开发质量不高。目前，就业老年人口主要分布于需要较多体力、技术含量相对较低的行业和职业，而要求高技术含量的行业和职业中老年人占比很低。同时，城乡老年人力资源开发质量有着显著差异，表现为城乡老年人口就业的行业、职业分布的不同，乡村老年人口就业仍然主要从事农业相关生产，而城市老年人口选择其他行业或职业的比例相对高一些。

最后，中国老年人力资源的开发渠道缺乏。老年人再就业的渠道主要依靠亲戚朋友介绍，极少使用招聘会、职业介绍机构等正式途径寻找再就业机会，这在一定程度上可能会造成老年人力资源，特别是年龄偏低老年人力资源的浪费，影响了老年人力资源的开发。

五　人口老龄化背景下中国城乡老年人力资源开发面临的主要问题

近年来，中国人口老龄化快速发展，老年人口的人力资本明显提升，庞大的老年人力资源得到了一定程度的开发和利用，但是，中国城乡老年人力资源开发面临着一些问题，在城乡间存在明显差异，成为制约未来一段时间内老年人力资源开发的主要因素。具体表现在以下几个方面。

（一）传统观念固化，对老年人力资源价值认识不足

传统的社会观念认为老年人应该在家颐养天年，政府和社会重点是满足老年人的基本生存需求。很多老年人也认为在达到一定年龄后就应该退出社会活动。无论是社会还是老年人自身对老年人力资源的价值都缺乏足够的认识，忽视了老年人参与社会劳动不仅能创造社会价值，也能帮助老年人实现自我价值，给社会和家庭减轻养老负担。

（二）老年人力资源开发的相关法律、制度和政策尚不完善

目前我国老年人力资源开发相关法律法规欠缺。如《中华人民共和国劳动法》里还没有适合的条款来对老年人口就业人员进行重点保障，《中华人民共和国老年人权益保障法》侧重于对老年人的保护，而对于老年人力资源开发方面未作明确规定。针对保护老年人劳动权利等方面的法律法规的不健全，不仅增加了老年人群体选择重新

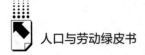
进入工作岗位或者进行社会活动的顾虑，而且减少了用人单位选择雇用老年劳动力或者社会对老年人进行人力资源开发的机会。

同时，国家尚未建立对老年人力资源开发的系统支持体系。虽然存在一些职能部门对老年群体进行管理和服务，但这些部门大多数偏向于老年群体的保障工作且各成体系，对老年人力资源开发缺少整体上的协调机制和保障制度。同时，各级政府也还未出台具体政策，针对老年人口进行人力资源开发的具体项目较少，如何在实践中进行老年人力资本提升、促进老年人口就业等仍在探索状态，在一定程度上影响了老年人力资源开发。

（三）老年人力资源开发程度低，乡村老年人力资源非常需要开发

根据前文分析，在未来的一段时间内，中国老年人力资源还有进一步挖掘的空间。大多数老年人特别是城镇老年人是因为退休等制度性因素而不再参与工作，目前老年人口偏低的劳动参与率和就业率与高质量发展阶段不相适应。其中的一个原因是老年人口就业渠道不通畅，常规的就业招聘渠道一般不对老年人开放，社会上也缺少专门针对老年人再就业的咨询机构和就业平台，无法将老年人的需求与用人单位的需求进行衔接。再加上提供给老年人的岗位数量很少，导致了一些有意愿再就业、身体健康的老年人没能参与到劳动力市场中，造成了大量老年人力资源特别是低龄老年人力资源的浪费。

同时，在老年人力资源的开发程度整体较低的情况下，占中国老年人口 70% 以上的乡村老年人力资源更是非常需要开发。由于生活需要，很多乡村老年人仍有继续从事农业生产或寻找其他收入渠道的意愿。但是，由于乡村地区老年人受教育程度普遍偏低、农村经济发展一直处于薄弱环节，大多数老年人很难承受需要繁重体力劳动和长时间高强度付出的工作，因此，现有岗位和乡村老年人口就业能力的

不匹配造成了乡村老年人口仍然只能选择农业及相关生产或者就业质量不高，导致乡村老年人力资源开发程度相对较低。

（四）老年教育资源缺乏，城乡间分布不平衡问题突出

现有的老年教育资源，如老年大学、社区大学等数量有限，质量上参差不齐，再加上老年职业教育的缺乏，无法给老年人的知识、技能层次提供迅速的更新，导致一部分老年人群体在年轻时由于当时的条件所限没有接受过良好教育，进入晚年后仍然缺少接受老年教育的机会。由于无法跟上社会经济发展的节奏，老年人再进入劳动力市场更是困难。

另外，城乡间老年教育资源分布不平衡，是中国目前老年教育资源分布中最大的不均衡。城乡教育资源配置不均衡导致农村教育水平落后，落后地区教育型人力资本积累受到影响，其直接结果是乡村老年人力资本，特别是教育型人力资本低于城市。而老年教育资源在城乡间分布差距较大[1]，大部分的老年大学、社区大学等老年教育资源分布在城市，农村基本没有给乡村老年人口提供继续接受教育的资源，影响了乡村老年人力资本增长的可持续性，也会影响整体老年人力资本质量的提升，进而导致城乡老年人力资源开发的差距继续扩大，影响到整体老年人力资源的开发。

六　主要结论与建议

总体来看，人口老龄化背景下，中国老年人力资源总量将会继续快速增长，老年人力资本有所提升但结构性问题依然存在，老年人力

---

[1]　刘斌、高鋆博：《人口老龄化背景下老人人力资源开发问题研究》，《当代经济》2020 年第 8 期，第 119~122 页。

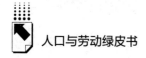

资源开发存在诸多问题，而且城乡间老年人力资源分布、人力资本和人力资源开发差距均较大。未来一段时间，促进中国城乡老年人力资源开发及融合的需求在不断增加，这对调整和转变中的中国经济继续实现持续较快增长非常重要。

本报告分析表明，近年来，中国老年人口的教育型人力资本水平在不断提高，教育型人力资本结构有所改善，教育型人力资本存量不断增加，但乡村老年人口教育型人力资本明显低于城市老年人口，与城市存在较大差距；老年人口的健康型人力资本水平提升，健康型人力资本结构持续改善，不过老年人口健康型人力资本分布表现为城乡间的不均衡；就业老年人口的技能型人力资本较低，接受过职业技能教育的老年人占比极低且不断下降。而老年人力资源开发尚存在开发程度不够、开发层次较低、开发质量不高、再就业渠道缺乏等问题，城乡间的老年人力资本和人力资源开发差距依然存在。

因此，为了有效应对中国人口老龄化，实施积极应对人口老龄化国家战略，应积极开发老年人力资源，特别是开发乡村老年人力资源、进行城乡老年人力资源开发融合，可以围绕转变社会观念、构建支持体系、提高开发程度及缩小城乡差距等几个方面来开展工作。具体对策建议有以下几点。

第一，转变社会观念，提高老年人力资源开发的社会认可度。一是在社会上大力宣传老年人力资源开发的重要性。结合"老有所养"，加强"老有所为"的宣传，构建人尽其才的用人环境，引导更多老年人进入劳动力市场或者融入社会，通过再就业等方式参与社会活动继续发挥作用。二是开展积极老龄化国情教育，重构老年人力资源开发的价值观念。依托社区、用人单位等各类组织，向全社会积极传达并引导正确看待老年人力资源的优势和价值，营造适于老年人继续就业、进行社会参与的良好社会氛围。

第二，强化顶层制度设计，构建老年人力资源开发相关法律和政策支持体系。首先，从立法和制度层面确立老年人力资源开发的地位，健全相关法律法规和制度，应重点围绕老年人的劳动权利、劳动关系、劳动标准、社会保障等方面，切实保障老年人就业的合法权益①，确保老年人力资源的开发与利用。其次，政府发挥主导作用，构建老年人力资源开发的政策支持体系。国家将老年人力资源开发纳入国民经济和社会发展规划，对中国老年人力资源进行价值评估、统计管理和权益保障，设立资金保障机制。地方各级政府结合实际制定各地老年人力资源开发的具体规划，出台具体鼓励、支持政策，建立鼓励、奖励机制，积极促进老年人力资源开发。

第三，优化资源配置，持续推进老年人力资本的提升和积累，不断推进老年人力资本在城乡间的均衡发展。一是积极发展老年教育，在城市和农村增设老年大学、社区大学等学习机构，依托互联网等现代信息技术，开发在线课程学习平台，为老年人提供终身学习的机会，鼓励老年人继续参加学习②。以扩大老年教育资源供给为契机，拓展针对老年人教育培训的课程内容，更新课程资源，以帮助老年人掌握新的知识、技能为重点，提高老年人口的教育型人力资本，鼓励老年人继续为社会做贡献，推进老年人力资源的开发。二是推动老年职业教育发展，加大力度提升老年人的技能型人力资本，以适应新发展阶段劳动力市场的需求。政府、社会组织、老年大学、社区等多元主体应通过各种方式为老年人力资源开发提供多样性、个体化的服务，侧重于提升老年人力资本、提高老年人就业能力，打破老年人进入劳动力市场的关键壁垒。针对老年人的再就业需求，为老年人提供有针

---

① 陆杰华：《老龄社会背景下老年人力资源开发与利用》，《中国党政干部论坛》2021 年第 5 期，第 75~78 页。

② 宋亦芳：《推进老年人智能技术培训的政策取向研究》，《当代职业教育》2022年第 1 期，第 10~16 页。

对性的技能培训服务，构建老年人力资源职业培训体系①，提高老年人的就业能力，推动老年人力资源的高质量开发。三是健全城乡教育、卫生、医疗等资源均衡配置机制，着力提升乡村老年人力资本。优先发展乡村教育事业，增加乡村教育经费投入，推进乡村教育组织的设立，积极推进城市优质教育资源建设与共享，满足乡村老年人口的教育需要，促进乡村老年教育型和技能型人力资本的提高，以缩小与城市老年人口的差距；促进城乡医疗卫生等服务的普惠共享，提高乡村老年人的身体健康和生活质量，保持乡村老年人健康型人力资本的持续提升。

第四，探索多样化的老年人力资源开发途径，积极提高老年人力资源开发程度。首先，在老年人进入劳动力市场方面，采取多种措施提高老年人口的就业率。按照小步调整、弹性实施、分类推进、统筹兼顾等基本原则，根据老年人的退休意愿，充分考虑老年人身体状况，结合老年人的年龄、学历、工作经验等特点，以及所在行业、地区、工作内容等差别，制定弹性退休制度，逐步延迟退休年龄，为充分开发低龄老年人力资源提供保障。同时，畅通老年人就业渠道，拓展老年人就业途径，如运用互联网、大数据等技术搭建老年人力资源开发信息平台，及时有效地实现老年人与用人单位就业供需平衡和精准匹配，以减少老年人力资源的浪费②。在返聘、受聘、打零工等再就业途径基础上，提升老年人自主创业的意愿，提供创业补贴、税收优惠等方面的政策支持，鼓励老年人自主创业，充分实现老年人的再就业。还可以基于老年人的身心健康实际，依据人岗匹配原则③，构

---

① 李光、郭雅诗：《老年人力资源职业培训研究——以生产性老龄化为视角》，《中国成人教育》2020 年第 22 期，第 15~18 页。

② 朱梦露、江峰、梅涵钰：《我国老年群体再就业的突出问题及对策研究》，《中国成人教育》2022 年第 15 期，第 8~12 页。

③ 李祥妹、王慧：《人岗匹配视角下的老年员工人力资源开发策略研究》，《中国人力资源开发》2016 年第 8 期，第 13~17 页。

建灵活弹性就业机制，为老年劳动者创新设置独特的劳动时间、工作强度、劳动报酬、保险福利等相关标准和制度，既能使老年人发挥余热，为社会和家庭作贡献，又能兼顾老年人身体，使之愉快地生活。此外，还可以通过为所在行业、所在单位传授经验、知识等实现间接就业。其次，鼓励老年人参与志愿服务等社会工作以实现老年人力资源开发。政府、社会和各类组织应协调配合，拓宽老年人志愿参与社会服务和活动的渠道，完善老年人参与志愿服务的相关制度和支持体系，帮助老年人通过志愿参与发挥其人力资本。

第五，大力推动城乡融合发展，缩小老年人力资源开发的城乡差距。众多的乡村老年人口是实现乡村振兴的宝贵财富。开发乡村老年人力资源首先要推动农村传统价值观的转变，鼓励老年人通过自己的劳动增加收入，以补充农村养老保险金较少的不足。其次，积极地改进农业生产方式，在乡村开发适合当地老年人的产业，为老年人提供一些较轻体力、注重经验的工作岗位。在乡村地区设立村镇一级的老年就业中心，搭建乡村就业平台，开发多样的乡村老年就业渠道，充分调动乡村老年人就业的积极性。最后，结合乡村老年人的实际情况，加强对乡村老年人农业劳动、互联网等现代化技能、生活等各方面的知识指导和培训，在提高乡村老年人的人力资本的同时，帮助和引导他们加速接受新事物，积极与社会融合，促进乡村老年人力资源的开发。

参考文献

陈功：《以时间银行开发利用我国老年人力资本》，《人民论坛·学术前沿》2021 年第 24 期。

金光照、陶涛、刘安琪：《人口老龄化与劳动力老化背景下中国老年人

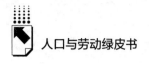

力资本存量与开发现状》，《人口与发展》2020 年第 4 期。

林宝：《积极应对人口老龄化：内涵、目标和任务》，《中国人口科学》2021 年第 3 期。

刘斌、高崟博：《人口老龄化背景下老人人力资源开发问题研究》，《当代经济》2020 年第 8 期。

鲁全：《系统集成视角下积极应对人口老龄化的社会保障改革研究》，《学术研究》2021 年第 8 期。

陆杰华：《老龄社会背景下老年人力资源开发与利用》，《中国党政干部论坛》2021 年第 5 期。

陶涛：《中国的人口老龄化与老年人力资本开发》，《团结》2020 年第 6 期。

张车伟等：《"十四五"时期中国人力资本积累现状、问题挑战及对策思考》，载张车伟主编《中国人口与劳动问题报告 No. 21："十四五"时期人力资本提升与经济高质量发展》，社会科学文献出版社，2020。

人口老龄化对农村土地利用的影响研究

熊 柴 庄梓琪 王轶尧*

摘 要： 研判人口老龄化对农村土地利用的影响，对推进乡村振兴和优化建设用地配置意义重大。在耕地方面，人口老龄化通过体力下降效应、经验积累效应、路径依赖效应和机会成本效应影响农户要素投入决策，既通过降低劳动力投入、导致部分撂荒、增加农药化肥使用等产生负面影响，也通过抑制"非粮化"、促进规模经营、提升机械化水平等产生积极影响。在宅基地方面，人口老龄化通过住房更新效应、迁移效应、死亡效应等影响，既增加了宅基地总量，又加剧了宅基地闲置、一户多宅等问题。本研究建议：一方面通过加快农业人才培养、健全农业社会化服务和农地流转市场提升耕地利用效率，另一方面通过使用机制、流转机制、退出机制改革提升宅基地利用效率。

关键词： 人口老龄化 农村土地利用 耕地 宅基地

一 引言

随着生育率下滑和寿命延长，全球人口正经历前所未有的老龄

---

* 熊柴，中国政法大学商学院经济系副教授，主要研究方向为区域和城市发展、土地制度改革、人口发展；庄梓琪、王轶尧，中国政法大学商学院本科生，主要研究方向为土地制度改革、人口发展。

化，而我国人口老龄化速度明显快于其他国家。根据全国人口普查资料，2000~2020年我国65岁及以上人口比重从7.1%升至13.5%，提高6.4个百分点；人口年龄中位数从30.9岁升至39.4岁，提高8.5岁。而在快速城镇化背景下，大量乡村人口特别是青壮年劳动力进城，这使得乡村常住人口老龄化速度明显快于城镇。2000~2020年，我国乡村65岁及以上人口比重从7.5%快速升至17.7%，提高了10.2个百分点；而城镇65岁及以上人口比重从6.4%升至11.1%，仅提高了4.7个百分点。乡村常住人口年龄中位数从30.6岁升至43.6岁，提高了13.0岁；而城镇常住人口年龄中位数从31.1岁升至37.5岁，仅提高了6.4岁。展望未来，随着老龄化自然演进和城镇化继续推进，未来我国乡村地区老龄化程度还将快速上升，并且仍将快于城镇地区。

人口是经济社会活动的主体和发展目的，人口老龄化已经并将继续对我国经济社会发展产生重大而深远的影响。2019年11月，中共中央、国务院印发《国家积极应对人口老龄化中长期规划》，这标志着积极应对人口老龄化正式上升为国家战略，并在此后的党的十九届五中全会公报、国家"十四五"规划、党的二十大报告等重要文件中均被明确强调。农村土地是农业生产和农民生活的基础资源和载体，人口老龄化必然会引起农村土地利用变化。农业农村长期是我国现代化建设中的最薄弱环节，在乡村人口老龄化快速加深的背景下，研究乡村人口老龄化对农村土地利用的影响是实施积极应对人口老龄化战略的应有之义，意义重大。一是事关乡村振兴战略实施。乡村振兴的重要标准是农业强不强、农村美不美、农民富不富，而农业生产、农村发展、农民增收均与农村土地利用密切相关。二是事关建设用地优化配置。建设用地是经济社会发展的基础要素，城乡建设用地是我国建设用地的主体，优化城乡建设用地结构关系我国经济高质量发展。

目前学界已就人口老龄化对农村土地利用的影响开展了大量研

究，但迄今仍未形成整体的、统一的认识，主要原因可能在于研究对象的多样性和复杂性叠加。多样性主要体现在农村土地类别多，复杂性主要体现在各种土地的功能、相关制度及影响其利用的因素存在或大或小的差异。总体看，少有文献就人口老龄化对农村土地利用的影响进行全面分析，大量文献聚焦于人口老龄化对耕地利用的影响，而较少关注人口老龄化对其他类型土地的影响。并且，即使在大量涉足的耕地方面，目前也依然未有定论。一种观点认为人口老龄化削弱了农业劳动力数量和素质供给，并且不利于采用先进技术，进而对耕地利用产生了显著的不利影响[1][2][3]。另一种观点认为虽然人口老龄化使得农业劳动力弱质化，但农村劳动力外流和老龄化缓解了人地矛盾，并为农业技术进步、土地流转等提供了有利条件，因此并不会对耕地利用产生负面影响，甚至可能产生积极影响[4][5][6]。

鉴于上述情况，本报告将以农村土地中最核心的耕地和宅基地为重点，尝试厘清人口老龄化对农村土地利用的影响路径及影响结果，以期深化相关理论认识，进而为优化农村土地利用提供政策参考。本报告其余部分的结构如下：第二部分分析当前农村土地利用现状，总结主要特

① 陈锡文、陈昱阳、张建军：《中国农村人口老龄化对农业产出影响的量化研究》，《中国人口科学》2011年第2期，第39~46+111页。

② 杨志海、李鹏、王雅鹏：《农村劳动力老龄化对农户耕地利用效率的影响》，《地域研究与开发》2015年第5期，第167~171页。

③ 魏佳朔、宋洪远：《农业劳动力老龄化影响了粮食全要素生产率吗？——基于农村固定观察点数据的分析验证》，《南京农业大学学报》（社会科学版）2022年第4期，第22~33页。

④ 胡雪枝、钟甫宁：《农村人口老龄化对粮食生产的影响——基于农村固定观察点数据的分析》，《中国农村经济》2012年第7期，第29~39页。

⑤ 黄季焜、靳少泽：《未来谁来种地：基于我国农户劳动力就业代际差异视角》，《农业技术经济》2015年第1期，第4~10页。

⑥ 廖柳文、高晓路：《人口老龄化对乡村发展影响研究进展与展望》，《地理科学进展》2018年第5期，第617~626页。

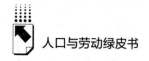

点；第三部分研究人口老龄化对农村土地利用的影响路径；第四部分研究人口老龄化对农村土地利用的影响结果；第五部分则是政策建议。

二 农村土地利用现状

农村土地类型多样，按照土地用途可分为三大类：农用地、农村集体建设用地和未利用地。其中，农用地是指直接用于农业生产的土地，包括耕地、园地、林地、草地、农田水利用地、养殖水面等，以用于种植业生产的耕地为核心。农村集体建设用地是指乡（镇）村集体经济组织和农村个人投资或集资，进行各项非农业建设所使用的土地，大体分为三类：宅基地、公益性公共设施用地和经营性用地①。由于官方未披露农村宅基地数据，一般估计宅基地面积占村庄用地的比例在 70%左右②。总体来看，以耕地和宅基地为核心的我国农村土地在利用方面主要呈现如下特点。

（一）耕地小农经营仍占主体地位，劳均农业产出低下

以耕地为核心的农用地具有为社会提供农产品、为农民提供收入两大基本功能。对社会来说，土地是农业之本，耕地是农业特别是种植业生产的基础要素，耕地利用水平关系着粮食等农产品供给的数量和质量。对农民来说，土地是农民之根，耕地是农民的核心生产资料，是农民的生存保障，"耕者有其田"是自古以来中国农民的共同理想。从国情看，

---

① 农村宅基地是农村村民用于建造住宅及其附属设施的集体建设用地，包括住房、附属用房和庭院等用地。农村公益性公共设施用地指用于乡村行政办公、文化科学、医疗卫生、教育设施、生产服务和公用事业等用途的用地。农村集体经营性建设用地指为工业、商业等经营用途的集体建设用地。
② 魏莉华：《如何理解农村宅基地"三权分置"和管理中的突出问题》，《中国乡村发现》2021 年第 1 期，第 46~51 页。

我国人多地少，耕地面积总量虽大，但人均耕地面积十分有限。根据第三次全国国土调查，2019年底我国耕地面积约19.18亿亩，人均耕地面积仅1.36亩，长期不到世界平均水平的一半[①]。为保障粮食安全，我国在1980年代将耕地保护定为基本国策，长期实行最严格的耕地保护制度。总体来看，我国耕地利用现状的主要特点如下。

1. 户均耕地面积狭小，大国小农特点突出

1978年开始由农民自发探索、1982~1984年党中央连续3年以"一号文件"的形式肯定农村家庭联产承包责任制，形成了当前耕地利用的小农经营特点。尽管过去十多年农业规模经营快速推进，2008~2020年土地流转面积从1.09亿亩快速增至5.32亿亩，占比从8.8%快速升至36.2%[②]，但小农经营仍为主体。根据农业农村部数据，2020年我国家庭承包经营的耕地面积为15.62亿亩，家庭承包经营的农户数2.20亿户，户均耕地规模仅7.1亩。其中，2020年我国耕地经营规模不足10亩的农户数占比为85.1%，10~30亩的农户数占比为10.7%，31~50亩的农户数占比仅2.6%，50亩以上的农户数占比仅1.7%（见表1）。从全球看，我国农户户均耕地面积在全球属于超小规模。即使是同样属于小农经济的日本，2015年农户户均耕地面积也达到了33亩[③]。

---

① 根据第一次全国国土调查，1996年底全国耕地面积19.51亿亩，人均耕地面积1.59亩。根据第二次全国国土调查，2009年底全国耕地面积20.23亿亩，人均耕地面积1.52亩，土地面积的增加主要是账面数据变化，原因在于调查精度提高、取消农业税后不再瞒报、农民自主开荒等。

② 2007年之前我国耕地流转面积占家庭承包耕地面积的比重基本稳定在5%左右。2008年党的十七届三中全会提出农村土地承包关系"长久不变"，并要求加强土地承包经营权流转管理和服务，建立健全土地承包经营权流转市场。之后，土地流转快速发展。2014年，中共中央办公厅、国务院办公厅印发了《关于引导农村土地经营权有序流转发展农业适度规模经营的意见》。随着土地流转规范及土地流转租金上涨等影响，2015年后土地流转速度日趋放缓。

③ 熊柴、蔡继明、刘媛：《城乡融合发展与土地制度改革》，《政治经济学评论》2021年第5期，第107~138页。

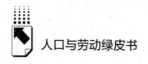

表1 2011~2020年我国不同经营规模农户占比

单位：%

年份	<10亩	10~30亩	31~50亩	51~100亩	101~200亩	>200亩
2011	85.9	10.7	2.3	0.8	0.2	0.1
2013	86.0	10.3	2.4	0.9	0.2	0.1
2015	85.7	10.3	2.6	0.9	0.3	0.1
2018	85.3	10.5	2.7	1.0	0.4	0.2
2020	85.1	10.7	2.6	1.1	0.4	0.2

资料来源：农业农村部《中国农村经营管理统计年报》（2015~2018年）、《中国农村政策与改革统计年报》（2019~2020年）。

并且，小农经营也使得耕地细碎化问题突出。在家庭联产承包责任制实行时，为保证分地公平，村集体会把全村耕地按质量好坏、距离远近等划分为若干等级，对每户家庭的承包地进行"肥瘦搭配"，这使得单个农户往往拥有面积较小且彼此互不相连的多块耕地。土地细碎化使得单位面积上的耕种、收获、施肥、打药等农业生产成本增加，也不利于农业机械设备使用，制约农业生产效率提升。在农业现代化的发展要求下，一些地方积极探索开展"互换并地"，促进承包地块"小块并大块、多块变一块、分散地块变集中地"，但耕地细碎化问题依然突出。根据全国农村固定观察点调查数据，1995~2015年全国农户平均实际经营耕地块数从6.44块大幅降至3.27块，但其中主要是1亩以下、1~3亩的地块数大幅下降，4~5亩、5亩以上的地块数略有上升（见表2）。

表2 1995~2015年我国农户平均实际经营耕地块数

单位：块

类型	1995年	2000年	2005年	2010年	2015年
户均块数	6.44	5.9	4.79	4.02	3.27
<1亩	4.56	4.15	3.03	2.40	1.85
1~3亩	1.37	1.24	1.23	1.08	0.88
4~5亩	0.29	0.30	0.29	0.30	0.30

类型	1995 年	2000 年	2005 年	2010 年	2015 年
>5 亩	0.22	0.21	0.24	0.24	0.25

资料来源：中共中央政策研究室、农业部农村固定观察点办公室：《全国农村固定观察点调查数据汇编 1986~1999》《全国农村固定观察点调查数据汇编 2000~2009》《全国农村固定观察点调查数据汇编 2010~2015》。

2. 户均耕地规模过于狭小限制了农业劳动生产率提高和务农收入增加，兼业经营成为普遍现象

改革开放后，随着乡村人口大量进城，农业劳动力过剩情况逐渐缓解但仍然突出，农业劳动力仍需大量向非农产业转移。我国第一产业就业人员从 1978 年的 2.8 亿增至 1991 年的 3.9 亿峰值后，2021 年降至 1.7 亿，占就业人员总数的比例从 70.5% 持续降至 22.9%；第一产业增加值占 GDP 比重从 1978 年的 27.7% 升至 1982 年的 32.7% 峰值后，2021 年降至 7.3%。我国农业劳动生产率相当于非农业劳动生产率的比例从 1978 年的 16.0% 升至 1984 年的 25.9%，再持续降至 2003 年的 14.6%，之后逐渐回升至 2021 年的 26.4%。

在此背景下，兼业经营成为农户的现实选择，农忙时务农，农闲时从事非农产业。根据农业农村部全国农村经营管理统计，在 2018 年全国农户中，纯农户、农业兼业户、非农业兼业户和非农户①所占比重分别为 63.7%、18.1%、8.7% 和 9.6%。从收入角度看，根据国家统计局数据，1985~2020 年经营净收入占农村居民家庭人均可支配

---

① 根据农业农村部《中国农村经营管理统计年报》，纯农业户指农户家庭中劳动力以从事第一产业为主，第一产业收入占家庭纯收入 80% 以上；农业兼业户指家庭劳动力既从事第一产业也从事非农产业，但以第一产业为主，第一产业收入占家庭纯收入的 50%~80%；非农兼业户指家庭劳动力既有从事第一产业也有从事非农产业，但以非农产业为主，第一产业收入占家庭纯收入的 20%~50%；非农户指家庭中劳动力以从事非农产业为主，第一产业收入占家庭纯收入的 20% 以下。

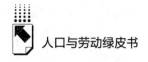

收入的比重从 74.4% 大幅降至 35.5%,其中第一产业经营收入占农村居民家庭人均可支配收入的比重从 66.3% 降至 23.2%,第二三产业经营收入占比从 8.1% 升至 12.2%(见表 3)。

表 3　1985~2020 年全国农村居民家庭人均可支配收入结构

单位:%

收入构成	1985 年	1990 年	2000 年	2010 年	2020 年
工资性收入	18.1	20.2	31.2	41.1	40.7
经营净收入	74.4	75.6	63.3	47.9	35.5
第一产业	66.3	66.4	48.4	37.7	23.2
第二产业	2.4	3.1	4.4	3.1	2.5
第三产业	5.7	6.0	10.5	7.1	9.7
财产净收入	0.0	0.0	2.0	3.4	2.4
转移净收入	7.4	4.2	3.5	7.7	21.4

资料来源:国家统计局:《中国住户调查年鉴》。其中,2012 年为纯收入统计,2013 年及之后为可支配收入统计;1992 年以前转移性收入包括财产性收入。

(二)农民财产权利难以实现,宅基地总量不减反增

宅基地及地上住房既是农民居住生活的主要空间,也是农民的主要财产。新中国成立后的农业合作化运动,将我国宅基地产权制度从农民私有转变为集体所有、农户使用的两权分离,奠定了现行宅基地制度的基本框架。2015 年,我国开始推进第一轮宅基地制度改革试点,主要内容是完善权益保障和取得方式、探索有偿使用制度、探索自愿有偿退出机制、完善管理制度,但进展总体缓慢。2018 年开始推进以探索宅基地所有权、资格权、使用权"三权分置"为重点的第二轮宅基地制度改革试点,目前仍在持续。总体上,现行农村宅基地制度的基本特征是:集体所有、成员使用、一户一宅、限定面积、免费申请、长期占有,房地分

开、差别赋权，规划管控、内部流转，宅基地利用主要呈现如下两个特点。

1. 由于限制转让、禁止抵押和退出困难，农民宅基地财产权利难以实现

在宅基地规定为集体所有后，我国宅基地长期对农民实行免费申请使用，以保障"居者有其屋"。申请主体资格方面，1990年代中期之前还允许非集体经济组织成员申请宅基地，1998年《土地管理法》才明确申请主体只能为集体经济组织成员①。在申请费用方面，除1990~1993年外②，我国大部分时间、大部分地区基本均对宅基地实行无偿申请使用制度③。根据农业农村部《中国农村合作经济统计年报》，2020年全国建房农户向村集体交纳的建房费用为1.8亿元，向

---

① 比如，1986年、1988年《土地管理法》第四十一条规定："城镇非农业户口居民建住宅，需要使用集体所有的土地时，必须经县级人民政府批准，其用地面积不能超过省、自治区、直辖市规定的标准，并参照国家建设用地的标准支付补偿费和安置补助费。"1993年国务院《村庄和集镇规划建设管理条例》第十八条第二、三款规定了城镇非农业户口居民、回原籍村庄和集镇落户的职工、退伍军人和离休、退休干部以及回乡定居的华侨、港澳台同胞使用集体所有的土地建住宅的审批程序。1998年、2004年《土地管理法》第四十三条规定："任何单位和个人进行建设，需要使用土地的，必须依法申请使用国有土地；但是，兴办乡镇企业和村民建设住宅经依法批准使用本集体经济组织农民集体所有的土地的，或者乡（镇）村公共设施和公益事业建设经依法批准使用农民集体所有的土地的除外。"

② 1990年国务院发布《国务院批转国家土地管理局关于加强农村宅基地管理工作请示的通知》，要求开展农村宅基地有偿使用试点工作，明确了宅基地有偿使用收费原则和收费标准。1993年中共中央办公厅、国务院办公厅联合发布《关于涉及农民负担项目审核处理意见的通知》，取消了包括农村宅基地有偿使用收费、农村宅基地超占费在内的37个农民负担项目。2010年国土资源部《关于进一步完善农村宅基地管理制度切实维护农民权益的通知》规定，村集体可以对宅基地超占面积实施有偿使用，允许村民自治组织对新申请的宅基地住户开展有偿使用试点。

③ 张军涛、张世政：《中国农村宅基地使用政策变迁逻辑》，《深圳社会科学》2021年第5期。

有关单位或部门交纳的行政事业性费用为 1.3 亿元，均摊到每户的成本基本可以忽略。但是，现行宅基地制度出于对农民流离失所的担心，也大幅限制了农民宅基地的财产权益。

一是宅基地转让受到严格限制。1962 年《农村人民公社工作条例修正草案》在规定宅基地归生产队所有的同时，禁止宅基地出租和买卖，但规定"社员有买卖或者租赁房屋的权利"。在 1990 年代中期以前，基于农房买卖的宅基地使用权附随流转是被许可的，之后则受到了越来越严格的管控，直至最终完全被限制在集体成员内部，且必须是符合宅基地分配资格的成员。1999 年国务院办公厅《关于加强土地转让管理严禁炒卖土地的通知》规定"农民的住宅不得向城市居民出售"。2004 年国务院《关于深化改革严格土地管理的决定》明确"禁止城镇居民在农村购置宅基地"。并且，1982 年国务院《村镇建房用地管理条例》及之后的《土地管理法》均明确规定"出卖、出租房屋的，不得再申请宅基地"。

二是宅基地使用权不能抵押担保。《土地管理法》《物权法》《担保法》等规定宅基地上的房屋可以抵押担保，但禁止宅基地使用权抵押担保。因此，当债务人不能清偿债务时，债权人只能选择在集体经济组织内部转让或以抵押房屋的建筑材料作为动产受偿。在这种情况下，金融机构等债权人一般不愿意接受借款人用农村房屋设定抵押。

三是宅基地退出机制严重不畅。2019 年《土地管理法》第六十二条第六款规定："国家允许进城落户的农村村民依法自愿有偿退出宅基地，鼓励农村集体经济组织及其成员盘活利用闲置宅基地和闲置住宅。"根据第三次农业普查，2016 年农户中拥有商品房的有 1997 万户，占 8.7%。根据国家统计局农民工监测调查报告，2018 年在 13506 万进城农民工中，购买住房的占 19.0%；其中，购买商品房的占 17.4%，购买保障房的占 1.6%。但是，多数村集体财力薄弱，宅基地退出补偿缺乏足够吸引力，实际工作难以推动。根据农业农村部农村经营管理统计，在 2018 年全国 54.5 万个行政村中，无经营收益的村个数占比 35.8%，当年经营收益在 5 万元以下的村个数占比 27.9%，5 万~50 万元（不含）的村个数占比 29.1%，50 万元及以上的村个数占比仅 7.3%（见表 4）。

表 4　2018 年全国农村行政村经营收益情况

类　型	行政村数(个)	占总比(%)	比上年增长(%)
当年无经营收益的村	195233	35.8	−25.4
当年有经营收益的村	350228	64.2	16.2
5 万元以下的村	151916	27.9	11.2
5 万~10 万元(不含)的村	82663	15.2	25.2
10 万~50 万元(不含)的村	75680	13.9	22.3
50 万~100 万元(不含)的村	17699	3.2	11.5
100 万元及以上的村	22270	4.1	5.6
合　计	545461	100.0	−3.2

资料来源：农业农村部《中国农村经营管理统计年报（2018 年）》。

并且，随着乡村振兴战略实施，农村改革持续迎来利好，这普遍抬高了农民对退出宅基地等农村权益的预期。根据农业农村部《中国农村合作经济统计年报》，2020 年全国有偿退出、复垦宅基地面积分别为 22.0 万亩、173.4 万亩，其中复垦面积中包括城乡增减挂钩调剂使用面积 60.9 万。上述宅基地有偿退出、复垦规模，相对全国宅基地总量而言比例很小。

总体来看，相比国有住宅建设用地使用权人拥有完整的用益物权和担保物权，农村宅基地的使用权人只享有占有权和使用权，没有收益权（即不能出租、转让）和担保物权。这种对农民宅基地权利的限制，人为扩大了城乡居民财产收入的差别。根据国家统计局数据，2021 年城乡居民人均财产收入差距为 10.76 倍，远大于城乡居民整体

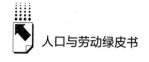

收入差距的 2.50 倍。随着城乡基本公共服务均等化推进，宅基地的保障属性逐渐减弱，农民对宅基地财产属性的需要日益增强，这也是缩小城乡收入差距的必然要求。

2. 在乡村人口大幅减少的同时，宅基地总量不减反增，加剧建设用地紧张，并反过来导致部分农民的合法宅基地需求得不到批准

在大量乡村人口进城、乡村人口大幅减少的同时，由于宅基地制度本身的免费申请使用、退出机制不畅等原因，我国村庄用地不减反增。根据第二次、第三次全国国土调查，2009～2019 年，村庄用地从 18.5 万平方公里增至 21.9 万平方公里，增幅 18.4%。从常住口径看，乡村常住人均建设用地从 268.0 平方米增至 417.2 平方米，增幅达 55.7%，乡村常住人均建设用地与城镇常住人均建设用地的比例从 238% 升到 356%。从户籍口径看，乡村户籍人均建设用地从 209.2 平方米增至 279.6 平方米，增幅 33.7%；乡村户籍人均建设用地与城镇户籍人均建设用地的比例从 130% 升至 169%。按照宅基地占村庄用地的 70% 左右简单计算，2019 年我国宅基地面积约 15.4 万平方公里，农村户籍人均宅基地面积 196 平方米，远超过大部分省份规定的人均宅基地面积 120 平方米的控制标准（见图 1）。

在此背景下，我国建设用地资源总体压力加大，部分农村居民的合法居住权益不能得到保障。建设用地是经济社会发展的基础要素，由于人多地少，为保障粮食安全等，我国长期实行节约集约用地制度。根据第二次、第三次全国国土调查，2009～2019 年我国建设用地总量从 32.3 万平方公里增至 40.9 万平方公里，增幅 26.6%，占国土面积比例从 3.4% 增至 4.3%。而该时期，我国国内生产总值增长 109.4%，建设用地的增长明显小于经济社会发展速度，土地利用效率明显提高。在经济发展较快、人均耕地少、第二和第三产业比较发达的地区，新增建设用地供需矛盾突出，一些地方严格控制新批宅基地指标，部分地方甚至长期未批放宅基地，农民合法宅

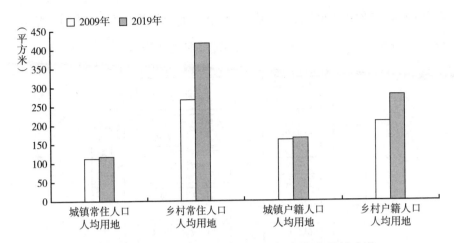

图1　2009年、2019年我国城乡人均建设用地变化

资料来源：土地数据来自第二次、第三次全国国土调查，人口数据来自国家统计局。

基地用地申请得不到批准。这在客观上也导致了农民占用承包地、耕地和公路交通沿线建房等违法现象较为普遍；据不完全统计，2009~2017年，全国宅基地违法用地43.92万宗，面积92.66万亩，涉及耕地面积44.89万亩，分别占全部违法宗数、面积、耕地面积的43.23%、11.06%、15.30%①。

三　人口老龄化对农村土地利用的影响路径分析

（一）人口老龄化对耕地利用的影响路径

耕地利用效率主要取决于各项要素投入水平和自然条件。人口老龄化主要通过体力下降效应、经验积累效应、路径依赖效应和机会成

---

① 魏莉华：《如何理解农村宅基地"三权分置"和管理中的突出问题》，《中国乡村发现》2021年第1期，第46~51页。

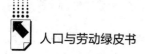

本效应四种效应（见图2），影响劳动、土地规模、种植结构、资本、技术等各种要素投入决策，进而影响耕地利用效率。①②③

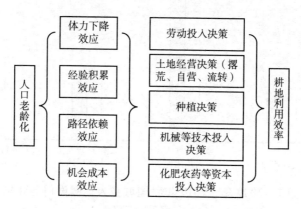

图2 人口老龄化对耕地利用的影响机制

体力下降效应指随着年龄变老，劳动力体能、健康水平趋于下降，家庭可供配置的农业劳动力数量和劳动时间减少。与人口老龄化密切相关的是农业劳动力的健康状况。根据第六次和第七次全国人口普查资料，2010~2020年我国乡村60岁及以上人口中，身体健康的比例从40.4%升至48.5%，表明随着经济社会进步，老年人健康素质明显提高。但随着人口趋向高龄化，健康素质将快速下降。2020年乡村60岁人口中身体健康的比例为70.2%，到65岁、70岁、80岁将分别降至59.6%、47.1%、28.3%。

经验积累效应指随着年龄增长，劳动力经验、技能日益丰富，从事

① 周来友、仇童伟、周冬等：《丘陵山区劳动力老龄化对土地利用效率的影响——基于直接效应和间接效应的识别》，《中国土地科学》2015年第10期，第35~41页。

② 谢花林、黄萤乾：《非农就业与土地流转对农户耕地摞荒行为的影响——以闽赣湘山区为例》，《自然资源学报》2022年第2期，第408~423页。

③ 吉登艳、马贤磊、石晓平：《老龄化对农业种植结构的影响及其影响机制：基于对文献的分析》，《老龄科学研究》2022年第3期，第52~67页。

同样的农业生产所需的劳动投入相对较少，因此在某种程度上可抵消体能下降效应。但经验积累效应到一定年龄后不再持续增长，比如60岁的老年农户与70岁的老年农户在农业生产经验上可能并无区别，但体力相差很大。经验积累效应与体力下降效应共同构成农户的劳动能力，若老年农户的劳动能力不足以维持农业生产，在劳动力成本日趋高昂的背景下，可能选择调整土地、资本、技术决策，比如缩小经营规模，增加对机械、农药、化肥等技术和资本投入以弥补劳动力投入的不足。

路径依赖效应指老年劳动力的文化层次较低、思想比较保守，倾向于规避风险而较少采用新技术或改变传统经营方式。总体看，当前乡村劳动力受教育程度基本在初中以下，虽较之前绝对改善，但仍然处于较低水平，并且与全国平均水平的差距在持续扩大。根据第五至七次全国人口普查，2000~2020年6岁及以上人口的平均受教育年限从7.62年升至9.50年，其中乡村6岁以上人口的平均受教育年限从6.72年升至7.92年，与全国平均水平的差距从0.86年扩大至1.57年。当前乡村人口的学历结构以小学和初中为主，初中及以下学历人口占比合计85.9%。从老年人群体看，2000~2020年乡村60岁及以上人口的平均受教育年限从3.04年升至5.92年，主要学历构成为小学。当前乡村45~59岁人口的平均受教育年限为7.87年，这意味着未来十五年乡村老年劳动力的受教育程度将逐渐向以初中学历为主转变。

机会成本效应广泛存在于普通农户的生产决策中，包括是选择撂荒、自种还是流转，如果不撂荒，土地、劳动、资本、技术等各要素投入多少、如何投入。但不同之处在于，与中青年农户相比，老年农户从事非农就业的机会和报酬较少，从事农业生产的机会成本较低，因此可能对农业生产更为专注。

（二）人口老龄化对宅基地利用的影响路径

在户有所居基本实现的情况下，宅基地的利用效率评价主要考虑对农民财产权益的实现程度、人均水平、闲置情况等，而财产权益实现程度则与宅基地人均水平、闲置情况密切相关。人口老龄化主要通过住房更新效应、迁移效应和死亡效应影响宅基地利用。其中，住房更新效应影响宅基地增量，迁移效应和死亡效应影响宅基地存量利用（见图3）。

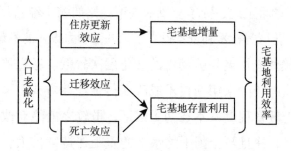

图3 人口老龄化对宅基地利用的影响机制

住房更新效应指随着乡村住房老化和收入提高，中老年农民对住房进行更新导致宅基地面积变化的现象。改革开放以来，乡村住房总体从土坯房转向砖混材料或钢筋混凝土结构住房，居住条件明显改善。但在1990年代，由于造价低和建设难度低，大量农房使用预制板建造，随着年代久远逐渐出现了渗水、开裂等潜在安全隐患，客观上产生了住房更新需求。与此同时，随着收入提高，农民对居住条件的改善需求提升，加上乡村熟人社会的攀比心理，也产生了主观上的住房更新需求。并且，即使是进城农民，出于故土情结和休闲养老考虑等，部分也存在住房更新需求，而政策对进城未落户农民并无特别限制。从现实情况看，除一些地区推进农民整体搬迁、集中居住外，不少地区农民逐渐自发更新住房，包括修建乡村小别墅。

迁移效应指农村老人进城生活后，其占有的宅基地将面临闲置的现象。农村老人进城的原因主要包括随进城子女迁移、追求更好的医疗条件等，特别是前者占比更多。尽管不少老人由于生活习惯差异等原因不愿意进城，但随迁老人群体规模仍日益扩大。根据国家卫生健康委《中国流动人口发展报告 2018》，2000～2015 年老年流动人口从 503 万人增加至 1304 万人，年均增长 6.6%。其中，照顾晚辈是老人流动的第一大原因，比例为 43%；为与子女团聚或自行异地养老的比例为 25%，因务工经商而流动的比例占 23%。从趋势看，由于子女进城安家以及自身年龄衰老，未来还会有更多的老人进城照顾孙辈或接受子女照顾。

死亡效应指随着农村老人去世，宅基地将被子女等继承的现象。如果继承人已有宅基地，将形成"一户多宅"；如果继承人已迁户至其他村集体或已进城落户，将形成宅基地由非本集体经济组织成员占有。在宅基地退出机制不畅的背景下，二者均可能导致宅基地闲置。自然资源部 2020 年《对十三届全国人大三次会议第 3226 号建议的答复》明确，根据《继承法》规定，被继承人的房屋作为其遗产由继承人继承，按照房地一体原则，继承人继承取得房屋所有权和宅基地使用权，农村宅基地不能被单独继承；但是，对非本集体经济组织成员，通过继承取得的农村房屋，不得改建、扩建和重建，房屋倒塌后宅基地使用权灭失。从现实看，越来越多的老人独居或仅与配偶居住，未来将可能出现更多的宅基地面临闲置。根据全国人口普查资料，2000～2020 年我国乡村有 65 岁及以上老人的常住家庭户从 4606 万户增至 6502 万户，其中单身老人户、只有一对老夫妇户的合计占比从 21.0% 增至 43.9%，大幅增加 22.9 个百分点。

四　人口老龄化与农村土地利用的影响结果分析

（一）人口老龄化对耕地利用的影响结果

在老龄化引致的体力下降效应、经验积累效应、路径依赖效应和机会成本效应等四种效应的叠加作用下，理性农户自然会调整配置劳

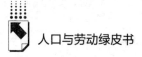
动、土地、资本、技术等各种要素，进而影响耕地利用效率。

1. 劳动投入决策方面，老龄化驱动劳动投入减少

劳动投入主要受到机会成本效应、体力下降效应、经验积累效应影响。其中，机会成本效应驱动乡村中青年劳动力更多从事非农生产，体力下降效应和经验积累效应影响农业劳动力变老后逐渐减少劳动投入。根据三次全国农业普查，1996~2016 年我国农业生产经营人员中 35 岁及以下占比从 53.3% 降至 19.2%，36~54 岁占比从 33.4% 升至 47.3%，55 岁及以上占比从 13.3% 升至 33.6%。根据第六至七次全国人口普查，2010~2020 年我国乡村农业就业人员中 34 岁及以下占比从 27.8% 降至 12.7%，35~54 岁占比从 47.4% 降至 41.5%，55 岁及以上占比从 24.9% 升至 45.9%；其中，70 岁及以上占比从 2.7% 升至 8.4%。根据《全国农产品成本收益资料汇编》，2000~2020 年三种粮食作物平均每亩家庭用工天数从 11.7 日持续大幅降至 4.4 日，雇工天数从 0.5 日降至 2011 年的 0.3 日后基本保持稳定（见图 4）。

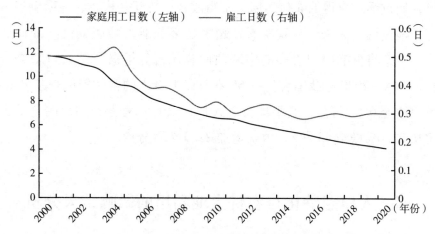

图 4　2000~2020 年我国三种粮食作物平均每亩人工投入

资料来源：国家发展和改革委员会《全国农产品成本收益资料汇编》。

2. 土地经营决策方面，老龄化总体驱动服务带动型、土地流转型规模经营，但受制于土地流转和生产托管等难度，山区耕地撂荒现象较多

在土地经营时，农户有撂荒、生产托管、流转土地、从事非农生产等多种选择，主要受机会成本效应、体力下降效应等影响，理性农户的选择取决于各种选项之间的净收益权衡。

与中青年农户相比，老年农户从事非农生产的净收益相对较低，更可能在生产托管与流转土地之间选择。但在体力下降效应的主导驱动下，随着老年农户逐渐不能满足完全自营土地的劳动投入，若此时生产托管与土地流转的净收益很低乃至为负，选择撂荒的概率较大。金芳芳、辛良杰[1]基于中国家庭收入调查（CHIP）数据分析发现，2002~2013 年中国整体耕地闲置率从 0.32% 上升到 5.72%，有闲置耕地的农户数量比例从 1.64% 上升至 15.50%。分地形看，山地、丘陵地区由于耕种难度较大，撂荒现象较为常见[2]。

土地流转净收益取决于土地流转的概率、租金及风险成本。土地流转概率受到耕地平整程度、细碎化程度、灌溉条件、交通便捷程度、当地流转市场完善程度等多种因素影响[3][4]。一般而言，平原的土地流转比较容易且租金较高，山区的土地流转难度大且租金较低。土地流转风险成本主要在于流入方能否如约支付租金，以及若出现流入方退出或跑路，在耕地未能恢复原状的情况下，可能产生面积变小问题和确权纠纷问题。因此，现实中一些农户宁愿撂荒获得零收益也

① 金芳芳、辛良杰：《中国闲置耕地的区域分布及影响因素研究》，《资源科学》2018 年第 4 期，第 719~728 页。
② 张学珍、赵彩杉、董金玮等：《1992~2017 年基于荟萃分析的中国耕地撂荒时空特征》，《地理学报》2019 年第 3 期，第 411~420 页。
③ 邵景安、张仕超、李秀彬：《山区土地流转对缓解耕地撂荒的作用》，《地理学报》2015 年第 4 期，第 636~649 页。
④ 周丁扬、吴建桥、文雯等：《粮食主产区河南省耕地撂荒特征与影响因素分析》，《农业机械学报》2021 年第 8 期，第 127~137 页。

不流出土地,特别是厌恶风险的老年农户。不少研究证实,农村人口老龄化会带来更多的土地转出,如青壮年户主更倾向于转入土地,年龄大的户主则希望保持土地面积不变或转出土地①②。

生产托管净收益受到市场服务发达程度、地形因素等影响。在市场服务发达程度低、地形复杂的地区,生产托管成本较高,比如山区耕地购买市场服务的成本一般明显高于平原耕地。农业劳动力老龄化使得非农生产净收益降低,因此在一定程度上会降低采取生产托管的可能;但随着体力下降效应增大,老年农户愈加难以供给完全自营的劳动投入,生产托管概率将逐渐上升。根据农业农村部《农村合作经济统计年报》,2020 年全国农业生产托管服务小农户 7805 万户,占全国农业经营户的 37.7%,托管服务总面积 10.1 亿亩次。

3. 种植决策方面,老龄化总体上可能促进粮食作物种植,但在丘陵山区可能增加经济作物种植

粮食作物种植的机械化水平相对较高、劳动投入需求相对较少、经济产出相对较低,而经济作物种植的机械化水平相对较低、劳动投入需求相对较大、经济产出相对较高。老龄化主要通过体力下降效应、经验积累效应、路径依赖效应、机会成本效应影响种植决策,具体路径为:在体力下降效应影响下,老年农户往往选择种植易种植、劳动力需求较少、易于机械化的粮食作物品种;在经验积累效应和路径依赖效应影响下,老年农户往往坚持种植传统作物,不愿轻易尝试种植新品种作物;在机会成本效应影响下,老年农户倾向

① 张忠明、钱文荣:《不同兼业程度下的农户土地流转意愿研究——基于浙江的调查与实证》,《农业经济问题》2014 年第 3 期,第 19~24+110 页。

② 韩家彬、刘淑云、张书凤等:《农业劳动力老龄化对土地规模经营的影响》,《资源科学》2019 年第 12 期,第 2284~2295 页。

于种植经济作物以获得高收益。总体上,吉登艳等①基于文献梳理的分析发现,老龄化对粮食作物种植为正向影响或不显著影响,对劳动密集程度更高的经济作物种植基本保持负向影响或不显著影响。不过,这种可能存在地形差异,适宜机械耕作的平原地区的老年农户会增加对机械化程度较高的粮食作物的种植比例,农业机械难以替代劳动力的丘陵、山区的老年农户则会增加对经济效益较高的经济作物的种植比例②。

过去十多年耕地非粮化现象突出,但这可能更多的是由中青年农户和工商资本的趋利行为导致。第三次全国国土调查主要数据成果新闻发布会透露,2009~2019年耕地净流向林地1.12亿亩,净流向园地0.63亿亩。为此,2020年11月,国务院办公厅印发《关于防止耕地"非粮化"稳定粮食生产的意见》(国办发〔2020〕44号),要求整治耕地非粮化③。

4. 技术决策方面,老龄化可能促进农业机械化水平提高

老龄化主要通过体力下降效应正向影响和机会成本效应、路径依赖效应负向影响技术投入。其中,在体力下降效应影响下,为维持农业收入不下降,老年农户倾向于增加机械化投入。在机会成本效应影响下,相对于价格高昂的农机租赁等非自有要素,老年农户倾向于减

---

① 吉登艳、马贤磊、石晓平:《老龄化对农业种植结构的影响及其影响机制:基于对文献的分析》,《老龄科学研究》2022年第3期,第52~67页。

② 王善高、田旭:《农村劳动力老龄化对农业生产的影响研究——基于耕地地形的实证分析》,《农业技术经济》2018年第4期,第15~26页。

③ 2020年11月国务院办公厅《关于防止耕地"非粮化"稳定粮食生产的意见》(国办发〔2020〕44号)明确,永久基本农田是依法划定的优质耕地,要重点用于发展粮食生产,特别是保障稻谷、小麦、玉米三大谷物的种植面积;一般耕地应主要用于粮食和棉、油、糖、蔬菜等农产品及饲草饲料生产。2021年中央一号文件进一步明确,永久基本农田重点用于粮食特别是口粮生产。2021年7月新颁布的《土地管理法实施条例》也进行了规定:"一般耕地优先用于粮食和棉、油、糖、蔬菜等农产品的生产。"

少机械使用。机械投入的使用成本因地形而异，平原地区成本较低，丘陵山区等成本较高。在路径依赖效应影响下，老年农户对新技术的认知和采纳比较慢，产生对机械投入的抑制作用。总体看，我国农业机械化自农业集体化时期起步，20世纪80年代之后虽有所发展，但速度非常缓慢；2000年后，在工业化和城市化的内生推动导致农业人口大量转移的背景下，加之中央推进取消农业税等农村税费改革以及出台2004年《农业机械化推进法》开始对农业机械进行大规模政策补贴，农业机械化快速发展①。2004~2020年我国农作物综合机械化率从34.3%快速升至71.3%，到2020年机耕率、机播率、机收率分别为85.5%、59.0%、64.6%（见图5）。

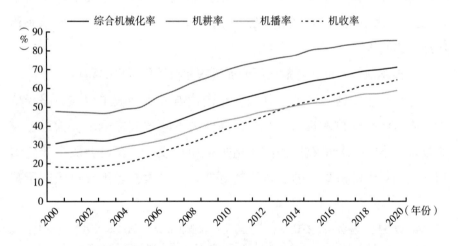

图5 全国农作物综合机械化率及各环节机械化率

资料来源：2000~2007年资料来自各年《中国农业机械工业年鉴》，2008年以后资料来自各年《中国农业年鉴》。

---

① 焦长权、董磊明：《从"过密化"到"机械化"：中国农业机械化革命的历程、动力和影响（1980~2015年）》，《管理世界》2018年第10期，第173~190页。

5. 资本决策方面，老龄化对化肥农药等资本投入具有增量作用，即不利于绿色农业发展

老龄化主要通过体力下降效应、路径依赖效应和机会成本效应对农药化肥等资本投入产生影响。在体力下降效应影响下，老年农户趋于增施化肥农药以维持产出。在路径依赖效应影响下，老年农户更倾向于依照原有的耕种经验而非依据科学分析决定化肥的施用量，导致化肥施用过量。在机会成本效应影响下，相对于高昂的化肥、农药等非自有要素，老年农户倾向于减少化肥农药施用量。

基于微观数据的多数研究认为，老龄化对化肥农药施用量存在增量效应。比如，向云等[①]基于2004~2013年全国农村固定点观察数据得出，老龄化对于化肥、农药等农业生产资料投入有正向的影响。杜维娜等[②]基于2015年陕西省和山东省14县390户农户样本数据，发现老龄组农户的单位面积化肥施用总量较非老龄组农户高25.7%，在控制其他因素后也证实了老龄化对化肥施用量的正向影响。

在宏观层面，2015年原农业部《关于大力开展粮食绿色增产模式攻关的意见》（农发〔2015〕1号）要求，提高投入品利用率，力争到2020年实现粮食和农业生产的化肥、农药使用量零增长。受此影响，2015年后，我国农药化肥总投入量开始减量。其中，农药使用量在2013年达180.6万吨的峰值，到2020年降至131.3万吨；农用化肥施用折纯量在2015年达6022.6万吨的峰值，到2021年降至5191.3万吨。从单位面积投入看，我国农作物

---

① 向云、祁春节、胡晓雨：《老龄化、兼业化、女性化对家庭生产要素投入的影响——基于全国农村固定观察点数据的实证分析》，《统计与信息论坛》2018年第4期，第109~115页。

② 杜维娜、陈瑶、李思潇等：《老龄化、社会资本与农户化肥减量施用行为》，《中国农业资源与区划》2021年第3期，第131~140页。

单位面积化肥、农药投入在 2014 年后均开始减少，但三种粮食作物单位面积化肥使用量仍持续增长。考虑到土地规模经营有利于抑制化肥投入，粮食作物单位面积化肥投入持续增长很可能在于小农户老龄化影响（见图 6）。

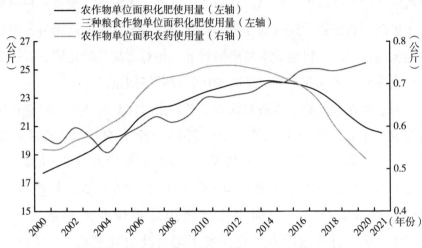

**图 6 2000～2021 年我国农作物和三种粮食作物
亩均化肥农药投入**

资料来源：国家发展和改革委员会：《全国农产品成本收益资料汇编》，国家统计局：《中国农村统计年鉴》。

总体而言，人口老龄化主要通过体力下降效应、经验积累效应、路径依赖效应和机会成本效应，一方面通过降低劳动力投入、导致部分撂荒、增加农药化肥使用等，进而对耕地利用产生负面影响；但另一方面也通过抑制"非粮化"、促进服务带动型和土地流转型规模经营、促进农业机械化水平提高等，进而对耕地利用产生了积极影响。现有认为老龄化对耕地利用为负面影响的文献，基本都忽视了老龄化对规模经营、种植结构、机械化水平的中介效应或调节效应，因而只能得出完全负面影响的结论。并且，如果仅基于微观农户数据的要素投入、产量/产值等研究耕地单位面积生产效率，不仅可能忽视前述撂荒、化肥农药使用情况，还可能忽视老龄化对抑制"非粮化"、促进农业适度规模经营和农业机械化水平的积极作用。

（二）人口老龄化对农村宅基地利用的影响结果

人口老龄化引致的住房更新效应、迁移效应和死亡效应均负向影响农村宅基地利用，具体体现在总量和结构上。

1. 在总量上，受住房更新效应影响，加之分户新建效应等，宅基地总量持续扩张

在免费申请使用、退出机制不畅的宅基地制度下，农村宅基地总量持续增长的原因可大体分为两类：子女成人结婚等导致的分户新建效应、已有宅基地的中老年农民住房更新效应等。由于数据限制，无法拆解住房更新效应对宅基地总量扩张的具体影响。从实践情况看，由地方政府统一规划的农民集中居住将节约宅基地，但这只是少数；而包括原址翻建和改扩建、异址新建住房等农民自发更新住房，一般可能增加宅基地总量。其中，原址翻建和改扩建不影响宅基地宗数，但可能造成单宗宅基地面积扩大；原因在于，即使政策对宅基地建房标准存在要求，但在乡村熟人社会下，一般只要没有村民出于利益纠纷举报，建房多占超标问题很少被处理。而异址新建住房对宅基地总量的影响程度则视是否拆旧而定，如果建新未拆旧，则同分户新建效应一样增加宅基地宗数，对宅基地总量影响较大。在早期，以及当前一些宅基地管理不严的地区，由于农民存在多占心理以及拆旧面临施工成本等原因，农民建新未拆旧现象较多。

根据原国土资源部《中国国土资源年鉴》"土地登记发证与权属争议情况"数据，2010～2015年应完成宅基地使用权初始登记宗数从21752万宗快速增至24540万宗，短短五年就增长了12.8%。根据农业农村部《中国农村合作经济统计年报》，2020年全国农村宅基地

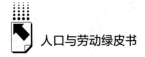

宗数为 26842 万宗，较 2015 年再增长 9.4%。从全国人口普查资料的住房建筑面积数据，也可大概观察我国农村宅基地扩张情况。2000~2010 年我国乡村家庭户住房建筑面积从 176.9 亿平方米增至 206.2 亿平方米，增长 16.6%；到 2020 年增至 232.4 亿平方米，较 2010 年再增长 12.7%。

2. 在结构上，受迁移效应和死亡效应等影响，宅基地闲置、"一户多宅"等问题日趋突出

根据农业农村部《中国农村合作经济统计年报》，在占有方面，2020 年全国占有一处宅基地的农户数为 19744 万户，占持有宅基地农户总数的 91.3%；占有两处及以上宅基地的农户数为 1884.7 万户，占持有宅基地农户总数的 8.7%；非本集体成员占有的宅基地宗数为 373.7 万宗，占全国宅基地宗数的 1.4%。若简单假设占有一处宅基地的农户均为一户一宅，则"一户多宅"的农户以 8.7% 的户数占比，占有了全国 25.0% 的宅基地宗数。在利用方面，2020 年全国出租宅基地 207.2 万宗、转让宅基地 64.5 万宗，分别占全国宅基地宗数的 0.8%、0.2%。全国闲置宅基地 1253.8 万宗，占全国宅基地宗数的 4.7%；其中，地上房屋超过一年无人居住的宅基地 881.4 万宗，占全国闲置宅基地宗数的 64.7%；地上房屋倒塌或无房屋的空闲废弃宅基地 442.4 万宗，占全国闲置宅基地宗数的 35.3%。

五　政策建议

（一）耕地方面，加快农业人才培养、健全农业社会化服务和农地流转市场

随着人口老龄化自然演进和乡村中青年劳动力外流，未来我国农业劳动力老龄化程度还将快速大幅加深，这也是发达国家的普遍趋势。比如，美国 65 岁以上及农业劳动力占比由 2007 年的 25.1%快速升至 2017 年的 33.9%，农场主的平均年龄从 1982 年的 50.5 岁升至 2017 年的 59.5 岁；日本职业农民中 65 岁及以上占比从 1990 年的 33.1%升至 2015 年的 63.5%；韩国 2015 年农业劳动者平均年龄为 65.3 岁，65 岁以上农业劳动力占比 37.8%[①]。在大国小农基本国情农情长期存在的情况下，需尽量降低人口老龄化对耕地利用的不利影响，充分发挥其对耕地利用的积极影响。

第一，加快推进农业生产经营人才培养。人口老龄化使得农业劳动投入趋于下降。一是要优化存量。建立短期培训、职业培训和学历教育衔接贯通的农民教育培训制度，促进农民终身学习；以家庭农场经营者、专业大户、农民合作社带头人等为重点，强化对存量农业劳动力的人力资本建设；鼓励农业企业依托信息、科技、品牌、资金等优势，带动农民创办家庭农场、农民合作社。二是要拓展增量。扩大中高等农业职业教育招收农民学员规模，健全完善农业高等院校人才培养评价体系，定向培养一批农村高层次人才；鼓励农民工、高校毕业生、退役军人、科技人员、农村实用人才等创办领办家庭农场、农民合作社，支持工商业主经营农业，引导更多中青年人才投入农业生产。

第二，健全农业生产社会化服务体系。人口老龄化催生对农业生产化服务的市场需求。一是要培育壮大各类组织。以服务小农户为根本、以生产托管为重点，大力发展以提供农业社会化服务为主的各类专业公司、农民合作社、供销合作社、农村集体经济组织、服务专业户等各类主体。二是要提升服务能力。聚焦粮棉油糖等重要农产品主产区，聚焦生产的关键薄弱环节，加大对社会化服务的引导支持力

---

① 苏卫良：《未来谁来种地——基于我国农业劳动力供给国际比较及应对策略选择》，《农业经济与管理》2021 年第 3 期，第 61~70 页。

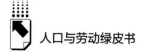
度，特别是加大对山地、丘陵等非平原地区农业生产社会化服务的支持力度，发挥财政资金"四两拨千斤"的作用。

第三，健全农地经营权流转市场。人口老龄化催生土地流出需求。一是要加快建立农村产权交易市场体系。以规范流转交易行为和完善服务功能为重点，加快推进农村产权流转交易市场建设；加强资质资金监管，避免弃地跑路，对工商企业等社会资本加强资格审核和流转准入把关；加强土地用途监管，严禁"非农化""非粮化"。二是要加快农村集体土地股份合作制改革。鼓励有条件的地方根据农民意愿，统一连片整理耕地，将土地折股量化、确权到户，经营所得收益按股分配，或引导农民以承包地入股组建土地股份合作组织。

（二）宅基地方面，推进使用机制、流转机制、退出机制改革

宅基地制度改革是我国农村土地制度改革中步伐最慢的领域。以宅基地为主体的村庄用地总量过大且利用低效，已成为我国建设用地利用的最突出问题。若无积极政策干预，未来村庄用地还将在乡村人口减少的背景下随着人口老龄化而继续明显增长，这将进一步扭曲人口和土地的城乡配置，增加耕地保护和粮食安全保障的压力。

第一，加快探索建立宅基地存量超标多占有偿使用和新增有偿使用机制。现行宅基地制度的免费申请使用特点，使得不少农民存在"不占白不占""能多占绝不少占"等心态，加之在乡村熟人社会中宅基地管理执法难，这些是宅基地总量持续扩大、低效利用的源头。应充分发挥市场机制对资源配置的决定性作用，对因历史等原因形成超标准占用宅基地和一户多宅的，以及非本集体成员通过继承房屋或其他方式占有和使用宅基地的，探索在地方政府指导下、由农村集体经济组织主导下的有偿使用制度。对新申请宅基地，根据土地稀缺程度、土地级差等，探索建立分类分档累进有偿

使用制度。

第二，加快探索建立宅基地流转机制。要按照十八届三中全会构建城乡统一建设用地市场的改革要求，赋予城乡宅基地使用权同等权能，构建城乡统一住房市场。赋予农村宅基地完整的用益物权和抵押物权，允许宅基地使用权在资格权人之外流转，在更大范围内、以多元化的形式盘活农村闲置的宅基地资源。在试点中，一些地区探索了宅基地使用权镇内跨村、县内跨镇、市内跨县等全市域流转方式，部分激活了闲置宅基地，但实践证明仍需进一步放开。

第三，加快探索建立宅基地自愿有偿退出机制。实践表明，在现有政策下，单纯依靠集体经济组织自身"回收"宅基地，往往限于财力，承接力度严重不足。一是允许村集体在农民自愿前提下，依法把有偿收回的闲置宅基地、废弃的集体公益性建设用地转变为集体经营性建设用地就地入市或异地调整入市。二是在加强宅基地等土地复垦监管的同时，有序让市场来决定耕地占补平衡指标、城乡建设用地增减挂钩节余指标交易的范围、规模、价格，在此基础上由地方政府主导成立区域农村宅基地退出平台，为宅基地退出提供资金保障。

参考文献

陈锡文、陈昱阳、张建军：《中国农村人口老龄化对农业产出影响的量化研究》，《中国人口科学》2011 年第 2 期。

董新辉：《新中国 70 年宅基地使用权流转：制度变迁、现实困境、改革方向》，《中国农村经济》2019 年第 6 期。

胡雪枝、钟甫宁：《农村人口老龄化对粮食生产的影响——基于农村固定观察点数据的分析》，《中国农村经济》2012 年第 7 期。

黄季焜、靳少泽：《未来谁来种地：基于我国农户劳动力就业代际差异

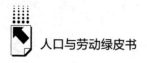

视角》,《农业技术经济》2015年第1期。

廖柳文、高晓路：《人口老龄化对乡村发展影响研究进展与展望》,《地理科学进展》2018年第5期。

魏莉华：《如何理解农村宅基地"三权分置"和管理中的突出问题》,《中国乡村发现》2021年第1期。

谢花林、黄萤乾：《非农就业与土地流转对农户耕地摞荒行为的影响——以闽赣湘山区为例》,《自然资源学报》2022年第2期。

熊柴、蔡继明、刘媛：《城乡融合发展与土地制度改革》,《政治经济学评论》2021年第5期。

余永和：《农村宅基地退出试点改革：模式、困境与对策》,《求实》2019年第4期。

张军涛、张世政：《中国农村宅基地使用政策变迁逻辑》,《深圳社会科学》2021年第5期。

人口结构变化与中国医疗、
教育的长期消费变动

陆 旸 孟繁成*

摘 要： "七普"数据显示，我国人口较"六普"时期发生明显的结构变化，主要为人口年龄结构失衡，即劳动年龄人口比例下降、老龄人口比例上升。与此同时，居民消费水平指数呈现下降趋势，消费增速乏力。本报告对不同年龄的消费进行了描述和预测，结果显示，随着年龄的增长，医疗总消费呈现先下降后上升的趋势，城镇医疗总消费高于乡村，教育总消费基本呈现先升后降再上升的趋势，城镇教育总消费高于乡村，无明显性别差异。随着老龄化的加剧，老年医疗总消费逐年上升，教育总消费逐年下降。

关键词： 人口结构 年龄 消费

一 引言

我国第七次全国人口普查（"七普"）数据显示，2020年，我国（大陆地区，下同）人口达到14.12亿，与2010年第六次全国人

---

* 陆旸，中国社会科学院人口与劳动经济研究所研究员，博士生导师，主要研究方向为劳动经济学；孟繁成，中国社会科学院大学应用经济学院博士研究生。

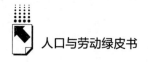

口普查（"六普"）时相比，增加了7206万人。在人口总量增长的同时，我国人口结构的变化也在加剧，主要体现在劳动年龄人口比例下降，老龄人口比例上升，这对我国经济社会发展将产生深远影响。

在中国经济起飞阶段，以劳动年龄人口持续增长和人口抚养比持续下降为主要标志的"人口红利"，对中国的高速经济增长做出了重要贡献。然而，在2011年之后，中国人口结构逐渐朝着不利于经济增长的方向转变，"人口红利"逐渐消失甚至将出现"人口负债"，这从某种程度上也影响了中国长期经济增长的潜力。

从经济增长的需求侧视角来看，消费在一定程度上发挥了经济增长稳定器的作用。在消费方面，一般来说老龄人口的消费倾向要显著低于年轻群体，尽管老龄产业也会随之更加繁荣，但依然会对全社会的总消费带来消极影响。从实际情况来看，尽管我国劳动者的收入水平和退休人员的养老金水平持续上升，但消费的增速仍呈现乏力的迹象，数据显示，2010~2020年十年间，居民消费水平指数由107.5下降到97.5。有关消费需求与经济增长的关系大多从宏观角度理解，但消费行为的决定具有明显的微观基础，而消费模式的变动更是只能从微观层面才能观察到相应的趋势变化。在生命周期的不同阶段，消费模式的不同对于分析相关的经济政策具有重要意义。[①]

在传统的经济学理论中，经济学家通常将人口和劳动力视为同质、无差异的；然而根据生命周期理论，不同年龄的人在生产和消费模式上存在显著差异。经济学家总是倾向于关注人口增长，却忽视了人口增长过程中不断变化的年龄分布。

图1展示了收入和消费的生命周期。每个年龄组的收入和消费行

---

① 都阳、王美艳：《中国城市居民家庭的消费模式——对老年家庭的着重考察》，《人口研究》2020年第6期。

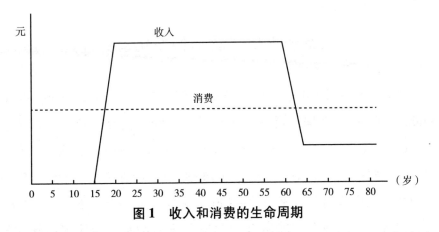

图1　收入和消费的生命周期

资料来源：Bloom, D. E., Canning, D. Sevilla, J., "The Demographic Dividend: A New Perspective on the Economic Consequences of Population Change", RAND, 2003。

为不同，其对经济的影响也自然存在差异。简单来看，未进入劳动年龄阶段的少儿组没有劳动收入但仍然需要大量的教育投入及生活消费，成年人（进入劳动年龄阶段后的人）为社会提供劳动力供给和储蓄，而老年人需要更多的医疗消费和退休收入（如果退休后没有工作，那么退休后的收入被视为一种全生命周期的收入再分配，此时的退休金并非劳动收入）。本质上，只有劳动年龄人口为生产活动提供了所需的劳动力和储蓄。在人口变化过程中，当每个群体的相对规模发生变化时，其经济行为的相对强度也会发生变化。例如，当"婴儿潮"的一代人进入劳动年龄阶段，自然会增加劳动力供给，当他们进入退休阶段，也相应对社会的养老系统造成压力。有了人口结构变动对经济和社会影响的一般认知，我们很容易理解人口结构的变化和发展将对一个国家的经济增长产生何种影响。因为，劳动力供给、储蓄（通过投资转变为资本存量）和教育（人力资本）的增长速度决定了一个国家的经济增长潜力。为了分析人口结构变化对中国长期消费的影响趋势，本报告使用微观数据进行不同年龄的消费趋势描述和预测，并提出相应的政策建议。

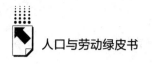

二　消费随人口年龄结构变化趋势描述

本报告使用 2020 年"中国家庭追踪调查"（China Family Panel Studies，CFPS）数据，对不同年龄组的医疗、教育消费进行描述统计。CFPS 由北京大学中国社会科学调查中心（ISSS）实施，样本覆盖 25 个省区市，目标样本规模为 16000 户，调查对象包含样本家户中的全部家庭成员。截至目前，CFPS 发布了 2010 年、2011 年、2012 年、2014 年、2016 年、2018 年、2020 年调查数据，为体现最新的趋势，本报告使用 CFPS 2020 年个人数据，其中涉及个人的医疗总消费、教育总消费，以及各分项消费金额，相关变量的定义如表 1 所示。

表 1　变量定义

变量名称	变量定义
医疗总消费	过去 12 个月,住院消费、其他伤病消费之和
住院消费	将检查、治疗住宿看护等各项费用都算在内,过去 12 个月,包含已报销和预计可报销的部分,住院总共花费金额
其他伤病消费	除住院以外,过去 12 个月,包含已报销和预计可报销的部分,由于伤病总共还花费了多少
医疗费用自付消费	过去 12 个月,个人伤病所产生的费用中直接支付的金额,不含医疗总消费中已经报销或预计能报销的部分
教育总消费	过去 12 个月,学校教育消费、课外辅导消费、其他教育消费之和
学校教育消费	过去 12 个月,一共向就读的学校支付的金额
课外辅导消费	过去 12 个月,参加线上或线下的辅导班,以及请家教的花费
其他教育消费	除了参加辅导班、亲子班,请家教、支付给学校的费用以外,过去 12 个月,支付的其他各项教育费用金额,如购买文具、教育软件、硬设备或参加各类活动等
年龄	调查当年（2020 年）年龄
性别	受访者性别（1＝男；0＝女）
城乡	基于国家统计局资料的城乡分类（1＝城镇；0＝乡村）

资料来源：根据《中国家庭追踪调查 2020 年：个人层面问卷》整理。

（一）医疗消费随年龄变化趋势

各年龄组的医疗总消费、住院消费、其他伤病消费、医疗费用自付消费的平均值、观测值如表2所示。

表2 各年龄组医疗消费

单位：元

年龄组（岁）	医疗总消费		住院消费		其他伤病消费		医疗费用自付消费	
	平均值	观测值	平均值	观测值	平均值	观测值	平均值	观测值
0~4	1999.259	1967	8459.388	232	1019.123	1933	1973.208	1469
5~9	1169.086	2398	8779.870	138	676.518	2353	1254.229	1711
10~14	752.384	2063	6965.385	78	495.515	2036	965.881	1287
15~19	627.228	1495	5699.109	55	429.043	1455	892.873	808
20~24	941.510	1558	7351.868	53	705.451	1527	1145.969	806
25~29	1374.548	2002	11581.013	79	938.655	1957	1841.732	1049
30~34	1923.118	2751	17848.611	144	1009.387	2695	2350.400	1386
35~39	1967.257	1919	14956.764	106	1184.289	1849	2631.964	953
40~44	2733.186	1743	22941.640	125	1116.091	1699	3349.169	852
45~49	2393.526	2120	15449.341	170	1184.844	2066	3013.348	1105
50~54	3715.179	2464	19232.451	257	1753.314	2402	4379.711	1400
55~59	4049.312	2227	16596.460	274	2088.966	2140	4356.313	1291
60~64	4305.610	1541	16899.187	214	2039.540	1480	4352.735	906
65~69	5237.417	1707	17556.900	300	2278.661	1612	4494.530	1125
70~74	6437.681	1080	19748.401	202	2934.176	1010	5239.295	719
75~79	5865.780	545	11313.689	122	3554.951	511	4948.343	362
80~84	7082.673	199	15966.818	44	3841.913	184	5727.742	132
85~89	5449.400	50	18022.222	9	2625.476	42	6714.483	29
90~94	2350.000	6	6500.000	2	183.333	6	2700.000	3
95~99	5000.000	1	—	0	5000.000	1	2800.000	1
100+	—	0	—	0	—	0	—	0
平均值/合计	2612.491	29836	15209.702	2604	1323.994	28958	2822.209	17394

资料来源：根据 CFPS2020person 个人库和 CFPS2020childproxy 少儿家长代答库整理。

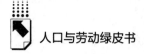
　　本报告分别对医疗总消费、住院消费、其他伤病消费、医疗费用自付消费与年龄的关系分性别、城乡进行绘图描述，如图2至图13所示。可以直观看出，随着年龄增长，医疗总消费基本呈现先降后升的趋势，城镇医疗总消费高于乡村，在40岁之后差异更为明显。男性住院消费高于女性，在生命周期的多数阶段，女性医疗总消费、其他伤病消费、医疗费用自付消费高于男性。

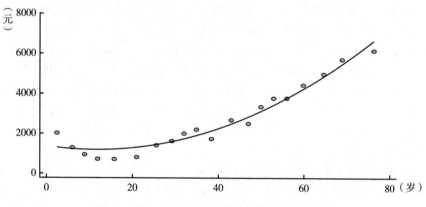

图2　2020年医疗总消费随年龄变化趋势

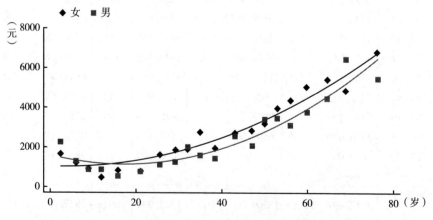

图3　2020年医疗总消费分性别随年龄变化趋势

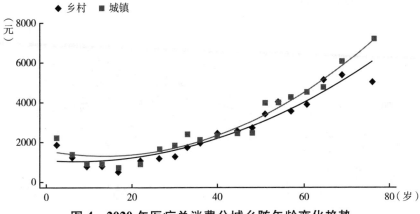

图4　2020年医疗总消费分城乡随年龄变化趋势

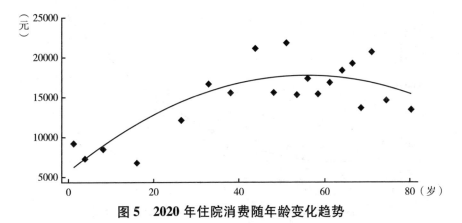

图5　2020年住院消费随年龄变化趋势

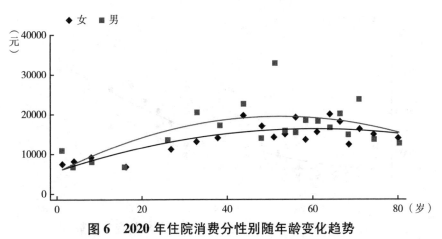

图6　2020年住院消费分性别随年龄变化趋势

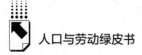

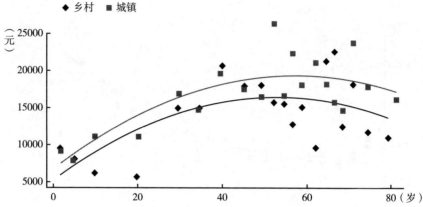

图7 2020年住院消费分城乡随年龄变化趋势

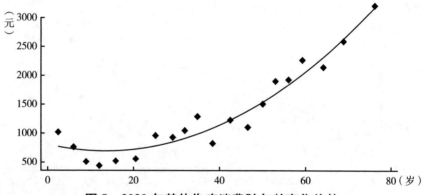

图8 2020年其他伤病消费随年龄变化趋势

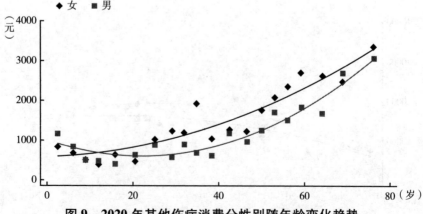

图9 2020年其他伤病消费分性别随年龄变化趋势

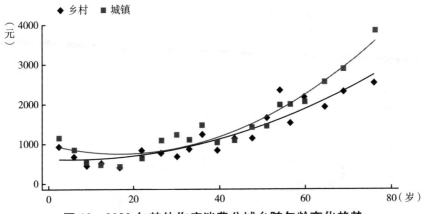

图 10　2020 年其他伤病消费分城乡随年龄变化趋势

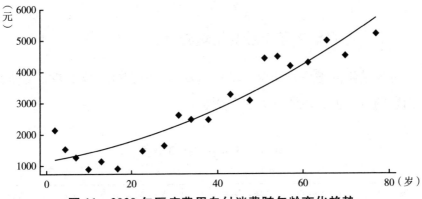

图 11　2020 年医疗费用自付消费随年龄变化趋势

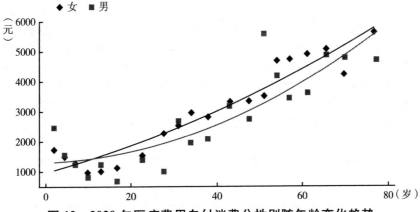

图 12　2020 年医疗费用自付消费分性别随年龄变化趋势

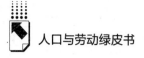
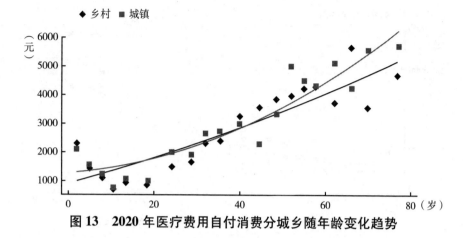

图13　2020年医疗费用自付消费分城乡随年龄变化趋势

（二）教育消费随年龄变化趋势

各年龄组的教育总消费、学校教育消费、课外辅导消费、其他教育消费的平均值、观测值如表3所示。

表3　各年龄组教育消费

单位：元

年龄组（岁）	教育总消费		学校教育消费		课外辅导消费		其他教育消费	
	平均值	观测值	平均值	观测值	平均值	观测值	平均值	观测值
0~4	2180.112	1953	5597.970	437	4667.030	168	431.881	1942
5~9	5687.242	2371	3612.968	2010	4567.416	829	978.084	2330
10~14	4974.876	2033	2540.958	1757	4817.534	736	967.550	1998
15~19	9410.396	1287	6541.167	1199	5692.608	431	1421.058	1269
20~24	15401.059	559	13014.131	528	2259.611	185	2383.336	553
25~29	12529.857	42	9880.162	37	1428.800	10	2550.000	42
30~34	6570.571	35	6356.667	24	7355.714	7	634.286	35
35~39	5373.000	10	4803.333	9	5000.000	2	300.000	10
40~44	6242.857	7	5785.714	7	0	1	457.143	7
平均值/合计	5957.594	8297	4908.292	6008	4670.103	2369	1014.857	8186

资料来源：根据CFPS2020person个人库和CFPS2020childproxy少儿家长代答库整理。

本报告分别对教育总消费、学校教育消费、课外辅导消费、其他教育消费与年龄的关系分性别、城乡进行绘图描述，如图 14 至图 25 所示。可以直观看出，随着年龄增长，教育总消费基本呈现先升后降再上升的趋势，6~15 岁教育总消费下降，时段与我国实施义务教育的年龄阶段基本一致。城镇教育总消费、课外辅导消费、其他教育消费高于乡村，不同性别的教育总消费差异不明显。

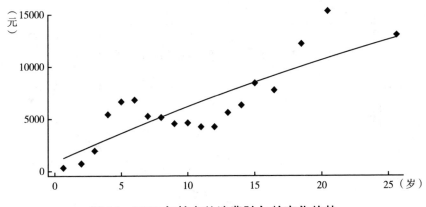

图 14　2020 年教育总消费随年龄变化趋势

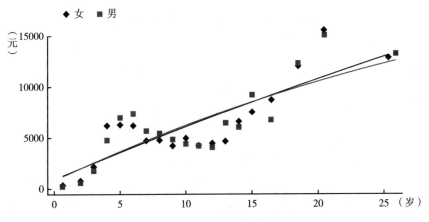

图 15　2020 年教育总消费分性别随年龄变化趋势

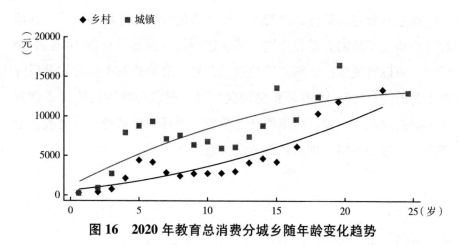

图16　2020年教育总消费分城乡随年龄变化趋势

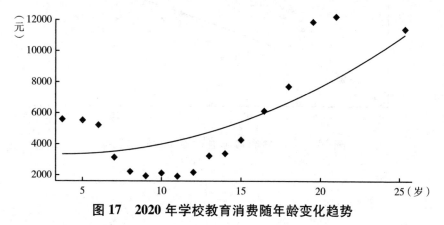

图17　2020年学校教育消费随年龄变化趋势

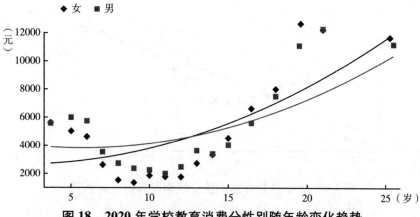

图18　2020年学校教育消费分性别随年龄变化趋势

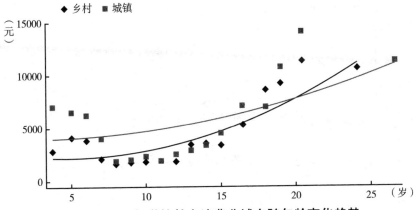

图19 2020年学校教育消费分城乡随年龄变化趋势

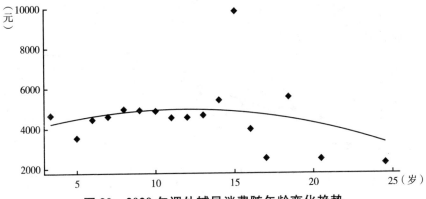

图20 2020年课外辅导消费随年龄变化趋势

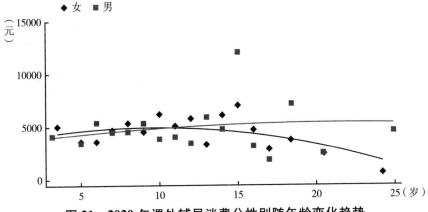

图21 2020年课外辅导消费分性别随年龄变化趋势

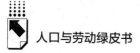
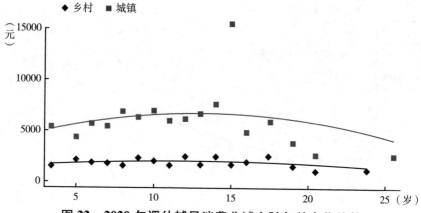

图22　2020年课外辅导消费分城乡随年龄变化趋势

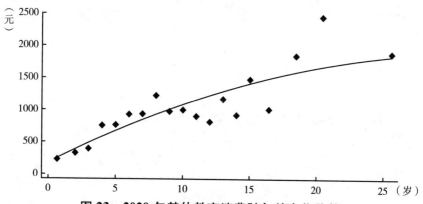

图23　2020年其他教育消费随年龄变化趋势

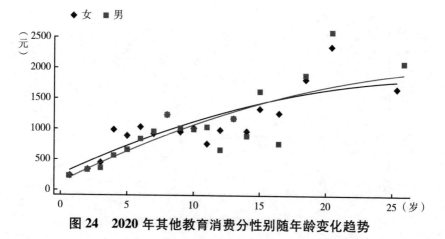

图24　2020年其他教育消费分性别随年龄变化趋势

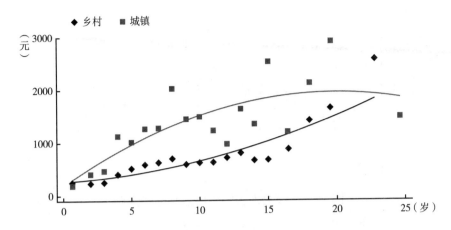

图25　2020年其他教育消费分城乡随年龄变化趋势

三　消费随人口年龄结构变化趋势预测

假设相同年龄组的消费水平不会随时间发生变化，则随着人口结构变化，未来的消费结构也会出现影响变动。我们根据人口预测数据，可预测未来消费总量的变动趋势。本报告根据《世界人口展望2022》人口预测数，分别对2022年、2030年、2040年、2050年消费总量进行了预测。

从图26至图33可以看出，随着我国人口老龄化程度加深，年轻人口医疗总消费随时间推移而降低，老年人口医疗总消费呈上升趋势。随着教育适龄人口比例的下降，教育总消费呈现下降趋势。

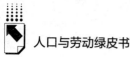
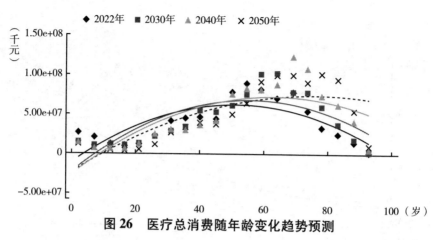

图 26　医疗总消费随年龄变化趋势预测

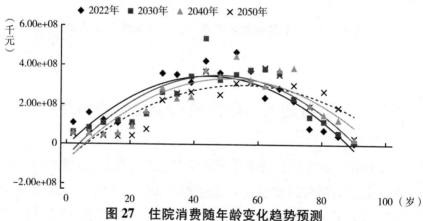

图 27　住院消费随年龄变化趋势预测

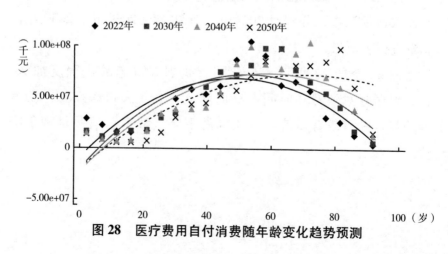

图 28　医疗费用自付消费随年龄变化趋势预测

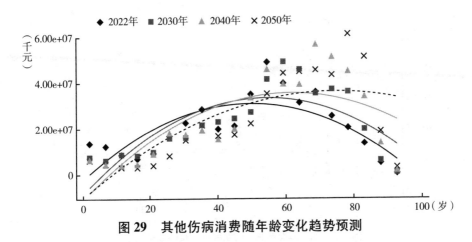

图 29 其他伤病消费随年龄变化趋势预测

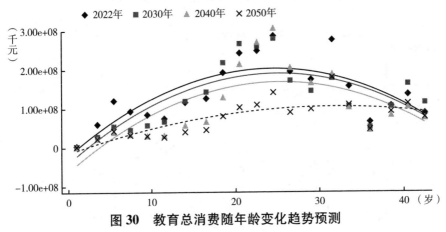

图 30 教育总消费随年龄变化趋势预测

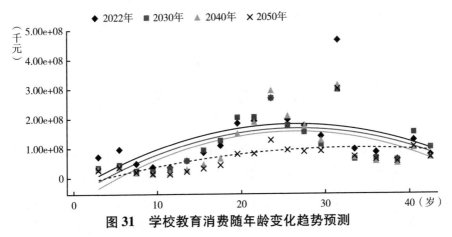

图 31 学校教育消费随年龄变化趋势预测

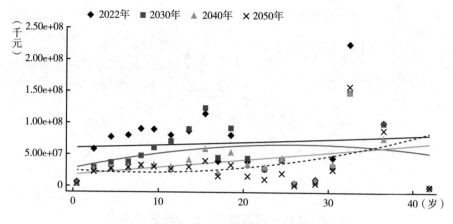

图32　课外辅导消费随年龄变化趋势预测

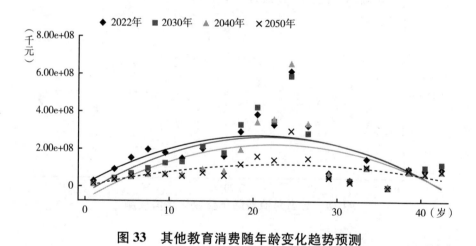

图33　其他教育消费随年龄变化趋势预测

四　结论与政策建议

统计及预测结果显示，随着年龄的增长，医疗总消费呈现先下降后上升的趋势，城镇医疗总消费高于乡村，男性住院消费高于女性，医疗总消费、医疗费用自付消费等女性高于男性。随着我国人口老龄化程度加深，年轻人口医疗总消费随时间推移而降低，老年人口医疗总消费在未来将呈上升趋势。教育总消费基本呈现先升后降再上升的趋势，城镇教育总消费高于乡村，不同性别的教育总消费差异不明显。随着教育适龄人口比例的下降，教育总消费在未来将呈下降趋势。

从医疗角度看，城镇居民医疗总消费高于乡村，从某种程度上能够反映我国在医疗机构布局、诊疗便利性方面，乡村与城镇相比仍存在一定差距，且随着人口老龄化的逐渐加剧，老年居民诊疗尤其是乡村老年居民诊疗问题将进一步突出，政府应在布局乡村医疗机构、公共养老服务方面着力投入资源进行改善，也能起到拉动消费，促进经济发展的作用。

从教育角度看，乡村教育消费明显低于城镇，反映出教育资源的城乡分配不均等问题，政府应持续投入乡村教育，并借助信息化、数字化手段促进教育公平，促进人力资本积累，带来"人才红利"。

参考文献

〔美〕安格斯·迪顿：《理解消费》，胡景北、鲁昌译，上海财经大学出版社，2016。

都阳、王美艳：《中国城市居民家庭的消费模式——对老年家庭的着重考察》，《人口研究》2020年第6期。

陆旸：《中国人口红利的变化趋势和对策建议》，《人民论坛》2021年第17期。

陆旸、蔡昉：《从人口红利到改革红利：基于中国潜在增长率的模拟》，《世界经济》2016年第1期。

朱信凯、骆晨：《消费函数的理论逻辑与中国化：一个文献综述》，《经济研究》2011年第1期。

Ando, A. and Modigliani, F., 1963. "The 'Life Cycle' Hypothesis of

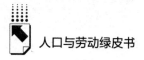

Saving: Aggregate Implications and Tests" [J], *The American Economic Review*, 53 (1): 55-84.

Bloom, D. E., Canning, D., and Sevilla, J., 2003. "The Demographic Dividend: A New Perspective on the Economic Consequences of Population Change" [M], RAND.

Modigliani, F., 1986. "Life Cycle, Individual Thrift, and the Wealth of Nations" [J], *The American Economic Review*, 76: 297-313.

Modigliani, F., 2005. "The Collected Papers of Franco Modigliani" [C], The MIT Press: 3-46.

United Nations Department of Economic and Social Affairs, 2022. "Population Division: World Population Prospects 2022: Methodology of the United Nations Population Estimates and Projections", https://population. un. org/wpp/Publications/.

公共服务配置篇
Public Service Allocation

G.7

中度老龄化村庄的乡村建设行动
实施路径研究[*]

张　琛^{**}

摘　要： 乡村建设行动是国家现代化建设的重要组成部分，关系着
乡村振兴的成败。本报告基于6省18县（市、区）的实
地调查，对中度老龄化的村庄建设状况进行分析。研究发
现：虽然中度老龄化村庄的基础设施建设和人居环境持续
向好、农村教育和医疗服务能力有所提升，但农村教育硬
件和软件水平存在突出短板，村卫生室医疗水平问题较为
突出。养老服务体系亟待全面加强，存在资金缺乏、人才
缺乏、服务质量不高和管护效率低等方面的问题。中度老

* 本研究为中央农办、农业农村部乡村振兴专家咨询委员会软科学课题"人口大量
外流村乡村建设问题调查研究"（项目编号：2021040）的阶段性成果。

** 张琛，中国社会科学院人口与劳动经济研究所助理研究员，主要研究方向为劳动
经济、农业经济。

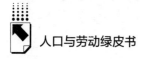

龄化村庄的乡村建设行动要科学研判村庄未来人口老龄化
基本情况，加大对村庄养老服务体系资金投入，加强村庄
养老服务人才建设，全面提升乡村建设行动的质量。

关键词： 人口老龄化　乡村振兴　乡村建设行动　公共服务

一　引言

2020 年 11 月，《中共中央关于制定国民经济和社会发展第十四
个五年规划和二〇三五年远景目标的建议》首次提出"实施乡村建
设行动"。乡村建设行动，已上升到社会主义现代化建设的高度。综
观新中国成立以来的乡村建设历史，乡村建设始终是国家现代化建设
的重要组成部分。建设什么样的乡村、怎样建设乡村，一直都是中华
民族伟大复兴的重大课题。乡村建设行动不仅是实施乡村振兴战略的
重要任务，也是深入落实乡村振兴战略、推动农业农村现代化、确保
二〇三五远景目标实现的重大举措。当前，农业农村发展已进入全面
推进乡村振兴的新阶段，乡村建设的重点也逐渐从经济发展向经济、
社会、文化、生态和治理五个方面推进，融入国家整体性现代化发展
进程①。

乡村建设行动要放在整个宏观经济的大格局中，要与国情相适
应。"实施积极应对人口老龄化国家战略"是党的十九届五中全会提
出的重大国家战略。充分正视并应对人口老龄化这一基本国情，尤其
要高度重视农村地区人口老龄化的变化趋势。第七次全国人口普查数

---

① 王春光：《乡村建设与全面小康社会的实践逻辑》，《中国社会科学》2020 年第
10 期。

据显示，我国 60 岁及以上老年人口数为 2.64 亿，占总人口的比例为 18.7%，比 2010 年第六次全国人口普查增加了 5.44 个百分点；65 岁及以上老年人口数为 1.91 亿，占总人口的比例为 13.5%，比 2010 年第六次全国人口普查增加了 4.63 个百分点[1]。积极应对人口老龄化，关键是农村，突出短板也在农村。农村地区人口老龄化呈现快速增长趋势。根据 2002~2006 年《中国人口统计年鉴》及 2007~2021 年的《中国人口和就业统计年鉴》的测算，我国农村地区 60 岁及以上老年人口占比从 2001 年的 11.29% 增加到 2020 年的 23.81%。一些学者的研究也指出，未来我国农村地区 60 岁及以上的老年人口数量将持续上升，数值在 1.5 亿~1.7 亿人[2][3]。"十四五"时期积极应对农村人口老龄化，在全面推进乡村振兴的背景下显得尤为重要。乡村建设行动涉及村庄道路、安全供水、人居环境、村级公共服务中心、乡村物流、数字乡村建设、农村养老、农村电网改造提升等方面，是乡村公共服务供给的重要表现形式。因此，乡村建设行动要充分结合我国乡村的实际，积极应对村庄人口老龄化不断加深的客观事实。

当前，随着工业化、城镇化进程的不断加快，青壮年劳动力离开农业农村从事第二、第三产业，这直接导致了村庄中青壮年劳动力数量快速减少，"空心村"比例不断增加。有学者基于第三次全国农业普查行政村普查抽样数据，研究发现人口净流出行政村占比接近八成，深度"空心村"占全部行政村的比例接近三成[4]。从长远来看，顺应农村人口流动规律，大量农村青壮年劳动力外流，未来农村人口

---

① 资料来源：第七次全国人口普查公报（第五号）——人口年龄构成情况。

② 林宝：《中国农村人口老龄化的趋势、影响与应对》，《西部论坛》2015 年第 2 期。

③ 张琛、张云华：《根据农村常住人口变化趋势谋划乡村振兴》，《中国发展观察》2021 年第 5 期。

④ 李玉红、王皓：《中国人口空心村与实心村空间分布——来自第三次农业普查行政村抽样的证据》，《中国农村经济》2020 年第 4 期。

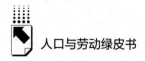
老龄化程度将进一步加深，深度"空心村"的比例仍将增加。在全面推进乡村振兴战略的大背景下，实施乡村建设行动需要坚持因地制宜的基本思路，关注人口老龄化程度较深的村庄建设行动情况。基于此，在积极应对农村人口老龄化的背景下，本研究基于6省18县（市、区）的实地调查，对人口老龄化程度较高的乡村建设状况进行系统分析，以期为做好老龄化程度较深村庄的乡村建设行动提供发展方向。

二 人口老龄化背景下实施乡村建设行动的意义

当前，人口老龄化呈现出城乡倒置的特征，应对农村人口老龄化尤为紧迫，亟须全面提升农村养老服务体系建设。值得注意的是，农村养老服务体系是乡村公共服务供给的重要内容。所谓公共服务，指的是由政府或公共组织或经过公共授权的组织提供的具有共同消费性质的公共物品和服务。这些公共物品和服务关系着每一位公民在生存、生产、生活、发展和娱乐等某方面的直接需求。而乡村建设行动正是遵循以农民为主体的理念，增进农民福祉，是发展为了人民、发展依靠人民、发展成果由人民共享的现实写照，为乡村提供了高质量公共物品供给。乡村建设行动是构建以国内大循环为主体、国内国际双循环相互促进的新发展格局的重要措施。乡村基础设施水平提升、城乡公共服务体系差距缩小，有助于释放乡村巨大的市场潜力，为扩大内需提供有效空间，有效地应对人口老龄化背景下乡村发展需求。乡村建设行动使得广大农民群众实现幼有所育、学有所教、劳有所得、病有所医、老有所养、住有所居，是农民群众获得感、公平感、幸福感、安全感提升的重要保障。

（一）乡村发展的资金需求

乡村建设行动增加了农村投资，避免乡村陷入发展低水平陷阱之中。真金白银的投入，意味着向农村投资力度的增加，乡村真正得以实现发展。投资是经济增长的"三驾马车"之一，高质量的公共服务供给必须要以标准化、数字化的公共服务设施建设为基本前提。道路、供水管网、燃气、电力设施、养老、医疗、文化服务等基础设施的建设将带动国家财政资金以及社会资本进入农业农村领域，为经济发展提供驱动力。经济增长的涓滴效应又将对乡村发展产生正向激励作用，进而实现农业农村的健康发展。但在人口老龄化的背景下，乡村大量青壮年劳动力外流，势必会削弱乡村发展活力。留村的老年人对村庄发展贡献程度较弱，倘若没有外部力量的介入，乡村发展将陷入"低投资—青壮年劳动力外流—发展乏力"的发展低水平恶性循环之中。

（二）乡村发展的人力资本改善需求

舒尔茨的人力资本理论认为人力资本投资是经济增长的重要源泉。因此，农村地区人力资本水平的提升是未来农业农村发展的重要驱动力。无论是从乡村建设行动中的"硬件"服务还是"软件"服务上看，二者都为改善农村老年群体的人力资本水平提供了机遇。老龄化程度较高村庄的乡村人口结构以老年群体为主，应开发乡村老年群体的人力资源，顺应乡村老年群体的人力资本改善需求，加速解决农村老年群体的"数字鸿沟"问题。大量农村老年人受教育程度低，长久以来习惯于现金购物、排队挂号等线下生活，难以适应未来线上购物、点餐、挂号、政务等一系列生产生活行为的改变，这些农村老年人面临着在"数字化生活"中被"代沟式淘汰"的困境。作为一个整体，乡村建设行动中的水、电、路、气、网建设为优质资源要素下沉乡村提供了基础。例如，教育是提高人力资本最基本的手段，公共服务通过提供教育服务有助于提高农村老年群体的人力资本水平。

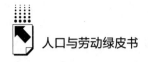

（三）乡村发展的健康需求

乡村建设行动为"健康中国"战略实施提供了基础支撑。健康人力资本也是推进农村经济平稳发展的重要力量。习近平总书记在党的十九大报告中指出，"实施健康中国战略。要完善国民健康政策，为人民群众提供全方位全周期健康服务"。把人民健康放在优先发展的战略地位，关键是将健康的理念融入公共政策制定实施的全过程。乡村建设行动正是将健康理念融入乡村振兴工作之中，践行《健康中国"2030"规划纲要》精神，从全生命历程、全健康服务、全人群保障的角度规划健康服务。在人口老龄化背景下，农村老年群体基数大，对健康需求程度高，坚定不移地实施乡村建设行动，可以形成长效健康防控机制，持续提升农村地区医疗服务水平和老年人口的健康水平，预防因病致贫返贫，为实现城乡基本公共服务均等化提供保障，是实现共同富裕的重要内容。

三　中度老龄化村庄的乡村建设基本状况

农村人口老龄化的一个重要原因是大量青壮年劳动力离开乡村。随着乡村人口数量的持续减少，乡村建设行动不仅要关注人口净流入的年龄结构较为"年轻"的村庄，更加需要重点关注人口持续外流、老龄化程度较高的村庄。为此，中国社会科学院课题组联合中国农业科学院、南京农业大学等科研单位对福建、浙江、安徽、山西、贵州和陕西6个省份18个县（市、区）① 展开乡村建设行动专项调研。

---

① 课题组在东部地区选取了浙江省绍兴市上虞区、温州市乐清市、衢州市开化县，以及福建省泉州市晋江市、龙岩市上杭县、宁德市平南县；在中部地区选取了山西省太原市清徐县、吕梁市文水县、晋中市祁县，以及安徽省六安市金寨县、滁州市定远县、合肥市肥西县；在西部地区选取了贵州省遵义市湄潭县、铜仁市江口县、黔东南苗族侗族自治州天柱县，以及陕西省汉中市洋县、咸阳市礼泉县、延安市吴起县。

本研究重点关注乡村常住人口老龄化程度较高的村庄，采用村庄 60 岁及以上老年人口数占村庄常住人口的比例作为判断指标。当村庄 60 岁及以上老年人口占村庄常住人口的比例在 20% 以上，意味着村庄进入中度老龄化发展阶段。本报告将该类村庄界定为中度老龄化村庄。我们按照乡村建设行动涉及内容，对人口老龄化较为严重的中度老龄化村庄建设状况进行介绍。

（一）基础设施建设整体向好、区域差距较为明显

一是居民用水需求基本得到满足。96.46% 的农户家庭用上了自来水，其中 87.50% 的农户表示家中的自来水供应正常。87.93% 的农户对农村供水情况表示满意。分区域看，东部地区、中部地区和西部地区自来水供应正常的比例分别为 91.14%、87.93% 和 82.98%；二是村庄道路建设状况良好。超过九成的村庄道路已经完成硬化。分区域看，东部地区、中部地区和西部地区道路硬化的比例分别为 98.10%、90.41% 和 89.56%。三是互联网覆盖率进一步提升。接近八成的农户家庭已经接入了宽带网络。分区域看，东部地区、中部地区和西部地区宽带网络接入的比例分别为 87.97%、83.87% 和 67.68%。四是农村快递服务水平明显提升。部分地区村庄已具备快递上门服务条件，快递站点与农户的地理距离越来越短。快递站点与农户的平均最短距离为 3.47 千米。分区域看，东部地区、中部地区和西部地区快递站点最短距离分别为 3.84 千米、2.72 千米和 3.83 千米。五是农村路灯供应存在较大提升空间，正常照明的路灯比例较低，仅为 64.71%。分区域看，东部地区、中部地区和西部地区正常照明的路灯比例分别为 87.66%、56.40% 和 48.31%（见表 1）。

（二）人居环境持续向好，垃圾分类意识有待提升

一是厕所革命成效显著。83.19% 的农户表示已经完成了水冲式

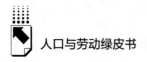

表1　中度老龄化村庄基础设施建设基本情况

单位：%，千米

指标	总体	东部地区	中部地区	西部地区
自来水使用比例	96.46	100.00	99.32	89.90
自来水供应正常比例	87.50	91.14	87.93	82.98
村庄道路硬化比例	92.82	98.10	90.41	89.56
宽带网络接入比例	79.93	87.97	83.87	67.68
快递站点最短距离	3.47	3.84	2.72	3.83
正常照明的路灯比例	64.71	87.66	56.40	48.31

资料来源：笔者根据调查数据整理。

厕所改造。分区域看，东部地区、中部地区和西部地区完成水冲式厕所改造的农户比例分别为99.37%、95.53%和53.87%。二是污水露天随意排放现象得到有效改善。6.99%的农户表示会将生活污水随意排放。分区域看，东部地区、中部地区和西部地区生活污水随意排放的农户比例分别为0.63%、4.17%和16.50%。但只有74%的农户对污水处理表示满意。三是生活垃圾基本实现统一处理，但农户对垃圾分类的认识存在较大误区。90.13%的农户表示生活垃圾会得到统一处理。分区域看，东部地区、中部地区和西部地区生活垃圾得到统一处理的农户比例分别为100%、100%和70.71%。尽管67.96%的村庄都有分类垃圾桶收集设施，但西部地区分类垃圾桶收集设施的比例较低。此外在实际应用中，农户往往将垃圾分为"能卖钱的垃圾"和"不能卖钱的垃圾"两类，造成不能卖钱的垃圾出现大量混合的现象，这与政府倡导的"垃圾分类"概念存在较大差距，"混扔混运"现象普遍存在。四是能源供应的区域异质性较为明显。随着清洁能源的推广，越来越多的农户开始使用天然气或液化气作为生活能源的主要燃料，但不同地区的农户能源使用情况存在较大差异（见表2）。

表 2　中度老龄化村庄人居环境建设基本情况

单位:%

指标	总体	东部地区	中部地区	西部地区
水冲式厕所改造比例	83.19	99.37	95.53	53.87
污水随意排放比例	6.99	0.63	4.17	16.50
生活垃圾统一处理比例	90.13	100.00	100.00	70.71
分类垃圾桶收集设施比例	67.96	97.15	85.96	19.19
天然气或液化气使用比例	60.71	79.43	77.70	25.93

资料来源:笔者根据调查数据整理。

(三)农村教育整体情况虽有所提升,但硬件水平、教学质量、托育服务存在突出"短板"

一是农村教育水平总体上有所改善。77.08%的农户认为农村教育整体上与过去相比有所提升。二是农户对农村教育硬件设施和教学质量的满意度水平不高。农户对幼儿园、小学、初中的硬件水平表示满意的比例分别为40.33%、42.13%和36.21%,对幼儿园、小学、初中教学质量表示满意的比例分别为 37.83%、40.91%和37.37%。三是托育早教服务逐渐成为农户新的需求。23.31%的农户表示需要农村提供托育早教服务,但村庄基本无法提供托育服务(见图1)。

(四)农村医疗服务能力显著提升,但村卫生室医疗水平问题较为突出

一是农村医疗服务能力总体上有所改善。83.76%的农户认为农村医疗服务能力整体上有所提升。二是农户看病便捷程度得到了大幅提升。81.95%的农户表示农村看病较为方便。三是农户免费体检的

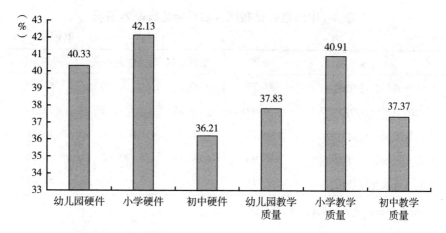

图1　中度老龄化村庄农户对农村教育的满意度情况

资料来源：笔者根据调查数据整理。

比例不断提升。73.78%的农户表示每年能免费体检。四是村卫生室软硬件条件亟待改进。83.76%的农户表示村卫生室医疗设施设备陈旧（见图2）。

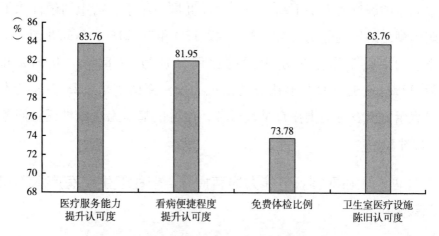

图2　中度老龄化村庄农村医疗的基本情况

资料来源：笔者根据调查数据整理。

（五）农村养老方式倾向于子女赡养，养老服务体系需要全面加强

一是自我和配偶照顾是当前农村老年人主要的养老方式。34.17%的农户表示自己照顾自己；26.17%的农户表示配偶照顾自己；子女照顾的比例为29.26%。58.36%的农户表示养老方式的选择更倾向于依靠子女；30.68%的农户表示养老方式倾向于互助养老。二是未来农村养老服务需要全方面加强。23.13%的农户认为未来养老服务重点是为老人送餐、帮助老人洗澡、打扫卫生等家政服务；18.59%的农户认为未来养老服务重点是上门为老年人提供打针、问诊、康复护理等医疗服务；17.80%的农户认为未来养老服务应该多办一些适合老年人参加的文化娱乐活动；14.17%的农户认为未来养老服务重点是在居住小区或村庄建设便利老年人的设施；8.05%的农户认为未来养老服务重点是对老人居住的房间进行防滑处理、加装扶手等适老化改造；5.44%的农户认为未来养老服务重点是建好村里日间照料中心或农村互助幸福院；4.88%的农户认为未来养老服务重点是做好居家老年人的日常健康监测和紧急救护（见图3）。三是农村养老服务体系满意度不高。对农村养老机构表示满意的农户占比不足六成，仅有54.35%的农户对农村养老院等机构表示满意。

（六）乡村建设行动中农民需求的优先顺序为道路、用水、养老和综合服务

首先是农民对道路改善需求。虽然当前农村道路硬化比例较高，但许多农户在访谈中表示村庄道路宽度过窄、坑洼不平、下雨天积水较多等问题较为普遍，亟须得到解决。其次是用水需求。虽然接近九成的农户反映用水问题得到了有效解决，但是自来水普及率和生活污

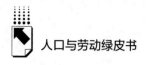

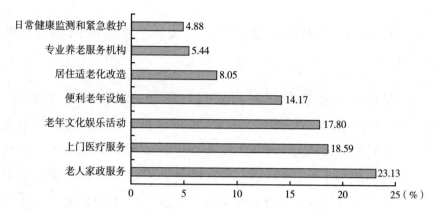

图3　中度老龄化村庄农户对未来养老服务发展的诉求

资料来源：笔者根据调查数据整理。

水排放问题较为突出。再次是农户养老服务需求。村庄养老事业发展速度普遍滞后于经济发展速度，调查中农户普遍反映需要加强村庄养老服务，重点是加强老年送餐服务、健康救助服务、便利设施服务和集中养老机构服务。最后是村庄综合服务中心需求。人民日益增长的美好生活需要客观上要求村庄综合服务效能不断提升，农户对村庄综合服务的需求也在不断增强。访谈中，许多农户表示希望村庄综合服务中心能够成为便民、惠民的平台。

四　中度老龄化村庄乡村建设行动存在的问题

（一）资金缺乏难以实现养老服务的高质量发展

乡村建设行动需要解决"钱"从哪里来的问题。调研发现，农村基础设施建设普遍面临着较大的资金缺口，影响了乡村建设行动的有序开展。全国农村观察点调查的村庄数据显示，村集体经济年平均收入为 132.07 万元，收支盈余在 100 万元以上的村庄比例仅为

9.9%，14.4%的农村集体经济组织收益入不敷出①。农村养老院建设成本较高，建设高标准养老服务机构的资金投入至少需要 100 万元。在集体经济发展薄弱的地区，较大的资金缺口导致村集体难以集中力量办理基础设施、民生服务等"大事"，制约了养老服务体系的高质量发展。

（二）养老服务人才在基层难以寻觅

人才兴则百业兴，乡村建设行动离不开人才队伍。调研中发现，当前农村人才队伍面临着数量不足、高层次人才少、专业人才缺乏的问题。受调查村庄的干部对当前农业农村人才评价为"严重不足"和"不足"的比例合计达到 65.8%。乡镇专业干部数量少、任务重，一个在编人员负责多个乡村建设部门的工作是常见现象，甚至有些地区一个在编人员负责 13 个部门工作。高层次人才难以下沉农村，同时缺乏专业素质人才。以养老服务人才为例，专业管理人员和护理人才在村庄基本难以寻觅。针对农村老年群体诉求中比例最高的家政服务、医疗服务，很少有村庄能为农村老龄群体提供专业化家政服务和医疗服务，究其原因是专业人才的匮乏。

（三）养老服务体系整体质量不高

乡村建设行动本质是为了广大农民，核心是要充分发挥基础设施便民功能。调研中发现，一些地区甚至出现了乡镇社会公共服务设施闲置的情况。一些村庄养老服务设施布局缺乏清晰规划，没有兼顾服务人口和服务半径的要求，造成了养老服务设施布局分散。一些地区的养老服务体系的服务内容单一，只能提供就餐、配送餐、

---

① 彭超、张琛：《农村集体经济组织"家底"基线调查及启示》，《农村金融研究》2019 年第 8 期。

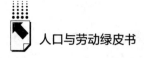

简单娱乐等基本服务，普遍缺乏康复护理、临时托养、家庭支持、心理疏导、康复辅具租赁等服务。尤其是当前农村养老服务体系面临着社会化养老起步晚、养老投入欠账多、老年人健康状况不佳、家庭养老功能弱化等问题[①]，极大地制约了农村养老服务体系的高质量发展。

（四）"重建轻管"制约了养老服务体系可持续发展

农村养老服务基础设施需要建立管护长效机制，让老百姓用得好、长受益。"三分建、七分管"是乡村建设行动可持续的保障。基础设施既要重建设又要重管护，部分地区"重建轻管"增加了乡村建设行动的成本。一些地区基础设施建设只注重"数量"、不考虑"质量"，重硬件投入、轻能力建设。调研过程中发现，一些地区农村养老服务体系建设标准不一，并没有建立管护长效机制。基础设施建设标准的不一致增加了乡村发展的不平衡性，甚至未来可能造成乡村重复建设的可能性，制约了养老服务体系可持续发展。

五　思路与对策建议

（一）基本思路

中度老龄化村庄实施乡村建设行动要遵循以下四点思路。

一是坚持长远谋划。科学研判村庄未来人口老龄化基本情况，明确乡村建设行动不是一蹴而就，而是久久为功，需要树立长远、发展

---

① 陆杰华、沙迪：《新时代农村养老服务体系面临的突出问题、主要矛盾与战略路径》，《新疆师范大学学报》（哲学社会科学版）2019 年第 2 期。

的思维，乡村建设行动要未雨绸缪，关注村庄长远的变化。乡村建设行动要遵循因地制宜的基本原则，要以未来农村人口结构变化为基础进行科学研判。根据近年来青壮年劳动力离开村庄的趋势以及老年人口变化趋势，对村庄未来人口老龄化程度进行系统分析。针对人口老龄化程度不断提升的村庄要加快养老服务体系建设，加大财政资金的投入力度，强化顶层设计，制定清晰的乡村建设行动路线图，分类指导建设，避免出现社会资本进入"一窝蜂"和财政资金投资无效率的现象。

二是坚持多元投入。加大对村庄养老服务体系建设的资金支持力度，乡村建设行动坚持多元投入机制。乡村建设行动说一千道一万离不开真金白银的投入，需要解决钱从哪里来的问题。要在因地制宜、防范风险的前提下鼓励工商资本进入农业农村，建立以政府投入为主导，村集体、农户和社会力量多方参与的多元投入机制，充分发挥政府公共财政投入的引导和调控作用，综合运用税收优惠、贷款贴息、政府补贴与奖励、政府购买服务、特许经营、服务外包等形式，调动社会资本投入乡村养老服务体系建设的积极性。

三是坚持人才支撑。乡村建设行动要重视人才队伍建设，要针对农村老龄人口的基本诉求加快完善乡村养老服务人才体系建设，补上人才供需缺口，加快建立一支懂农爱农、素质过硬、数量充足、护理有效的农村养老服务人才队伍，为农村老年人提供养老、护理照料，主要包括：清洁照护、穿脱衣物、饮食照料、排泄照料、睡眠照料、环境清洁、失智照护、康复照护以及心理支持等方面的服务。加大对养老服务人才队伍的支持力度，加大对优秀人才的吸引力度，鼓励优秀人才下沉农村。健全乡村养老服务人才队伍的支持体系，在福利待遇、职业晋升、表彰奖励等方面对其进行倾斜。

四是坚持组织领导。加强组织领导和制度建设，建立县、乡、村党政负责人亲自抓，县四大班子领导全员参与，各职能部门通力协作的工作体制机制，将乡村建设中的养老服务体系建设成效纳入目标责任考核范围和干部政绩考核内容。在制度建设方面，加快出台从国家层面到地方层面的乡村养老服务政策文件，保证推动乡村养老服务高质量发展有法可依。国家层面加快出台乡村养老服务指导意见，各地根据实际情况出台《乡村养老服务建设行动工作实施方案》《乡村养老服务建设行动考核办法》等。

（二）对策建议

一是强化顶层设计之"轴"。实现中度老龄化村庄乡村建设行动的更好发展，核心是要把顶层设计这根发展之"轴"立起来。一方面，要实现相关部门的通力协作，针对广大农民群众迫切需求的养老、医疗等方面形成合力，转变传统的"九龙治水"组织架构，形成协同作战的工作形式。农业部门、人社部门、民政部门等相关部门要在乡村建设行动各方面工作中形成合力，逐步满足广大农民群众对乡村建设各项公共服务的诉求，重点解决农村老龄人口的养老服务诉求、医疗服务诉求。另一方面，从顶层设计出发制定相关配套政策。要坚持规划引领，制定清晰的乡村建设行动任务书、路线图，明确乡村建设行动中的"堵点"和"痛点"，鼓励建立村集体、农户和社会力量参与相结合的多元投入机制。

二是夯实经济发展之"基"。实现中度老龄化村庄乡村建设行动的更好发展，基础是要把县域经济发展之"基"夯实起来。乡村建设行动需要真金白银的投入，离不开强有力的资金支持。尤其是乡村建设行动的建后管护环节，更加需要县域长期投入财政资金支持，以及县域经济的强有力支撑。必须大力发展县域经济，实现产业链、价值链和供应链的延链、补链、强链，加快县域要素市场化改革，推进城乡融合发展，破除体制机制障碍，充分利用数字经济等新技术新业态，激活县域经济活力，增加财税收入，才能加大公共财政倾斜"三农"工作力度，确保投入力度不断增强、总量不断增加，更好地提升乡村养老服务体系建设水平。

三是筑好人才队伍之"巢"。促进中度老龄化村庄乡村建设行动的更好发展，养老服务人才是关键，要筑好养老服务人才队伍之"巢"。一方面，要加大养老服务人才队伍的引进力度，打好"增量牌"。引导城市高技能人才下乡，推动专业人才服务乡村，在福利待遇、职业晋升、表彰奖励等方面向入乡人才倾斜。进一步完善高校人才定向培养、基层专业人员继续教育、专业技术人才对口支援等政策，引导养老服务人才进入乡村。另一方面，要加大对乡村养老服务人才队伍的技能培训，出好"存量牌"。建立健全乡村建设行动人才培训体系建设，实施农村养老护理人员三年提升行动计划，提升养老服务实践中的生活照护、基础照护、康复服务、心理支持、安宁服务、照护评估、质量管理及培训指导等相关知识水平，全方位提升农村养老护理员的职业技能。

四是形成提质升级之"策"。促进中度老龄化村庄乡村建设行动的更好发展，要推动养老领域高质量发展，形成提质升级之"策"。加快建立健全多层次、多支柱农村养老保障体系，加快构建县、乡、村三级养老供给服务网络体系，健全基本养老服务目录清单，加强对农村特殊困难老年人促进保障帮扶，强化对农村失能老年人的照护服务，提升人口密度较高的乡镇、行政村养老服务设施的利用率。建立和完善农村地区老年人生活保障体系，提升农村地区养老院标准化、规范化建设水平，加快推动构建农村地区"一刻钟"居家养老服务圈，推动农村标准化区域性养老服务中心建设，拓宽养老服务的全日托养、日间照料、上门服务、康复护理等功能，提高日间照料中心、邻里互助点、农村幸福院、老年活动站等村级养老服务设施建设水平，推进农村医养康养相结合。

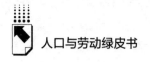
参考文献

林宝：《中国农村人口老龄化的趋势、影响与应对》，《西部论坛》2015 年第 2 期。

李玉红、王皓：《中国人口空心村与实心村空间分布——来自第三次农业普查行政村抽样的证据》，《中国农村经济》2020 年第 4 期。

陆杰华、沙迪：《新时代农村养老服务体系面临的突出问题、主要矛盾与战略路径》，《新疆师范大学学报》（哲学社会科学版）2019 年第 2 期。

彭超、张琛：《农村集体经济组织"家底"基线调查及启示》，《农村金融研究》2019 年第 8 期。

王春光：《乡村建设与全面小康社会的实践逻辑》，《中国社会科学》2020 年第 10 期。

张琛、张云华：《根据农村常住人口变化趋势谋划乡村振兴》，《中国发展观察》2021 年第 5 期。

G.8
城乡一体化社会保障制度的
经济效应评估

程 杰[*]

摘 要： 21世纪以来，中国城乡一体化社会保障体系改革与发展加快推进。本研究利用横跨21世纪前20年近5000户家庭、连续六轮的动态监测，系统地观察了城乡一体化社会保障制度对家庭决策和经济状况的系统性影响。研究表明，养老保险和医疗保险制度对于城乡居民的劳动力市场参与和就业选择具有重要影响，社会保障制度产生了消费与储蓄效应，发挥了一定的收入再分配效应，但制度设计不利于低收入群体覆盖，制约了再分配功能发挥。社会保障与家庭保障之间的替代关系并不明显，传统文化观念与现代社会保障制度运行存在关联。中国是一个体制、经济、人口多重转型的经济体，城乡一体化的社会保障制度与劳动力市场之间的关系较为复杂，值得深入探究。

关键词： 城乡一体化 社会保障制度 劳动力市场 收入分配 传统文化价值观

---

* 程杰，中国社会科学院人口与劳动经济研究所副研究员，主要研究方向为社会保障与就业。

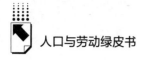

从城乡分割到城乡一体化的社会保障制度逐步完善，作为经济社会系统中的重要组成部分，社会保障制度的变化对家庭和个人的经济行为产生了一系列影响。本报告以养老保险和医疗保险这两项基础的社会保障制度为观察对象，系统评估一体化的社会保障制度对城乡居民的影响。研究设计主要包括三个特点：一是较长时期的动态观察，利用横跨21世纪前20年的抽样家庭监测，观察社保制度在从无到有、从低水平保障到基本全覆盖的过程中，家庭主要经济活动的变迁；二是城乡对比的视角，将城乡社会保障体系纳入统一分析框架，城镇职工社会保险制度、城镇居民社会保险制度与农村居民社会保险制度的对比分析贯穿于整个分析之中；三是多维度的经济效应分析，从家庭劳动时间配置、就业和创业决策、收入分配与贫困削减、消费与储蓄、代际转移支付以及价值观变迁等层面观察社保制度的影响。

一　家庭动态监测样本基本情况

华人家庭动态监测调查是国内较早启动的家庭追踪调查项目，以沿海地区三个省份为调查区域。2004年基期调查覆盖城乡家庭4684户，计划每两年开展一次追踪调查，部分年份受到特殊形势影响（如2008年金融危机冲击）暂停或延迟，2017年追踪调查样本为3535户，考虑样本丢失和年龄结构老化，当年新增了部分样本，并于2019年开展追踪调查，结合基期追踪样本，合计追踪调查样本4465户，六轮调查追踪样本累计接近2.5万户。每轮追踪调查成功率总体保持在80%以上（见表1）。

家庭动态监测样本覆盖城乡，为城乡居民和城乡制度之间的比较分析提供条件。六轮调查样本中，农业户口样本约占60%，非农户口样本约占40%，其中，上海城市化水平很高，非农户口样本占到80%以上，浙江、福建农业户口样本分别约占70%（见表2）。

表1 家庭动态监测样本数量

单位：户

年份	上海	浙江	福建	总体
2004	903	1856	1925	4684
2006	799	1782	1785	4366
2011	668	1485	1689	3842
2013	598	1482	1545	3625
2017	584	1445	1506	3535
2019	1026	1214	2225	4465
合计	4578	9264	10675	24517

注：中国社会科学院人口与劳动经济研究所开展的华人家庭动态监测调查，2004年为基期抽样调查，2017年在上海、福建进行了第一次新增样本调查，2019年在浙江也开展了新增样本调查。

表2 家庭动态监测样本城乡分布

单位：户，%

指标	上海	浙江	福建	总体
农业样本量	526	6443	7681	14650
百分比	12.1	70.7	73.8	61.4
非农样本量	3828	2674	2724	9226
百分比	87.9	29.3	26.2	38.6
合计	4354	9117	10405	23876
合计百分比	100.0	100.0	100.0	100.0

基期调查的对象以家庭中青年人员为主，出生队列分布集中在新中国成立到改革开放前这一段时期。2017年新增样本以年轻人员为主。目前所有样本中，新中国成立之前出生的占比约为20%，20世纪50年代出生的占比约为30%，20世纪80年代之后出生的仅占约5%。经过近20年的追踪调查，样本年龄结构逐渐老化，上海样本的户主平均年龄从2004年的48.5岁提高到2017年的62.7岁，新增样本之后的2019年平均年龄下降到49.7岁，浙江新增样本于2019年

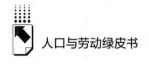

启动，尚未开展追踪调查，目前样本全部为基期调查样本，到 2019 年平均年龄达到了 60 岁（见表 3）。

表 3　家庭动态监测样本出生队列分布

单位：人

年份	上海	浙江	福建	总体
1949 年及以前	1208	2091	1763	5062
1950~1959	1527	2944	2504	6975
1960~1969	763	2776	2900	6439
1970~1979	369	1275	2483	4127
1980 年及以后	415	49	825	1289
合计	4282	9135	10475	23892

监测对象的平均家庭规模基本保持在 3 人以上，上海家庭规模相对较小，福建家庭规模最大，基期调查接近 4 人。随着家庭子女成长和结构变迁，家庭规模呈现缩小趋势，2017 年追踪样本中上海平均家庭规模下降到 2.67 人，补充新增样本之后家庭规模提高到 3 人。监测调查的家庭子女数基本保持稳定，部分家庭在追踪过程中有新出生人口，家庭子女数出现小幅度变化。对比来看，上海的生育率较低，福建的生育率较高，样本家庭平均子女数达到 2 人，这符合地区经济发展和城乡差异的特征。

二　社会保障发展基本状况与趋势特征

养老和健康是居民最重要的保障权益，养老保险和医疗保险是社会保障制度的主要构成，本研究以城乡养老保险制度和医疗保险制度为主要对象，观察社会保障制度的经济效应。新型农村社会养老保险于 2009 年开始试点，城镇居民社会养老保险随后于 2011 年开始试点。家庭动态监测样本中前两轮调查基本没有涉及养老保险，其覆盖率为零，在全国范围推广两项养老保险制度之后，覆盖率大幅提高，2011年新型农村社会养老保险制度覆盖率总体达到50%。城镇职工养老保险制度启动于20世纪90年代中期，调查样本显示，2004年上海城镇职工基本养老保险覆盖率达到36.4%，浙江、福建的覆盖率不到20%，随后年份覆盖率有所提高，但这项保险制度更多适用于城镇正规部门就业人员，随着年龄老化，覆盖率又有所下降（见表4）。

表4　户主养老保险覆盖率变化

单位：%

年份	城镇职工养老保险			新型农村社会养老保险			城镇居民社会养老保险		
	上海	浙江	福建	上海	浙江	福建	上海	浙江	福建
2004	36.4	18.2	12.6	0.0	0.0	0.0	0.0	0.0	0.0
2006	30.7	18.8	10.4	0.0	0.0	0.0	0.0	0.0	0.0
2011	28.1	19.6	14.6	55.3	33.3	60.8	2.7	15.1	5.0
2013	54.7	25.0	19.9	62.1	42.3	79.2	11.2	16.9	7.6
2017	36.5	19.7	10.0	44.1	22.2	58.9	9.9	8.6	2.9
2019	44.2	30.4	22.7	44.4	36.5	74.1	17.8	13.6	6.1

注：新型农村社会养老保险覆盖率指参加保险人员占全部农业户口样本的比例，城镇居民社会养老保险覆盖率指参加保险人员占全部非农户口样本的比例，城镇职工养老保险覆盖率指参加保险占全部城乡样本的比例。

医疗保险制度呈现类似特征，随着全国医疗保险制度建设全面推进，城乡居民医保覆盖率在较短时期内快速提高。2003年新型农村合作医疗保险制度开展试点，监测样本中尚未捕捉到参保信息，到2006年上海农村居民参加新型农村合作医疗保险的比例近35%，浙江参保率接近70%。2006年城镇居民基本医疗保险制度全面推进，前两轮监测样本覆盖率基本为零，2011年样本覆盖率达到20%左右。城镇职工基本医疗保险制度适用于正规部门就业人员，参保率保持稳定提高，上海样本参保率明显更高，浙江、福建样本中部分农业户口的非农就业人员也参加了城镇职工基本医疗保险（见表5）。

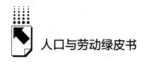

表5 户主医疗保险覆盖率变化

单位：%

年份	城镇职工基本医疗保险			新型农村合作医疗保险			城镇居民基本医疗保险		
	上海	浙江	福建	上海	浙江	福建	上海	浙江	福建
2004	28.7	26.0	10.0	0.0	0.0	0.0	0.0	0.0	0.0
2006	29.8	13.5	9.3	34.9	67.9	27.5	0.0	0.0	0.0
2011	23.5	19.7	14.5	63.2	73.4	79.3	18.5	23.7	19.2
2013	53.8	24.4	19.7	74.1	73.6	91.0	24.6	35.1	22.6
2017	34.4	18.9	10.4	16.2	42.7	63.6	30.6	21.9	9.3
2019	46.6	25.0	22.7	44.4	66.4	86.5	30.4	35.4	21.1

注：新型农村合作医疗保险覆盖率指参加保险人员占全部农业户口样本的比例，城镇居民基本医疗保险覆盖率指参加保险人员占全部非农户口样本的比例，城镇职工基本医疗保险覆盖率指参加保险占全部城乡样本的比例。

参保制度设计和参保决策都考虑到家庭因素，尤其在城乡居民养老保险和医疗保险制度的实际运行中，以家庭为单位整体参保对于加快保障制度发展具有积极意义。当然，城乡居民的养老和医疗保险原则上是自愿参保，家庭中户主与配偶的决策会影响参保选择。监测样本显示，配偶的养老保险和医疗保险的覆盖率变化与全国制度推进步伐基本一致，与户主的覆盖率特征也基本类似。2019年，上海样本中配偶参加新型农村社会养老保险的比例超过40%，参加新型农村合作医疗保险（城乡居民基本医疗保险）的比例也超过40%，与户主的参保率差异不大；福建样本中配偶参加新型农村社会养老保险和新型农村合作医疗保险的比例分别超过63%和72%，但低于户主的参保率。上海、浙江、福建三个省份样本中配偶的城镇职工养老、基本医疗保险参保率差异也基本反映了地区之间的经济发展和劳动力市场正规化水平（见表6、表7）。

离退休人员比重反映了样本年龄结构老龄化过程，也反映了地区之间的老龄化差异。2006年上海样本中离退休人员比重已经达到38.7%，

表6 配偶养老保险覆盖率变化

单位：%

年份	城镇职工养老保险			新型农村社会养老保险			城镇居民社会养老保险		
	上海	浙江	福建	上海	浙江	福建	上海	浙江	福建
2004	—	—	—	0.0	0.0	0.0	0.0	0.0	0.0
2006	—	—	—	0.0	0.0	0.0	0.0	0.0	0.0
2011	21.0	14.6	11.5	39.5	29.5	49.2	1.4	13.9	3.2
2013	46.3	21.3	15.1	48.3	38.2	65.8	10.4	15.3	9.3
2017	29.1	11.4	8.8	27.9	14.2	46.2	10.6	4.0	2.7
2019	31.3	25.8	17.6	40.3	33.2	63.2	12.3	10.9	5.5

表7 配偶医疗保险覆盖率变化

单位：%

年份	城镇职工基本医疗保险			新型农村合作医疗保险			城镇居民基本医疗保险		
	上海	浙江	福建	上海	浙江	福建	上海	浙江	福建
2004	—	—	—	0.0	0.0	0.0	0.0	0.0	0.0
2006	—	—	—	0.0	0.0	0.0	0.0	0.0	0.0
2011	21.3	17.8	11.5	47.4	63.2	63.4	10.5	22.5	18.0
2013	44.8	20.4	14.5	55.2	63.9	77.6	19.7	30.8	21.1
2017	25.9	9.8	8.0	8.8	28.7	50.5	25.6	13.3	9.8
2019	32.7	20.3	17.3	40.3	57.7	72.2	22.7	29.5	19.9

配偶离退休比例也达到34.2%，到2017年第五轮追踪时，样本中离退休人员比重已经提高到62.8%，配偶离退休比例也接近60%。浙江和福建样本覆盖城乡，农村居民较大部分没有被纳入城镇职工养老保险制度，总体离退休比例在30%以下。养老金水平增长较快，尤其在国家从2005年开始连续较大幅度提高城镇企业职工养老金标准之后，上海离退休人员平均养老金水平从2006年的893元/月提高到2019年的约3900元/月，浙江和福建的平均养老金水平低于上海，但总体上也保持了增长态势。

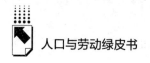
三 家庭劳动就业与收支变动特征

总体就业率呈现先上升后下降的态势。2004年基期调查显示，上海户主总体就业率接近40%，浙江和福建接近70%，随后两轮追踪调查显示，总体就业率有所提高，但随着年龄结构老化，追踪样本逐渐退出劳动力市场，总体就业率出现下降趋势，2017年上海户主总体就业率为37.2%，配偶的总体就业率为24.1%。家庭劳动就业决策与经济发展和劳动力市场变化、社会保障制度覆盖存在关联（见表8）。

表8 总体就业率变化

单位：%

年份	户主			配偶		
	上海	浙江	福建	上海	浙江	福建
2004	39.2	69.0	66.8	35.3	62.9	56.9
2006	45.1	72.1	68.2	43.5	67.6	65.8
2011	44.6	81.4	70.2	43.5	77.7	64.3
2013	32.3	54.9	60.1	62.3	79.2	84.8
2017	37.2	72.9	65.0	24.1	56.0	55.0
2019	56.6	41.4	61.8	33.8	32.7	51.2

注：总体就业率指目前正在就业人员占全部样本比例。

农业就业率变化反映了经济结构和就业结构的变化。上海经济发展水平高，农业在产业结构中占比很小，户主从事农业就业比重从2004年的11.3%下降到2019年的不到1%；浙江和福建的城镇化水平低于上海，尤其是福建的城乡差距相对较大，2017年户主农业就业率仍然约占26%，但较2004年已经大幅下降，2019年新增样本之后，农业就业率下降到10%以下。监测家庭的就业结构变动反映出21世纪前20年城乡经济结构的巨大变迁（见表9）。

表 9 农业就业率变化

单位：%

年份	户主			配偶		
	上海	浙江	福建	上海	浙江	福建
2004	11.3	36.5	52.0	9.5	30.4	43.6
2006	3.9	17.8	27.0	2.6	14.5	22.3
2011	6.8	18.7	30.2	6.0	16.1	29.3
2013	6.3	11.2	29.9	3.2	10.0	18.9
2017	4.1	5.9	25.9	2.2	9.8	24.7
2019	0.5	4.0	8.8	0.6	4.3	6.8

注：农业就业率指目前正在从事农业经营活动或农业就业人员占全部样本比例。

总体就业率下降趋势主要来源于新中国成立之前和 20 世纪 50 年代出生的样本，这类群体逐渐退出劳动力市场并进入老龄阶段，2019 年总体就业率分别下降到 10% 和 30% 以下。20 世纪 60 年代出生样本从 2011 年开始就业率出现下降，20 世纪 70 年代出生样本的就业率基本保持稳定，20 世纪 80 年代出生样本的就业率呈现初步上升态势，基本保持在 80% 以上。女性总体就业率要低于男性，农业户口总体就业率要高于非农户口。2004 年女性农业户口就业率为 63%，低于男性的 78%，而女性非农户口就业率仅为 40%，男性非农户口就业率接近 60%。随着时间推移，农业户口与非农户口的就业率都出现了下降趋势，就业率的性别差异始终存在。

工资水平保持较快增长。上海户主平均月工资从 2004 年的 1684 元增长到 2017 年的 5205 元，浙江的工资水平与上海接近，福建工资水平明显更低。新增样本之后 2019 年平均工资水平大幅提高，上海和浙江平均月工资都超过 8000 元，小时工资也在 50 元左右，反映户主工资水平保持较快增长的同时，不同代际工资水平存在较大差异。更年轻的代际工资水平增长更快。新中国成立之前出生的人员工资水

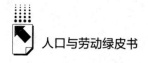

平增长幅度相对更低，20世纪70年代、80年代出生的人员工资水平增幅明显更大，这反映出劳动力市场变化更有利于年轻一代（见表10）。

表10 户主工资水平变化

单位：元

年份	月工资			小时工资		
	上海	浙江	福建	上海	浙江	福建
2004	1684	1299	927	10.2	7.3	5.3
2006	1701	1542	1200	10.3	9.0	6.4
2011	3339	3120	2311	19.1	19.3	12.4
2013	3362	4175	3066	19.9	23.7	16.2
2017	5205	5734	3615	32.3	42.4	20.9
2019	8391	9974	4815	51.8	44.6	26.7

农业户口的工资性别差异更大，非农户口的工资性别差异相对较小。随着劳动力市场发展，不同性别和不同户口类型的就业人员小时工资均呈现上升态势，但性别差异始终存在。农业户口女性的平均月收入从2004年的564元增长到2019年的3126元，小时工资从2004年仅为3.1元提高到2019年的18元，但仅相当于农业户口男性工资水平的48%。非农户口女性的平均月收入从2004年的1574元增长到2019年的5870元，小时工资从2004年的9.7元提高到2019年的37.2元，相当于非农户口男性工资水平的80%。

从工资分布特征来看，21世纪前20年劳动力市场发生了巨大变化。在不考虑价格因素的影响下，城乡劳动者工资水平实现了持续大幅提高，但也可以看到，工资差异和不平等较为突出，工资性别差异较大，城乡居民工资水平差异仍然较大。在劳动力市场机制自发调节收入分配的情况下，社会保障制度建设可以在一定程度上发挥调节收入差距、改善收入分配格局的功能，但前提是社会保障制度设计要基于社会公平和福利均等的原则。

家庭收入和消费水平是衡量经济社会发展的重要指标。21 世纪前 20 年中国经济尤其是沿海地区经济持续快速增长，实现了家庭收入和消费的巨大改善。上海样本家庭中，家庭总收入从 2004 年的 2.7 万元大幅增长到 2019 年的 16 万元之多，浙江和福建的家庭总收入也超过 10 万元，上海的家庭人均收入从 2004 年的 9001 元提高到 2019 年的 5.8 万元，浙江和福建的家庭人均收入分别增长到 4 万余元和近 3 万元，2019 年上海的家庭人均消费提高到近 3.7 万元，福建的家庭人均消费也突破 2 万元（见表 11）。

表 11　家庭年人均收入与人均消费变化

单位：元

年份	人均收入			人均消费		
	上海	浙江	福建	上海	浙江	福建
2004	9001	8488	6617	6267	5325	4478
2006	11606	11665	8210	11154	9989	7064
2011	21093	19271	17047	19660	20860	13089
2013	23786	23722	19528	22106	24952	15375
2017	35137	30926	28888	25568	30279	19384
2019	58412	40304	29634	36513	32095	20255

中国的"高储蓄率"长期以来被视为一个谜，而中国经济高速发展背后也有高储蓄的支撑。家庭储蓄率同样表现出这一特征，从趋势上来看，样本家庭的消费水平持续提高，但收入增长幅度更快，导致家庭储蓄率出现提高态势。上海样本家庭平均储蓄率从 2004 年的 25.7%提高到 2019 年的 38.7%，浙江样本家庭平均储蓄率更高，从 2004 年的 30.3%提高到 2019 年的 39.2%，福建样本家庭平均储蓄率提高幅度更大，从 2004 年的 20.4%提高到 2019 年的 34.2%。储蓄率背后既有经济发展模式的影响，也与社保制度建设、家庭传统观念有关。

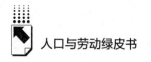

四　社会保障的劳动供给效应

新型农村社会养老保险制度原则为自愿参保，本质上接近于一种社会福利制度。从分组来看，参保与未参保人群的就业率差异不明显，参加新型农村社会养老保险的样本总体就业率为 68.4%，与未参保人群总体就业率的 67.9% 大体相当。城镇居民社会养老保险制度属性与新型农村社会养老保险制度基本一致，但更多的面向无就业或非正规就业人群，参保人群总体就业率为 45.1%，略低于未参保人群的 51.9%。城镇职工养老保险制度与劳动就业直接挂钩，从事就业活动尤其是正规就业一般是参加这项保险的前设条件，因此参保群体的就业率显然更高，两者之间是否存在因果关系，需要进行更深入的探讨（见表 12）。

表 12　养老保险覆盖与就业决策

单位：%

区域	新型农村社会养老保险		城镇居民社会养老保险		城镇职工养老保险	
	未参保	参保	未参保	参保	未参保	参保
上海	51.1	48.8	43.1	29.9	25.1	69.1
浙江	69.9	62.6	60.8	59.2	62.0	80.6
福建	66.9	71.5	55.5	55.2	62.9	78.7
总体	67.9	68.4	51.9	45.1	57.4	76.2

新型农村社会养老保险覆盖与劳动供给时间似乎没有关系，新型农村社会养老保险参保与未参保人群平均周工作小时数都在 50 小时左右。城镇居民社会养老保险参保与未参保人群之间的劳动供给时间也没有太大差异。但是，城镇职工养老保险覆盖与劳动供给时间的关联性较强，参加这一保险的劳动者往往为正规就业，工作条件和工作

环境也更好，被劳动部门监管力度更强，参保群体平均周工作小时数为 45.3 小时，而未参保群体的劳动强度较大，平均周工作小时数接近 50 小时（见表 13）。

表 13　养老保险覆盖与周工作时间

单位：小时

区域	新型农村社会养老保险		城镇居民社会养老保险		城镇职工养老保险	
	未参保	参保	未参保	参保	未参保	参保
上海	46.0	42.5	43.0	46.3	45.4	42.7
浙江	51.0	50.0	47.2	48.4	50.7	47.7
福建	49.8	49.6	46.2	45.4	49.9	44.9
总体	50.3	49.5	45.4	47.0	49.9	45.3

新型农村社会养老保险制度对于户主就业参与具有正面效应，而配偶参保对于户主就业参与存在一定程度的负面激励。同样地，配偶参加新型农村社会养老保险鼓励其继续参与就业，户主参保对于配偶就业参与存在负面激励。但是，城镇居民社会养老保险制度对于户主和配偶就业决策没有显著影响。华人家庭动态监测调查数据形成了基于家庭层面的面板数据，利用随机效应模型估计户主和配偶的就业决策行为，估计结果显示，在控制了家庭和个人层面、年份和省份因素之后，户主参与新型农村社会养老保险对于户主就业参与的概率影响为 0.26~0.52（边际效应为 0.06~0.11），而配偶参保对于户主就业参与的概率影响为 -0.09（边际效应为 -0.019）。配偶参与新型农村社会养老保险对于其就业参与的概率影响为 0.57~0.73，而户主参保对于配偶就业参与的概率影响为 -0.30。

城镇职工养老保险制度对于户主就业决策具有长期积极作用，但对于配偶的就业参与具有负面激励，且在非农家庭更为明显。类似地，配偶参加城镇职工养老保险制度对于其就业决策具有正面激励作用，但对于户主就业决策具有显著负面效应。模型估计结果显示，户主参加城镇职工养老保险对于户主就业决策的概率影响为0.47，而对于配偶就业决策的概率影响为-0.17，相反地，配偶参加城镇职工养老保险对于其就业决策的概率影响为0.78，而对于户主就业决策的概率影响为-0.10。在农业户口家庭中，户主或配偶参加城镇职工养老保险对于另一方的就业决策没有显著影响。

养老保险覆盖与劳动供给时间没有显著关联，城乡居民基本养老保险制度、城镇职工养老保险制度的覆盖对于家庭户主和配偶的劳动供给时间都不产生显著影响。模型估计显示，在控制了其他变量和时间、省份固定效应的情况下，城乡各类养老保险制度覆盖对户主和配偶的周工作小数的边际系数均没有通过显著性检验，这意味着养老保险制度与劳动供给时间之间存在相关性，而并不存在因果关系。

从分组统计来看，新型农村合作医疗保险参保群体的就业率比未参保群体更高，而城镇居民基本医疗保险恰恰相反，参保群体的就业率似乎比未参保群体更低，平均周工作时间在分组统计中没有明显差异。城镇职工基本医疗保险制度与城镇职工养老保险制度类似，都属于强制性与就业关联的社会保障制度，参保群体的平均就业率明显更高，达到78%，而平均周工作时间明显更低，平均为45小时。当然，分组统计的均值差异并不必然意味着因果关系（见表14）。

表14 医疗保险覆盖与就业决策

单位：%

区域	新型农村合作医疗保险		城镇居民基本医疗保险		城镇职工基本医疗保险	
	未参保	参保	未参保	参保	未参保	参保
上海	43.0	62.1	43.1	37.6	25.6	71.2
浙江	66.3	70.2	61.3	57.0	61.5	83.0
福建	61.6	74.2	55.9	52.2	63.2	77.5
总体	62.8	72.3	52.2	47.2	57.3	77.5

　　新型农村合作医疗保险制度鼓励户主参与就业，配偶参保对于户主就业决策没有显著影响。同样地，配偶参加新型农村合作医疗保险对于其从事就业活动具有积极影响，而户主参保对于其就业参与具有负面激励。城镇居民基本医疗保险制度对于家庭户主和配偶的就业决策没有明显一致性影响。模型估计显示，户主参加新型农村合作医疗保险对于户主就业参与的概率影响为 0.5（边际效应为 0.12），对于配偶的就业参与的概率影响为−0.3，而配偶参保对于户主就业参与不显著，配偶参保对于其就业参与的概率影响为 0.86。城镇居民基本医疗保险制度参与对于户主和配偶的就业决策没有得到一致性的显著结果。

　　城镇职工基本医疗保险制度对于户主就业参与具有显著的激励作用，而对于配偶就业参与具有显著的负面激励，类似地，配偶参加城镇职工基本医疗保险制度对于其自身就业参与具有显著正面效应，而对于户主的就业参与具有显著的负面激励。模型估计显示，户主参加城镇职工基本医疗保险对于户主就业参与的概率影响为 0.63，对于配偶就业参与的概率影响为−0.25，配偶参加这项保险对于其自身的就业参与的概率影响为 0.94，而对于户主就业参与的概率影响为−0.25，这种作用在非农群体中影响更为突出。

　　与养老保险制度类似，医疗保险覆盖与劳动供给时间也没有显著关联，新型农村合作医疗保险、城乡居民基本医疗保险及城镇职工基本医疗保险制度的覆盖对于家庭户主和配偶的劳动供给时间都不产生显著影响。一般情况下，家庭的劳动参与率、就业率相对于劳动供给时间对社会保障制度更为敏感，社会保障制度对于劳动供给时间的影响相对于劳动参与率的影响也更微弱。

　　新型农村社会养老保险制度对于户主和配偶的农业就业决策具有显著的激励作用，这意味着该制度更倾向于将农村居民"黏附"在农业农村。新型农村合作医疗保险制度也存在类似作用，制度参与更

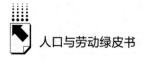

鼓励户主和配偶继续从事农业生产活动。城镇职工养老保险和基本医疗保险制度与非农就业挂钩，对于户主从事非农活动具有激励作用，但配偶参保对户主的非农就业决策没有显著影响。模型估计显示，户主参加新型农村社会养老保险和新型农村合作医疗保险对于农业就业的概率影响分别为 0.18 和 0.73，而参加城镇职工养老保险和基本医疗保险对于农业就业的概率影响分别为-0.37 和-0.68。

新型农村社会养老保险对于户主创业决策没有显著影响，但配偶参加保险有利于鼓励户主从事创业活动。户主和配偶参加新型农村合作医疗保险有利于户主从事创业活动。城镇职工养老保险和基本医疗保险制度与正规就业关联，往往基于雇佣劳动合同，因此，参加此类保险并不鼓励户主从事创业风险活动。模型估计显示，配偶参加新型农村社会养老保险对于户主从事创业活动的概率影响为 0.25，户主参加新型农村合作医疗保险对于户主从事创业活动的概率影响为 0.20，配偶参保对于户主从事创业活动概率影响为 0.42。创业是高风险活动，个人和配偶的社会保障在一定意义上具有抵御风险的功能，尤其是配偶的参保能够在一定程度上消除户主从事创业活动的后顾之忧。

五　社会保障的消费与储蓄效应

理论上，社会保障作为一种风险抵御工具和转移支付工具，可以发挥降低居民预防性储蓄、放松居民预算约束的作用。通过观察社会保障覆盖与家庭消费水平的关系可知，监测样本家庭中户主参与新型农村社会养老保险的家庭人均年消费支出接近 1.7 万元，而户主未参保的家庭人均年消费水平不到 1.3 万元，比参保家庭低近 25%。类似地，户主参加城镇居民社会养老保险的家庭年人均消费支出接近 3.4 万元，未参保家庭年人均消费水平低于前者近 40%。城镇职工养老保险覆盖的家庭年人均消费支出接近 2.5 万元，而未参保家庭人均消费支出仅为 1.4 万余元，仅相当于前者的 57%。分组对比可以发现，养老保险是否参保与家庭消费水平密切关联，当然这其中与家庭经济状况也有关，究竟保障制度本身是否带来消费扩大效应，还需要通过模型估计进一步探讨（见表 15）。

表 15　养老保险覆盖与家庭人均年消费

单位：元

区域	新型农村社会养老保险		城镇居民社会养老保险		城镇职工养老保险	
	未参保	参保	未参保	参保	未参保	参保
上海	13889	12817	20121	33056	15821	25228
浙江	16376	22255	22763	40482	17012	27785
福建	8676	15181	18207	20257	11742	21248
总体	12936	16987	20291	33697	14331	24962

一般逻辑上，社会保障覆盖有助于刺激居民扩大消费，降低储蓄率。但是，从监测样本的统计分析来看，似乎并未发现这一证据，反而参保家庭的储蓄率更高。户主参加新型农村社会养老保险的家庭储蓄率为 31.4%，高于未参保家庭的 27.7%，城镇居民社会养老保险参保与未参保家庭的储蓄率没有明显差异，城镇职工养老保险也呈现类似特征（见表 16）。

表 16　养老保险覆盖与家庭储蓄率

单位：%

区域	新型农村社会养老保险		城镇居民社会养老保险		城镇职工养老保险	
	未参保	参保	未参保	参保	未参保	参保
上海	27.2	35.3	28.7	30.4	27.4	31.2
浙江	31.1	36.0	29.3	28.3	31.4	30.9
福建	24.0	29.6	25.9	27.6	26.3	26.4
总体	27.7	31.4	28.0	29.2	28.3	29.6

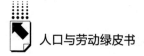

新型农村社会养老保险制度对农村家庭具有显著的扩大消费效应，同时也显著降低了家庭储蓄率，但是配偶参保对于家庭消费和储蓄没有显著影响。不同于农村，城镇居民社会养老保险制度对城镇家庭的消费和储蓄没有显著影响。城镇职工养老保险制度存在显著的扩大消费效应，户主参保并没有明显降低储蓄率，配偶参加城镇职工养老保险在一定程度上会降低家庭储蓄率。计量模型估计结果显示，在控制了家庭和个人特征、经济状况、年份和地区等因素之后，户主参加新型农村社会养老保险将使家庭人均消费增加 6.1%，家庭储蓄率下降 2.11 个百分点，户主参加城镇职工养老保险将使家庭人均消费增加 5.9%，配偶参加城镇职工养老保险将使家庭储蓄率下降 2.04 个百分点。总体上，养老保险制度对于城乡家庭的消费扩大和储蓄率下降发挥了显著作用，保险制度可以作为一种放松预算约束、刺激内需的有效政策工具。

医疗保险制度能够抵御当期健康风险，逻辑上有助于居民扩大当期消费，降低预防性储蓄。从分组对比来看，与养老保险制度类似，参保家庭的人均消费水平似乎更高，参加新型农村合作医疗保险家庭的年人均消费为 1.6 万元，未参保家庭的年人均消费仅为 1.2 万元，未参加城镇居民基本医疗保险的家庭年人均消费支出仅为参保家庭的 60%，未参加城镇职工基本医疗保险的家庭年人均消费支出仅为参保家庭的 57%。

类似地，受到家庭经济状况影响，医疗保险参保家庭的储蓄率似乎更高，这意味着尽管医疗保险放松了家庭预算约束，降低了预防性储蓄动机，但这类家庭的可支配收入更高，实际储蓄率反而更高。新型农村合作医疗保险参保家庭的平均储蓄率达到 30.4%，高出未参保家庭 3.1 个百分点（见表 17）。

新型农村合作医疗保险对于农村家庭没有显著的扩大消费效应，对家庭储蓄率也没有明显影响，户主和配偶参保都不产生显著的消费效应和储蓄效应。城镇居民基本医疗保险对于城镇家庭没有显著的扩

表17 医疗保险覆盖与家庭储蓄率

单位：%

区域	新型农村合作医疗保险		城镇居民基本医疗保险		城镇职工基本医疗保险	
	未参保	参保	未参保	参保	未参保	参保
上海	30.6	28.8	28.0	32.7	27.6	31.1
浙江	31.1	33.0	28.9	30.4	31.2	31.5
福建	23.6	28.6	25.5	29.6	26.2	27.3
总体	27.3	30.4	27.5	31.3	28.2	30.1

大消费效应，但对于降低家庭储蓄率存在显著作用。城镇职工基本医疗保险制度对于家庭消费和储蓄率都不产生显著作用，分组对比的差异主要归因于家庭经济状况。模型估计显示，新型农村合作医疗保险、城镇职工基本医疗保险参保对于家庭人均消费、储蓄率的边际系数都未通过显著性检验，城乡医疗保险制度没有发挥显著的消费扩张和预防性储蓄释放的功能。

六 社会保障的收入分配与减贫效应

中国居民收入分配格局在 21 世纪前 20 年发生了一个较大的变化，城乡收入差距从持续扩大到 2008 年达到顶峰后开始逐渐下降，居民总体收入不平等也经历了从持续扩大到逐渐平稳并小幅下降的过程。华人家庭动态监测调查样本的收入分配格局动态变化也基本符合总体趋势，家庭人均收入的洛伦茨曲线随着年份推移呈现缓慢收缩的态势，2004 年人均收入基尼系数为 0.502，2011 年下降到 0.453，2019 年稳定在 0.455。但是，家庭人均消费的不平等程度呈现不同态势，总体上出现了不平等扩大的迹象，2004 年家庭人均消费的基尼系数为 0.419，到 2017 年提高到 0.586，2019 年下降到 0.543。总体上，消费不平等程度要高于收入不平等。社会保障制度的再分配功能不仅要关

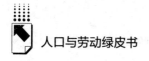

注收入层面的不平等下降，也有必要关注消费层面的再分配功能。

城乡内部收入不平等变化是过去 20 年收入分配格局变化的重要特征，总体上城乡内部不平等呈现扩大趋势，且农村内部不平等程度要高于城镇。监测样本也基本呈现这一特征，农业户口的家庭人均收入基尼系数为 0.557，高于非农户口群体的基尼系数 0.504，消费层面的不平等程度更高，农业户口的家庭人均消费基尼系数为 0.607，高于非农户口群体的基尼系数 0.562。

参加新型农村社会养老保险的群体内部收入不平等相对更低。从分组比较来看，参加新型农村社会养老保险的居民家庭人均收入基尼系数为 0.499，低于未参保群体的基尼系数 0.574，参保和未参保的居民家庭人均消费基尼系数分别为 0.521 和 0.646。这意味着农村养老保障覆盖后的家庭收入和消费不平等更低，这其中究竟是群体内部的差异原因还是保障制度的再分配功能，还需要进一步探讨（见图1）。

类似地，参加城镇居民社会养老保险的群体内部收入不平等相对

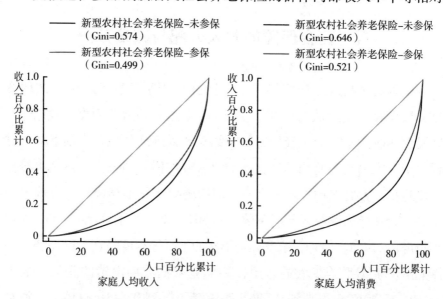

图1　新型农村社会养老保险覆盖与家庭人均收入及消费的洛伦茨曲线

更低。从分组比较来看，参加城镇居民社会养老保险的居民家庭人均收入基尼系数为 0.457，低于未参保群体的基尼系数 0.506。但是，不同之处在于，参保和未参保的居民家庭人均消费基尼系数的差异并不大，甚至参保群体的基尼系数略大，达到 0.588，总体上消费层面的不平等情况更为复杂（见图 2）。

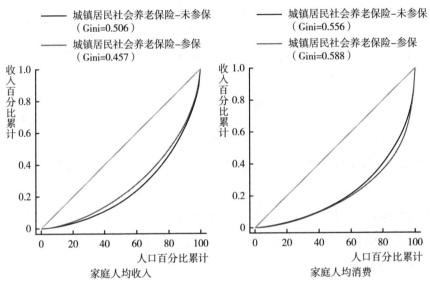

图 2　城镇居民社会养老保险覆盖与家庭人均收入及消费的洛伦茨曲线

城镇职工养老保险制度覆盖的群体内部不平等程度相对较小，家庭人均收入和人均消费的基尼系数为 0.487 和 0.552，而未被城镇职工养老保险覆盖的群体内部不平等程度明显更高，家庭人均收入和人均消费的基尼系数分别为 0.548 和 0.598，这种不平等差异既有群体差异的因素，也有养老保险制度的收入再分配的功能（见图 3）。

社会保障的一项重要功能就是削减贫困，尤其是具有福利性质的城乡居民社会保险制度，主要依托政府财政提供收入补偿，对于中低收入群体的脱贫和防止贫困具有重要意义。考虑到可比性和动态调整，我们以家庭人均收入的中位数的 50% 作为相对贫困线，观察城

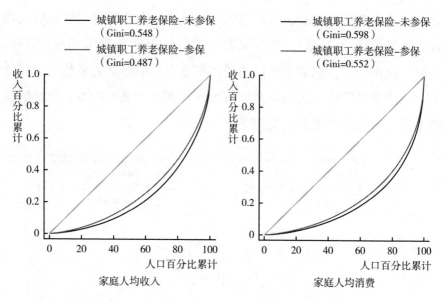

图3 城镇职工养老保险覆盖与家庭人均收入及消费的洛伦茨曲线

乡居民家庭贫困发生率、贫困程度和深度的变化，及社会保障覆盖对于降低贫困的作用。监测样本显示，家庭人均收入中位数50%的相对贫困发生率维持在20%左右，FGT贫困指数度量显示，贫困程度指数保持在0.07左右，贫困深度指数保持在0.04左右（见表18）。

表18 中位数50%相对贫困线的FGT贫困指数

年份	贫困发生率	贫困程度	贫困深度
	FGT(0)	FGT(1)	FGT(2)
2004	0.183	0.065	0.031
2006	0.198	0.072	0.038
2011	0.192	0.077	0.044
2013	0.201	0.083	0.048
2017	0.207	0.086	0.051
2019	0.183	0.073	0.044
总体	0.193	0.075	0.042

农村居民的相对贫困发生率和贫困程度明显高于城镇居民，城乡居民社会养老保险制度对于减低相对贫困的作用有限。监测样本分析显示，农业户口家庭的相对贫困发生率为0.261，高于非农户口家庭的0.087，参加新型农村社会养老保险的群体与未参保群体的相对贫困发生率差异不大，甚至参加城镇居民社会养老保险的群体家庭相对贫困发生率更高，达到0.119，这主要归因于参保群体本身具有选择性，通常是没有正规就业或非就业群体（见表19）。

表19 中位数50%相对贫困线的FGT贫困指数（城乡居民社会养老保险）

指标	农业户口——新型农村社会养老保险			非农户口——城镇居民社会养老保险		
	贫困发生率 FGT(0)	贫困程度 FGT(1)	贫困深度 FGT(2)	贫困发生率 FGT(0)	贫困程度 FGT(1)	贫困深度 FGT(2)
未参保	0.264	0.102	0.056	0.085	0.031	0.016
参保	0.256	0.104	0.060	0.119	0.049	0.030
总体	0.261	0.103	0.057	0.087	0.032	0.017

城镇职工养老保险制度主要覆盖正规就业群体，保障水平也更高，参保家庭的相对贫困发生率明显更低。农业户口的群体参加城镇职工养老保险的相对贫困发生率仅为0.053，而未参加群体的相对贫困发生率为0.235，非农户口的群体也表现出类似差异。总体上，被更高保障水平覆盖的家庭贫困发生率和贫困程度更低，但关键问题在于制度本身存在选择性以及参与门槛（见表20）。

表20 中位数50%相对贫困线的FGT贫困指数（城镇职工养老保险）

指标	农业户口——城镇职工养老保险			非农户口——城镇职工养老保险		
	贫困发生率 FGT(0)	贫困程度 FGT(1)	贫困深度 FGT(2)	贫困发生率 FGT(0)	贫困程度 FGT(1)	贫困深度 FGT(2)
未参保	0.235	0.092	0.051	0.281	0.110	0.062
参保	0.053	0.019	0.010	0.079	0.029	0.016
总体	0.193	0.075	0.042	0.261	0.103	0.057

新型农村合作医疗保险覆盖对于降低家庭收入和消费不平等具有积极意义。医疗保险的重要功能在于降低当期预期不确定性支出，提高家庭实际可支配收入。监测样本显示，参加新型农村合作医疗保险的家庭人均收入基尼系数为 0.513，低于未参保家庭的基尼系数 0.599，类似地，参加新型农村合作医疗保险的家庭人均消费基尼系数分别为 0.555 和 0.662。但是，究竟医疗保险制度本身在多大程度上带来了收入分配改善，还有待进一步探讨（见图 4）。

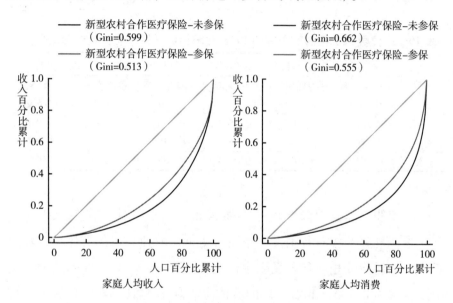

图4 新型农村合作医疗保险覆盖与家庭人均收入及消费的洛伦茨曲线

类似地，城镇居民基本医疗保险制度对于降低家庭收入和消费不平等具有正面作用。参加城镇居民基本医疗保险的家庭人均收入和人均消费的基尼系数分别为 0.454 和 0.49，均比未参保家庭的基尼系数更低，后者分别为 0.508 和 0.544。不同于养老保险制度，医疗保险制度通过医疗费用报销，能够抵御一次性大额的医疗费用支出，平滑家庭消费水平，对于降低不平等具有更丰富的寓意（见图 5）。

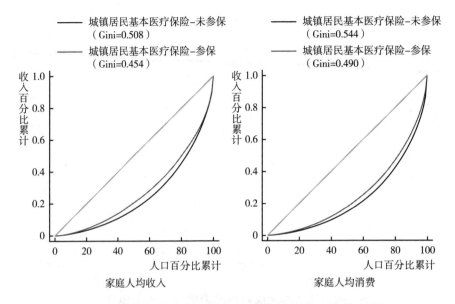

**图5　城镇居民基本医疗保险覆盖与家庭人均收入及
消费的洛伦茨曲线**

城镇职工基本医疗保险对于调节家庭收入和消费不平等的作用似乎更不明显。监测样本显示，参加城镇职工基本医疗保险的家庭人均收入基尼系数为0.57，人均消费基尼系数为0.558，而未参保家庭人均收入和人均消费基尼系数分别为0.551和0.595，参保与否并不明显改变不平等程度，这可能主要归因于城镇职工基本医疗保险制度主要覆盖正规部门就业群体，中低收入群体和非正规就业群体往往难以进入保险制度范畴，群体差异导致收入分配改善功能仅仅在群体内部产生作用，而对于群体之间可能作用不大，甚至产生扩大不平等的效应。这给我们的启示是，保险制度的再分配调节功能的基本前提是所有群体公平地全覆盖（见图6）。

参加新型农村合作医疗保险的群体相对贫困发生率较未参保群体略低，而参加城镇居民基本医疗保险的群体相对贫困发生率较未参保群体更高。城乡居民基本医疗保险制度在缓解城乡居民相对贫困方面

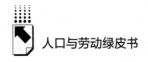

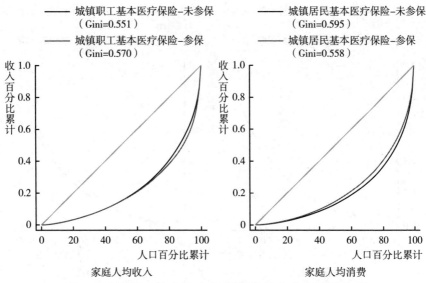

图6　城镇职工基本医疗保险覆盖与家庭人均收入及
消费的洛伦茨曲线

作用尚未充分发挥（见表21）。参加城镇职工基本医疗保险的群体相对贫困发生率仅有5.9%，明显低于未参保群体的23.1%，特别是农业户口参加城镇职工基本医疗保险明显大幅降低了相对贫困发生率和贫困深度，但农业户口参加此项保险的前提是转移到城镇从事正规部门的非农就业，这往往也决定了更高的收入水平。医疗保险制度在调节收入分配的功能发挥中，需要更多强调中低收入群体全覆盖，且逐步提高其报销水平（见表22）。

表21　中位数50%相对贫困线的FGT贫困指数（城乡居民基本医疗保险）

指标	农业户口——新型农村合作医疗保险			非农户口——城镇居民基本医疗保险		
	相对贫困发生率 FGT(0)	贫困程度 FGT(1)	贫困深度 FGT(2)	相对贫困发生率 FGT(0)	贫困程度 FGT(1)	贫困深度 FGT(2)
未参保	0.269	0.102	0.055	0.082	0.029	0.015
参保	0.255	0.103	0.059	0.114	0.045	0.026
总体	0.261	0.103	0.057	0.087	0.032	0.017

表 22　中位数 50%相对贫困线的 FGT 贫困指数（城镇职工基本医疗保险）

指标	农业户口——城镇职工基本医疗保险			非农户口——城镇职工基本医疗保险		
	相对贫困发生率 FGT(0)	贫困程度 FGT(1)	贫困深度 FGT(2)	相对贫困发生率 FGT(0)	贫困程度 FGT(1)	贫困深度 FGT(2)
未参保	0.277	0.109	0.061	0.231	0.090	0.050
参保	0.093	0.034	0.018	0.059	0.021	0.011
总体	0.261	0.103	0.057	0.193	0.075	0.042

七　社会保障的代际转移支付效应

社会保障与家庭保障理论上存在替代关系，但在中国家庭结构和传统文化观念下，理论关系与现实可能并不必然一致。从分组对比来看，参加新型农村社会养老保险的家庭来自子女的代际经济支持平均每月接近 400 元，而未参保的家庭来自子女的代际经济支持平均每月为 357 元。城镇居民社会养老保险参保与未参保家庭来自子女的代际经济支持分别为平均每月 368 元和 382 元，两者差异不大。参加城镇职工养老保险的家庭来自子女的代际经济支持明显更低，平均每月为 316 元，而未参保家庭平均每月近 400 元。理论上，户主和配偶的保障水平越高，越能够通过社会保障获得生活保障，子女的代际供养相对下降，两者之间究竟是否存在替代关系，还取决于家庭经济状况和家庭结构等因素（见表 23）。

此外，户主和配偶的社会保障水平越高，理论上可以得到更好的生活保障，放松了预算约束，有条件为双方父母提供更好的代际支持。从分组对比来看，参保家庭相对于未参保家庭为双方父母提供经济支持的强度相对更大，参加新型农村社会养老保险的家庭提供给双方父母平均每月为 301 元，而未参保的家庭提供给双方父母平均每月

225

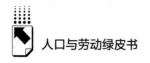

表 23　养老保险覆盖与来自子女的代际转移

单位：元/月

区域	新型农村社会养老保险		城镇居民社会养老保险		城镇职工养老保险	
	未参保	参保	未参保	参保	未参保	参保
上海	351	127	369	326	365	319
浙江	335	420	362	375	366	362
福建	394	402	415	465	433	261
总体	357	397	382	368	399	316

注：来自子女的代际转移指户主子女平均每月给父母的经济支持。

仅为 208 元。城镇职工养老保险参保家庭对双方父母提供的经济支持更多，达到平均每月 487 元，而未参保家庭平均每月仅为 226 元。当然，这其中受到不同群体家庭经济收入状况影响，并非完全来自制度本身的作用（见表 24）。

表 24　养老保险覆盖与面向父母的代际转移

单位：元/月

区域	新型农村社会养老保险		城镇居民社会养老保险		城镇职工养老保险	
	未参保	参保	未参保	参保	未参保	参保
上海	165	172	390	248	168	546
浙江	229	366	314	578	237	406
福建	188	286	427	426	230	522
总体	208	301	382	410	226	487

注：面向父母的代际转移指户主及其配偶平均每月给双方父母的经济支持。

参加新型农村社会养老保险的家庭得到子女的经济支持反而更高，城镇居民社会养老保险制度也表现出类似特征，养老保险与家庭保障之间似乎并没有替代关系，反而存在正向关联。但是，城镇职工养老保险制度则表现出不同情况，参保家庭的子女代际经济支持水平分布明显更低，这可以理解为被城镇职工养老保险覆盖的群体基本上属于正规部门就业的中高收入群体，自身保障水平较强，对于子女供养的需求较弱。当然，这种相关性并非因果关系，需要进一步通过模型估计检验。

新型农村社会养老保险参保家庭对于父母的代际转移支付相对更高，尤其在福建和浙江地区表现明显，这意味着农村居民在得到养老保障的情况下，有可能增强向上代际供养力度。但是，这一效应似乎在城镇居民社会养老保险制度中并不明显，参加城镇居民社会养老保险的家庭对双方父母提供的经济支持并没有显著增加，这主要归因于群体本身的经济能力较弱。城镇职工养老保险制度则反映出增强代际转移效果，参加城镇职工养老保险的家庭对于父母的经济支持水平明显更高，当然这也受到这类群体经济状况更好的影响，他们有经济能力提供代际转移，而不完全取决于养老保险制度本身。

户主参加新型农村社会养老保险对于子女代际转移支付并没有显著影响，配偶参加新型农村社会养老保险反而有助于鼓励子女增强代际转移支付，养老保险与家庭保障的替代效应目前在农村家庭并不存在。城镇居民社会养老保险也并不存在这种替代效应，户主或配偶参加城镇居民社会养老保险并不会影响来自子女的经济支持水平。类似地，城镇职工养老保险也不存在显著的替代效应。此外，户主或配偶参加城乡居民与职工的养老保险也不会改变对双方父母经济支持水平。固定效应模型估计显示，在控制家庭和个人基本特征、经济状况以及年份、地区固定效应的情况下，户主或配偶参加城乡各类养老保险对于子女代际转移支付、面向父母的转移支付水平均没有显著的影响，这说明前面分组对比的差异并非来自制度本身，而主要归因于群体之间的家庭结构、经济状况等因素。这给我们的启示是，尽管中国城乡社会保障制度建设很快，保障水平逐步提高，但中国传统家庭观念和家庭结构稳定仍然发挥着重要作用，目前理论上的社会保障与家

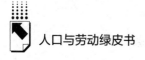
庭保障之间的"替代关系"并未出现。

养老保险覆盖与代际转移支付水平之间并没有明显关系，但保障水平可能与代际转移强度存在关联。从户主养老金水平与代际转移水平的散点图拟合来看，养老金水平越高，来自子女的转移支付强度更高，同样地，户主和配偶面向双方父母的代际经济支持水平也更高，这种关联性既有养老保险制度的影响，也有家庭经济状况的作用，有必要通过计量模型进一步检验（见图7）。

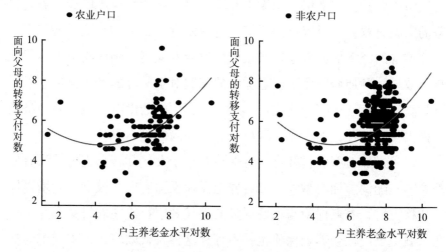

图7　户主养老金水平与面向父母的转移支付之间的关系

户主和配偶养老金水平对于来自子女代际转移支付水平影响不仅没有替代作用，而且显著存在正向激励作用，这可能归因于养老金强化了子女与父母之间的纽带。相反地，户主和配偶的养老金水平对于面向父母转移支付水平却存在显著的负向激励，这似乎也不符合通常理论逻辑，在一定意义上支持了代际转移的"纽带"功能。固定效应模型估计显示，户主养老金水平对于来自子女转移支付的弹性为0.07~0.09，这意味着户主养老金水平每提高1%，来自子女的转移支付反而提高0.07%~0.09%，相反地，对于双方父母提供的代际转移水平则下降 0.06%。由此，我们认为，养老保险与家庭代际关系可能更为复杂而微妙，养老保险作为一个经济地位的体现，强化了下一代的"纽带"作用，而弱化了对上一代的"纽带"作用，背后暗含着一个代际供养的"私利"假设。

医疗保险对当期化解风险、对冲突发性健康支出的作用较大，参保在一定意义上有助于降低来自子女的代际支付压力。从分组对比来看，参加新型农村合作医疗保险的家庭来自子女的平均每月经济支持为 356 元，低于未参保家庭的 440 元，但城镇居民基本医疗保险的参保与未参保家庭的差异并不大，而城镇职工基本医疗保险参保家庭的子女代际转移支付水平相对更低（见表 25）。

表 25   医疗保险覆盖与来自子女的代际转移

单位：元/月

区域	新型农村合作医疗保险		城镇居民基本医疗保险		城镇职工基本医疗保险	
	未参保	参保	未参保	参保	未参保	参保
上海	286	180	362	367	362	321
浙江	356	369	329	451	362	375
福建	596	356	424	390	430	275
总体	440	356	374	401	395	325

注：来自子女的代际转移指户主子女平均每月给父母的经济支持。

此外，参加医疗保险的家庭对于父母的代际转移支付水平明显更高，参加新型农村合作医疗保险的家庭面向父母的平均每月经济支持为 281 元，未参保家庭平均每月不到 200 元，城镇居民基本医疗保险也呈现类似特征，而城镇职工基本医疗保险参保家庭的经济状况更好，医疗保障水平更高，预算相对更为宽松，对于父母的代际转移支付水平更高，平均每月达到 500 元以上，是未参保家庭的2 倍多（见表 26）。

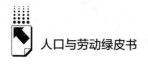

表26　医疗保险覆盖与面向父母的代际转移

单位：元/月

区域	新型农村合作医疗保险		城镇居民基本医疗保险		城镇职工基本医疗保险	
	未参保	参保	未参保	参保	未参保	参保
上海	162	175	387	347	151	575
浙江	221	291	300	500	230	430
福建	167	278	420	479	227	554
总体	192	281	374	431	219	515

注：面向父母的代际转移指户主及其配偶平均每月给双方父母的经济支持。

　　参加新型农村合作医疗保险的家庭得到子女的代际转移支付水平更低。城镇居民基本医疗保险也存在类似特征，参保家庭似乎得到子女经济支持反而更多。城镇职工基本医疗保险表现有所不同，被保险覆盖的家庭得到子女经济支持的水平相对更低，这似乎与理论上的逻辑一致，医疗保障与子女代际供养存在替代关系，但这还需要进一步通过模型估计进行检验。参加新型农村合作医疗保险的家庭对父母的经济支持水平似乎更高，城镇居民基本医疗保险没有表现出明显差异，城镇职工基本医疗保险则表现出类似特征，被保险覆盖后具备更强的经济支持能力，倾向于向父母一辈提供更强的经济支持。当然，分布曲线中包含了家庭结构和经济水平等因素。

　　新型农村合作医疗保险对于子女代际转移支付水平和面向父母转移支付水平均没有显著影响，城镇职工基本医疗保险对于代际转移支付同样没有作用，仅在城镇居民基本医疗保险中，户主参保在一定程度上有利于减少子女的转移支付。固定效应模型控制了其他家庭和个人以及年份、地区等影响，医疗保险制度本身对于目前中国代际转移关系的作用没有充分显现，城镇居民基本医疗保险参保家庭相对于中低收入阶层，对于子女代际供养具有一定依赖性，当获得医疗保障之后，在一定意义上可以发挥替代子女供养的作用。但医疗保障可能会弱化中低收入家庭的代际关系。

八　社会保障与文化价值观变迁

中国是东亚"儒家"文化圈的核心，几千年积累的传统文化和价值观（尤其是儒家孝道观念和传统家庭观念）根深蒂固，潜移默化地影响着经济社会各领域。同时，改革开放以来，在市场经济和全球化过程中，外部文化和价值观影响深刻，并与中国传统文化价值观交融和碰撞。现代社会保障制度在一定意义上是资本主义和市场经济发展的产物，中国从改革之初探索现代社会保障体系并逐步健全和完善，既对家庭保障和家庭观念产生影响，同时传统文化价值观也对社会保障制度的接纳和吸收产生作用。探讨现代社会保障制度与中国儒家文化和家庭观念之间的相互关联，对于更好地理解社会保障制度并促进两者之间的协调具有深远意义。

农业户口群体的孝道观念和家庭观念明显比非农户口群体更强，从趋势上来看，农业户口群体的孝道观念和家庭观念有所增强，而非农户口群体的孝道观念和家庭观念有所减弱。华人家庭动态监测调查在基期调查和2017年、2019年开展了孝道观念和家庭观念测量，测量表包含十多个主观测量问题，采用5分赋值，我们将所有问题加总得分，以2004~2019年全部样本进行0~1标准化处理，得到可比较的指数。从城乡对比来看，农业户口群体孝道观念和家庭观念更强，但有意思的是，随着时间推移，农业户口群体的孝道观念和家庭观念有进一步增强的趋势，而非农户口群体恰恰相反，孝道观念和家庭观念趋于下降（见图8）。

福建地区样本家庭的孝道观念相对更强，浙江地区相对较弱；福建地区的家庭观念相对更强，而上海地区家庭观念相对较弱。从趋势

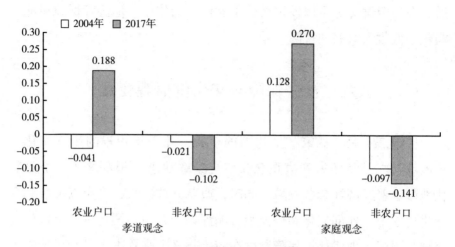

图8　城乡居民孝道观念与家庭观念的变化

注：2004 年、2017 年分别开展了测量，观察追踪群体实际测量的价值观指数变化。

来看，上海地区家庭的孝道观念和家庭观念呈现弱化趋势，而浙江地区家庭的孝道观念和家庭观念有所增强。孝道观念和家庭观念背后既有地区文化差异影响，也和经济发展水平和对外开放程度有关。但是，中国城乡社会保障制度总体上是整体推进的，当制度与不同文化价值观程度的家庭发生碰撞，可能带来不同的反馈。

孝道观念的代际差异比较复杂，20 世纪 60 年代出生的群体孝道观念似乎更弱，而 20 世纪 70 年代出生的群体孝道观念相对更强，但 20 世纪 80 年代之后出生的群体孝道观念再次弱化。改革开放前后出生的群体家庭观念差异较大，20 世纪 80 年代之后出生的群体家庭观念明显更弱。但从趋势来看，改革开放之前的不同代际群体的家庭观念呈现上升态势，这意味着家庭观念尽管存在代际差异，但在趋势上保持了基本一致，市场经济发展并未完全弱化家庭观念。

家庭观念与孝道观念同属于中国传统儒家文化的重要内容，两者之间存在较强的关联性。从相关关系来看，样本家庭中孝道观念越强的群体，家庭观念测量指数也越高，家庭观念更强。从核密度分布来看，农业户口群体中福建地区家庭孝道观念明显更强，而非农群体中浙江地区家庭孝道观念明显更弱。农业户口群体中上海地区的家庭观念相对更弱，福建和浙江地区家庭观念相对更强（见图9、图10）。

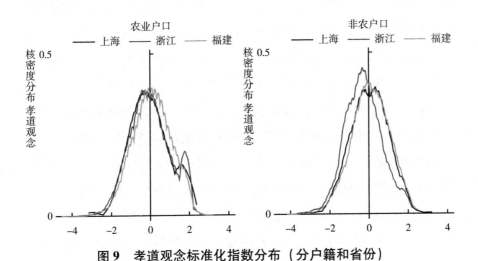

图9　孝道观念标准化指数分布（分户籍和省份）

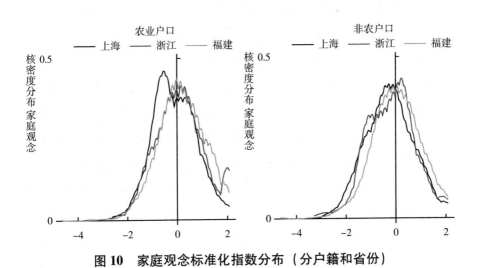

图10　家庭观念标准化指数分布（分户籍和省份）

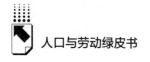

从趋势来看，浙江地区样本家庭的孝道观念发生了更明显的变化，2004 年浙江地区孝道观念明显更弱，但随着时间推移、户主年龄增长，孝道观念也在发生变化，到 2017 年前后浙江地区孝道观念与上海、福建地区样本家庭差异缩小。但是，家庭观念的变动趋势有所不同，上海地区在 2004 年家庭观念就比其他样本省份更弱，而随着时间推移，这种差异进一步扩大，2017 年前后上海地区家庭观念相对更弱。家庭小型化对家庭观念的冲击也不容忽视。

对比来看，参加新型农村社会养老保险的群体孝道观念似乎相对更强，尤其在浙江地区表现得更为明显。城镇居民社会养老保险参保与未参保群体的孝道观念差异不大。在福建地区，参加城镇职工养老保险的群体孝道观念明显更弱，这背后可能是城乡差异，并非养老保障制度带来的影响。理论上，社会保障可能会弱化孝道观念，抵消养儿防老的思想，但目前分组比较来看，没有得到明显的证据。

未参加新型农村社会养老保险的群体家庭观念似乎相对更强，福建地区表现得尤为明显。上海和福建地区的城镇居民社会养老保险分组对比，也表现出类似特征，参保家庭的家庭观念相对更强。福建地区参加城镇职工养老保险制度的样本家庭观念相对更弱。这些迹象似乎支持社会保障对家庭观念的冲击效应，弱化了家庭观念，但背后可能有经济社会因素的影响，并非完全归因于社保制度。

新型农村社会养老保险对于家庭孝道观念存在弱化功能，但对于家庭观念并没有显著影响。城镇居民社会养老保险对于孝道观念和家庭观念均没有显著影响。配偶参加城镇职工养老保险对于户主家庭观念有强化作用。固定效应模型估计结果显示，养老保障总体上对于城乡家庭的文化价值观没有带来较大冲击，新型农村社会养老保险参保对其孝道观念的边际影响为 -0.113，在 10% 的显著性水平通过检验，当前新型农村社会养老保险的保障水平仍然比较低，对于家庭保障功能的冲击以及文化观念的影响还比较弱。但是，随着保障水平逐步提高，这种制度与传统文化之间的相互关系值得进一步关注。

价值观的变化通常是一个长期过程，短期不容易被观察到。但是，价值观对于个人和家庭行为决策的影响相对更容易观察。孝道观念和家庭观念对于户主参加新型农村社会养老保险和新型农村合作医疗保险具有显著影响，孝道观念和家庭观念更强的户主，参保比例更低，更期望依靠家庭保障。固定效应模型估计结果显示，孝道观念对新型农村社会养老保险参保决策的边际影响为 -0.012，对新型农村合作医疗保险参保决策的边际影响为 -0.036。在城乡社会保障制度推进过程中，有必要考虑传统文化价值观的阻碍约束，妥善处理好社会保障与家庭保障之间的关系。

九 总结与启示

本研究利用横跨 21 世纪前 20 年近 5000 户家庭、连续六轮的动态监测，系统地观察了城乡一体化社会保障制度建设中家庭经济社会主要方面的变化，探讨了社会保障制度对家庭决策和经济状况的系统性影响。研究表明，养老保险和医疗保险制度对于城乡居民的劳动力市场参与和就业选择具有重要影响。新型农村社会养老保险制度对于户主就业参与具有正面效应，而配偶参保对于户主就业参与存在一定程度的负面激励，该制度更倾向于将农村居民"黏附"在农业农村。城镇居民社会养老保险制度对于户主和配偶就业决策没有显著影响，城镇职工基本医疗保险制度对于户主就业参与具有显著的激励作用，而对于配偶就业参与具有显著的负面激励。城镇职工养老及医疗保险制度与居民劳动力市场参与直接挂钩，这是由制度设计决定的。

社会保障制度产生了消费与储蓄效应。新型农村社会养老保险制度对农村家庭具有消费扩张效应，同时也显著降低了家庭储蓄率，新型农村合作医疗保险对于农村家庭没有消费扩张效应，对家庭储蓄率也没有明显影响。不同于农村，城镇居民社会养老保险制度对城镇家庭的消费和储蓄没有显著影响。城镇职工养老保险制度有助于扩大消费，但没有明显降低储蓄率，而城镇职工基本医疗保险制度对于家庭消费和储蓄率都不产生显著作用。

社会保障制度具有一定的收入再分配效应，但制度本身具有一定的低收入群体进入门槛，制约了再分配功能发挥。社会保障的一项重要功能就是削减贫困，尤其是具有福利性质的城乡居民社会保险制度，主要依托政府财政提供收入补偿，对于中低收入群体的脱贫和防止贫困具有重要意义。城乡内部收入不平等变化是过去 20 年收入分配格局变化的重要特征，总体上城乡内部不平等呈现扩大趋势，且农村内部不平等程度要高于城镇。被城乡社会保险制度覆盖的群体内部不平等程度相对较小，这种不平等差异既有群体差异的因素，也说明养老保险制度具有收入再分配的功能。城乡居民社会养老保险制度对于减低相对贫困的作用有限，城镇职工养老保险制度主要覆盖正规就业群体，保障水平更高，参保家庭的相对贫困发生率明显更低，关键问题在于制度本身具有选择性以及一定的参与门槛，低收入群体被制度覆盖的机会相对较低，影响了制度的收入再分配效应发挥作用。

社会保障与家庭保障之间的替代关系并不明显。户主参加新型农村社会养老保险对于子女代际转移支付并没有显著影响，城镇居民社会养老保险也并不存在这种替代效应，户主或配偶参加城镇居民社会养老保险并不会影响来自子女的经济支持水平，城镇职工养老保险也不存在显著的替代效应。户主和配偶养老金水平对于来自子女代际转移支付水平影响不仅没有替代作用，而且显著存在正向激励作用，这可能归因于养老金强化了子女与父母之间的纽带。相反地，户主和配偶的养老金水平对于面向父母转移支付水平却存在显著的负向激励，在一定意义上支持了代际转移的"纽带"功能。社会保障与家庭保障之间的替代关系能否发生，关键要取决于现代市场经济制度能否冲破传统文化观念的影响。

传统文化观念与现代社会保障制度运行确实存在关联。家庭观念与孝道观念同属于中国传统儒家文化的重要内容，两者之间存在较强的关联性。农业户口群体的孝道观念和家庭观念明显比非农户口群体更强，从趋势上来看，农业户口群体的孝道观念和家庭观念甚至有所增强，而非农户口群体的孝道观念和家庭观念有所减弱。新型农村社会养老保险对于家庭孝道观念有弱化作用，对于家庭观念并没有显著影响，城镇居民社会养老保险对于孝道观念和家庭观念均没有显著影响。孝道观念和家庭观念对于户主参加新型农村社会养老保险和新型农村合作医疗保险具有显著影响，孝道观念和家庭观念更强的户主，参保比例更低，更期望依靠家庭保障。

中国是一个体制、经济、人口多重转型的经济体，社会保障制度与劳动力市场之间的矛盾关系更为复杂，长期以来两个本应密切关联的领域存在"脱节"现象，社会保障领域学者更多关注制度设计，对于劳动力市场效应考虑不足，而劳动经济领域学者更专注经验研究，缺乏统筹视角，研究比较分散，尚未建立统一分析框架，对于如何推动社保体系改革似乎兴趣不大。构建一个相对完整的社会保障制度与劳动力市场协调发展的分析框架在理论和实践层面都具有较大的研究前景。

参考文献

Andrew Samwick (1998), "New Evidence on Pensions, Social Security, and the Timing of Retirement", *Journal of Public Economics*, 70: 207 – 236.

Axel Borsch-Supan and Reinhold Schnabel, "Social Security and Declining Labor-Force Participation in Germany", *The American Economic Review*, 1998,

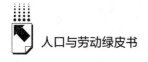
88（2），pp. 173-178.

Dorfman，Mark，Robert Holzmann，Philip O'Keefe，Dewen Wang and Yvonne Sin，and Richard Hinz（2013）. *China's Pension System：A Vision*，*The World Bank*，Washington D. C.

European Commission（1997），Modernising and Improving Social Protection in the European Union：Communication from the Commission，March.

Hongbin Li，Xinzheng Shi and Binzhen Wu（2015），"The Retirement Consumption Puzzle in China"，*American Economic Review*，105：437-441.

白重恩、李宏彬、吴斌珍：《医疗保险与消费：来自新型农村合作医疗的证据》，《经济研究》2012 年第 2 期。

程杰、高文书：《"十三五"时期养老保险制度与劳动力市场的适应性》，《改革》2015 年第 8 期。

程杰：《养老保障的劳动供给效应》，《经济研究》2014 年第 10 期。

程杰：《共享的养老保障体系：主要矛盾与改革方向》，《人文杂志》2016 年第 11 期。

程令国、张晔、刘志彪：《"新农保"改变了中国农村居民的养老模式吗?》，《经济研究》2013 年第 8 期。

何立新、封进、佐藤宏：《养老保险改革对家庭储蓄率的影响：中国的经验证据》，《经济研究》2008 年第 10 期。

张川川、John Giles、赵耀辉：《新型农村社会养老保险政策效果评估——收入、贫困、消费、主观福利和劳动供给》，《经济学（季刊）》2015 年第 1 期。

地方实践篇
Local Practice

G.9
人口老龄化背景下湖州市促进
城乡融合发展的实践探索

白小虎　魏　强*

摘　要： 2021 年，湖州市城乡人均可支配收入比已缩小到 1.65∶1，
城乡融合发展成效显著。但是，不断加深的人口老龄化在
养老服务、城乡产业发展、社会治理等诸多领域给湖州市
城乡融合发展工作带来一系列新问题和新挑战。本报告系
统梳理了老龄化背景下湖州市促进城乡融合发展相关举
措：一是以医共体、教共体为依托，优化资源配置，推动
城乡基本公共服务均等化。二是推进农村土地产权制度、
城乡社会保障制度等改革，在保障农民利益的前提下，提
高村集体经济收益。三是促进乡村产业结构调整，坚持非

---

* 白小虎，中共浙江省委党校经济学教研部副主任，教授，硕士生导师，主要研究
方向为政治经济学、区域经济学、城市经济学；魏强，中共浙江省委党校经济学
硕士，主要研究方向为区域经济学。

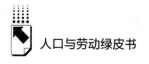

农产业发展和传统农业转型两手抓，为乡村发展打下坚实经济基础。本报告从城乡基本公共服务一体化、盘活土地等乡村闲置资源和乡村产业发展等方面总结湖州城乡融合发展经验，以期在全国各地逐渐进入老龄化社会之际，为其他地方在人口老龄化背景下处理城乡融合发展的相关问题提供借鉴。

关键词： 城乡融合　老龄化　湖州市

　　湖州市作为习近平总书记"绿水青山就是金山银山"理念的诞生地、中国美丽乡村发源地，是首批国家城乡融合发展试验区、部省共建乡村振兴示范市，在产业发展、美丽乡村、乡村改革及公共服务等方面都走在浙江省前列。习近平总书记一直十分关心湖州发展，在浙江工作期间先后 13 次对湖州工作作出重要指示。党的十八大以来，习近平总书记先后 12 次对湖州发展作出重要指示，赋予湖州"再接再厉、顺势而为、乘胜前进"的新期望、新要求。近年来，湖州市落实总书记指示精神，贯彻落实党中央、国务院和浙江省政府决策部署，坚持以"八八战略"为统领，推动湖州城乡发展朝着更高水平迈进。2021 年，湖州市常住人口城市化率达到 66% 以上，城市建成区面积达到 277 平方千米，在浙江省率先实现市县全国文明城市全覆盖，市级美丽乡村实现全覆盖，城市形象得到进一步提升。

一　湖州市城乡融合发展态势与成效

　　城乡融合作为城乡关系发展的阶段之一，引起学界广泛的关注。

陆大道指出城乡融合正从经济的一维向社会、经济、环境的三维转变[①]；周江燕等将城乡融合内涵延伸到空间、社会、经济和生态的四维[②]；刘守英等则将城乡融合界定为人口、空间、经济及价值的融合发展，进一步丰富了城乡融合的理论内涵[③]。在城乡融合水平测度方面，有学者构建了包含人口、空间、经济、社会及环境在内的多维评价指标体系[④]；也有学者从城乡融合发展的前提、动力及结果三个维度构建城乡融合发展综合水平评价指标体系[⑤]。为全面系统地衡量湖州城乡融合水平，本报告在前人研究的基础上，将从经济的城乡融合、空间的城乡融合、人的城乡融合及社会的城乡融合四方面，系统梳理并全面展现湖州市城乡融合发展成效。

（一）城乡融合发展首要体现在城乡间经济融合

从表1的湖州主要年份城乡居民可支配收入的数据可知，湖州城乡居民收入整体水平不断提高，相对差距不断缩小。截至2020年，城镇人均可支配收入达到61743元，农村人均可支配收入达到37244元。2021年，湖州城乡人均可支配收入比低至1.65，远低于浙江省平均水平。低收入农户人均可支配收入达到16163元，湖州市层面消除了80%年经营性收入50万元以下的欠发达村。

---

① 陆大道：《区域发展及其空间结构》，科学出版社，1995。
② 周江燕、白永秀：《中国城乡发展一体化水平的时序变化与地区差异分析》，《中国工业经济》2014年第2期。
③ 刘守英、龙婷玉：《城乡融合理论：阶段、特征与启示》，《经济学动态》2022年第3期。
④ 周佳宁、秦富仓、刘佳、朱高立、邹伟：《多维视域下中国城乡融合水平测度、时空演变与影响机制》，《中国人口·资源与环境》2019年第9期。
⑤ 赵德起、陈娜：《中国城乡融合发展水平测度研究》，《经济问题探索》2019年第12期。

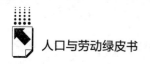

表1　主要年份湖州城乡居民可支配收入

年份	城镇人均可支配收入(元)	农村人均可支配收入(元)	城乡人均可支配收入比
2008	21604	10751	2.01
2009	23280	11745	1.98
2010	25668	13288	1.93
2011	29367	15381	1.91
2012	32987	17188	1.92
2013	35750	20257	1.76
2014	38959	22404	1.74
2015	42238	24410	1.73
2016	45794	26508	1.73
2017	49934	28999	1.72
2018	54393	31767	1.71
2019	59028	34803	1.70
2020	61743	37244	1.66
2021	67983	41303	1.65

资料来源：历年《湖州统计年鉴》。

城乡公共服务一体化不断提高，显著提升了居民幸福感。截至2021年，湖州市新改建农村公路1960千米，湖州市一半行政村实现5G网络全覆盖，居家养老服务中心实现全覆盖，"15分钟医疗卫生服务圈"逐步完善。农村义务教育标准化学校达标率为98.89%，城乡居民社会养老保险参保覆盖率为98.64%，基本医疗保险参保率为99.5%。

农村公共服务水平与人均可支配收入提高，促进了农村居民消费支出结构的进一步优化。如表2所示，食品烟酒、衣着、生活用品及服务等基本消费所占份额较为固定。值得注意的是居住与交通通信方面的支出份额大幅度提升，表明农村居民消费支出中有相当一部分流向用以提供更高生活质量的方向。而教育文化娱乐、医疗保健开支份额下降则表明农村教育和医疗等基本公共服务普及带来的居民使用成本下降。

表2　主要年份湖州农村居民消费支出

年份	食品烟酒	居住	交通通信	教育文化娱乐	医疗保健	生活用品及服务	衣着	其他用品和服务
2008	0.35	0.15	0.09	0.15	0.13	0.05	0.07	0.02
2009	0.33	0.16	0.09	0.14	0.13	0.05	0.07	0.02
2010	0.33	0.18	0.09	0.13	0.13	0.05	0.07	0.02
2011	0.33	0.17	0.09	0.14	0.13	0.05	0.07	0.02
2012	0.32	0.15	0.09	0.15	0.14	0.05	0.07	0.02
2013	0.30	0.23	0.05	0.19	0.09	0.06	0.06	0.01
2014	0.31	0.23	0.06	0.17	0.08	0.06	0.06	0.01
2015	0.31	0.23	0.06	0.17	0.08	0.07	0.06	0.02
2016	0.31	0.22	0.06	0.18	0.06	0.06	0.07	0.02
2017	0.31	0.21	0.18	0.09	0.06	0.06	0.06	0.02
2018	0.30	0.22	0.06	0.18	0.06	0.07	0.06	0.02
2019	0.31	0.22	0.19	0.09	0.06	0.06	0.06	0.02
2020	0.31	0.23	0.18	0.07	0.07	0.06	0.06	0.02

资料来源：历年《湖州统计年鉴》。

我们用分行业就业人员的人均GDP考察劳动生产率变化，从图1发现，湖州市第一产业（农业）的劳动生产率经历了改革开放初期与第二、第三产业劳动力生产率相近，到快速拉开差距，最后逐步接近的变化过程。截至2020年，湖州第一产业从业人员劳动生产率分别达到二、三产业从业人员劳动生产率的87%、84%。农业劳动生产率不断提高的背后是湖州乡村产业蓬勃发展。

湖州市农林牧渔业增加值从1978年的4亿元提高到2020年的140.54亿元，增加了34倍，水产、茶叶等主导产业产值位居浙江省第一。分别拥有市级以上家庭农场、农民专业合作社、农业龙头企业、挂牌上市企业364家、115家、294家、10家，建成省级以上农业平台33个、省级示范性农业全产业链13条，引进千万元以上农业重点项目410个，完成投资204.6亿元。"洋家乐"等民宿品牌成为全国行业标杆，建成休闲农业园区293个、农家乐（民宿）2039家、

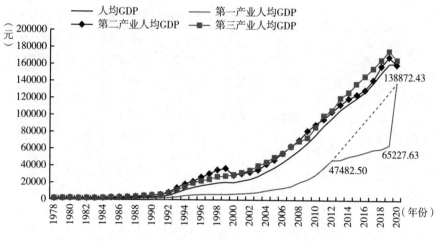

图1 历年湖州市三次产业人均 GDP 变化

资料来源：历年《湖州统计年鉴》。

中国美丽休闲乡村8个。实现省级农业科技园区区县全覆盖，农业科技贡献率达到65.5%，水稻耕种收综合机械化率达到90.11%。

由图2的财政支出变化可知，近年来，湖州农林水支出在财政支出中占比先上升后下降，在2015年达到顶点，占当年财政支出的

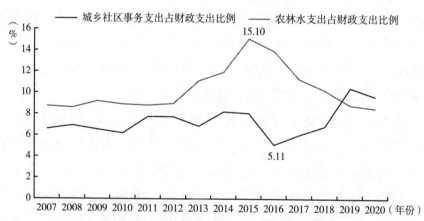

图2 主要年份湖州财政支出情况

资料来源：历年《湖州统计年鉴》。

15. 10%。与之相对，城乡社区事务支出占比在 2016 年下降到最低，此后逐年攀升。这两项涉及农业与城乡发展的财政支出变化表明湖州城乡融合发展正从经济侧发力促进农业发展转向全方位、多角度促进城乡融合发展。

（二）社会领域的城乡融合稳步推进

湖州市建立了涵盖教育、就业、社会保障等主要社会保障领域的基本公共服务体系。湖州市将财政新增收入的 2/3 用于民生事业支出，城乡基本公共服务标准化、均等化程度有了很大提升。具体而言，湖州推动全民参保计划深入实施，养老保险、失业保险、医疗保障制度基本实现城乡统一，社会养老保险和基本医疗保险参保率分别达 98.6% 和 99.78%。湖州出台医共体地方标准规范，县域范围医共体建设实现全覆盖。2020 年县域就诊率达 90.62%，"15 分钟医疗卫生服务圈"基本建成。在基本民生领域，财政的保障和兜底力度不断加大，最低生活保障年标准由 7680 元提升至 10476 元，最低生活保障标准完成城乡、区域"双同标"。

图 3　主要年份湖州市城乡居民最低生活保障人数

资料来源：历年《湖州统计年鉴》。

湖州市养老服务能力不断加强，机构养老、居家养老、社区养老、医养融合等新型养老模式不断涌现，养老设施的城乡网络基本成型。创建区县级养老服务综合体，构建区县、乡镇、村社三级社区养老服务网络。截至 2021 年，湖州市共有综合性养老服务中心 4 家、镇街级 88 家、村社级 1086 家，基本实现镇街全覆盖。医养融合持续深入推进，医养融合型养老机构达 94 家，省级康养联合体 17 家。养老机构内的护理性床位占比 52.6%。同时，建成养老护理员培训基地 6 家，从 2021 年起每年新增执证养老护理员 1649 人。湖州 2021 年每万老年人拥有执证养老护理员达到 24 人，接近浙江省民政厅 2021 年印发《推进民政事业高质量发展建设共同富裕示范区行动方案（2021—2025 年）》中 2025 年浙江省每万老年人拥有持证养老护理员 25 人的目标。此外，湖州市的文化馆和图书馆覆盖率、乡镇文化站覆盖率、行政村文化活动室覆盖率均达 100%，城市"15 分钟文化服务圈"和农村"20 分钟文化服务圈"基本形成。

城乡教育均等化水平迈上新台阶。湖州市依托教共体①建设，结对学校（校区）142 所（融合型 8 所、共建型 134 所），覆盖全市镇区学校比例达 65.12%，并初步形成区县特色。通过优化布局、评聘改革、数字赋能等，多手段、系统性构建城乡教育一体化发展格局，湖州聚焦义务教育的优质均衡发展，实现乡村学校全覆盖。截至 2020 年，湖州市学前教育毛入园率、九年义务教育巩固率和高中阶

---

① 2020 年，"互联网+义务教育"城乡结对帮扶升级为城乡义务教育共同体建设。城乡义务教育共同体是指义务教育阶段城区或镇区优质学校与乡村或镇区学校结对形成办学共同体，实现以强带弱、共同发展，提升城乡义务教育优质均衡水平的学校发展模式。教共体建设不再是简单的送教支教或结对帮扶，而是通过融合型、共建型、协作型等几种建设模式，引导城镇优质学校与乡村薄弱学校手拉手，将城镇优质教育资源下沉到乡村，激发乡村学校内生活力。

段毛入学率分别达99.5%、100%和99.45%，实现全国义务教育发展基本均衡县（市、区）建设目标，有力推动了教育现代化事业发展。

（三）多重改革措施共同发力落实空间的城乡融合

湖州坚持城乡全域统筹发展，实施新时代美丽城乡建设行动，推进美丽城市、美丽城镇、美丽乡村"三美"同步，推动空间层面城乡融合发展。湖州市农村产权制度改革走在全国前列，创造全国第一宗农村集体经营性建设用地入市及首笔抵押贷款，德清县成为全国新一轮农村宅基地制度改革试点。湖州市采取"先确权、再户改"的总体设计思路，实施城乡一体的基本公共服务政策，在打破城乡二元结构上取得实效。围绕统筹城乡发展，开展了德清农村土地制度改革三项试点、长兴农村"两权"抵押贷款试点，湖州国家现代农业示范区、德清东衡国家农村产业融合发展示范园、安吉国家全域旅游示范区建设等改革任务，促进城乡空间融合。

农村产权确权、赋权、活权改革不断推进。2015年，按照"三权到人（户）、权随人（户）走"的改革目标，湖州市全面完成农村集体资产确权和农村集体经济股份制改革。2018年，作为浙江省三个国家农村集体产权制度改革试点地市之一，湖州市在农村承包土地经营权抵押贷款、宅基地有偿退出和集中安置、农田水利设施确权颁证等相关工作上进展顺利。

农村集体经营性建设用地流转制度设计框架加快形成。德清围绕"谁来入""哪些地入""怎么入""收益怎么分"等核心问题，开展农村集体经营性建设用地入市试点制度设计，明确了"五个统一"市场规则，形成一系列改革亮点和创新做法，一些改革举措被新修正的《中华人民共和国土地管理法》和国家部委相关政策吸收采纳。

美丽乡村建设成效显著。湖州市以"两山理念"为引领，率先出台美丽乡村建设地方标准，以标准规范推动全域美丽乡村建设。

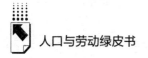

（四）生产和生活等多领域实现人的城乡融合

人的城乡融合更多体现在生产和生活方式的融合，而非简单的农民进城。湖州市 2021 年的城市化率为 66%，高于全国平均水平（64.7%），但低于浙江省平均水平（72.7%）。湖州市城乡融合发展更多落到切实提高老百姓生活收入水平、改善生产方式等方面。

全面落实"五级书记抓乡村振兴"要求，促进乡村产业发展转型升级。截至 2021 年，湖州已建成 10 个新时代美丽乡村样板片区、组团式"未来乡村"，总投资达 30 亿元；到 2022 年底将建成 21 个，覆盖 88 个行政村。在乡村旅游方面，湖州出台《湖州市乡村旅游促进条例》，为规范、促进乡村旅游提供法律保障。通过创新构建"农庄+游购""洋式+中式""生态+文化""景区+农家"等农旅融合发展新格局，湖州市乡村旅游经营性总收入达 136.99 亿元。乡村多种非农产业发展，不仅促进就业规模增大，更持续优化了就业结构。如图 4 所示，三次产业就业人员比例由 1978 年的 75.5：16.3：8.2 转变为 2020 年的 5.1：50.1：44.8。

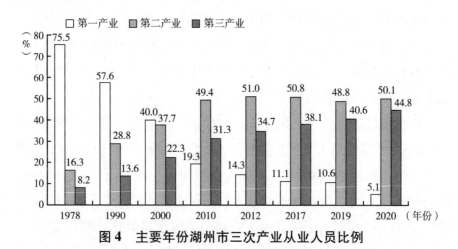

图 4　主要年份湖州市三次产业从业人员比例

资料来源：历年《湖州统计年鉴》。

在湖州，人的城乡融合不仅体现在经济社会发展方面，也体现在对社会弱势群体的关怀方面。随着城乡公共服务均等化推进，特别是财政在民生保障和兜底事业中发挥越来越重要作用的背景下，湖州市城乡收养性老年福利机构数量、床位数及收养人员等均有较快速度的增长。如表3所示，城乡收养性福利机构的床位数从2005年到2020年，分别增长了9.9倍和4.2倍。在民生制度改革方面，湖州围绕"三治融合"，积极开展社会治理现代化探索创新，发布了全国首个民主法治村创建市级地方标准。

表3 主要年份湖州城乡收养性老年福利机构情况

年份	城镇机构（个）	职工人数（人）	床位数（张）	年末收养人数（人）	农村机构（个）	职工人数（人）	床位数（张）	年末收养人数（人）
2005	10	163	1170	575	63	277	3303	2400
2010	12	179	2386	1020	62	320	5803	2715
2014	14	124	1976	727	85	379	9643	2500
2015	19	456	3935	1227	94	359	11389	2070
2016	25	537	5178	1986	72	448	10644	3014
2017	24	704	5955	2107	69	509	113423	2370
2018	30	797	6965	2588	71	643	11687	2609
2019	40	993	8423	2967	88	514	14068	2574
2020	62	1711	12802	3589	116	3426	17012	4890

资料来源：历年《湖州统计年鉴》。

二 人口老龄化背景下湖州城乡融合发展面临的问题与挑战

人口老龄化是经济社会发展的一个重要外部变量，将给养老服务、劳动力供给、产业发展、社会治理等诸多领域带来深远影响。湖州市相较于全国而言，更早进入了人口老龄化阶段。2021年，60岁及以上户籍人口达到72万，占人口总数的27%，在浙江省人口老龄化水平中排名第四。未来，湖州人口老龄化程度将进一步加深。根据对湖州市人口发展的预测，2035～2040年将达到老龄化峰值，老龄化人口占总人口比例达到40%。以下我们将从劳动力数量变化、城乡基础设施及一般公共服务空间分布、乡村土地制度方式及乡村产业结构这四个领域阐述人口老龄化背景下湖州城乡融合发展面临的问题与挑战。

（一）人口老龄化带来劳动力数量下降

人口老龄化对湖州而言最直接的一个影响是劳动力数量的下降。农村的情况则更为严峻，受人口老龄化和市民化等多重因素影响，农村劳动力数量近年来呈现显著减少趋势。截至2020年，湖州农村从业人员数量为114.3万人，比2012年减少了6.69万人。湖州市第一产业从业人员数量从2012年的25.83万人下降到2020年的10.12万人，减少了15.71万人。老年人口数量上升，劳动力数量下降，不断拉高湖州老年人口抚养比。如图5所示，近十年间湖州市老年户籍人口抚养比从28.56%上升到44.85%，湖州市南浔区甚至达到了

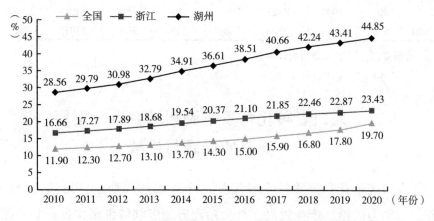

图5　2010～2020年老年户籍人口抚养比

资料来源：历年《中国统计年鉴》《浙江统计年鉴》《湖州统计年鉴》。

55.9%。湖州老年户籍人口抚养比远高于 2020 年全国平均水平 19.7%和浙江平均水平 23.43%。这意味着湖州每百名劳动力需要抚养近 45 名老人，南浔区则为近 56 名老人，劳动力的养老负担进一步增大（见表3）。

当考虑到未成年人的抚养负担时，湖州户籍人口的总抚养比进一步提升。如表 4 所示，近十年湖州市户籍人口总抚养比从 2010 年的 51.48%上升到 2020 年 69.03%，远高于 2020 年浙江省平均水平（40.6%），再创历史新高。湖州整体社会抚养负担进一步加重。

表4 2010~2020 年湖州市户籍人口总抚养比

单位：%

年份	全市	吴兴区	南浔区	德清县	长兴县	安吉县
2010	51.48	52.41	54.44	50.99	51.94	47.11
2011	52.11	53.22	55.10	51.71	52.32	47.77
2012	52.99	53.89	56.85	52.40	52.92	48.56
2013	54.43	55.60	58.71	53.78	53.79	50.10
2014	56.72	58.34	61.67	55.92	55.42	52.17
2015	58.25	60.35	64.01	57.46	56.17	53.39
2016	60.68	62.90	67.15	59.96	57.76	56.08
2017	63.77	66.16	71.33	63.19	60.16	58.74
2018	65.83	68.42	73.51	65.43	61.74	60.96
2019	67.39	70.09	75.20	67.68	62.86	62.25
2020	69.03	72.03	76.41	70.28	63.79	64.01

资料来源：历年《湖州统计年鉴》。

老龄化带来人才结构的变化。农业高端领军人才在农林牧渔等第一产业发展过程中支撑不够强，湖州市农业高端领军人才仅占乡村人

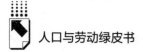
才总数的 12.8%，其中产业发展高端领军型人才仅占"五类英才"①的 0.27%②。此外，乡村人才总量结构不够优化，湖州市乡村人才队伍整体素质偏低并表现出"老弱少"的现象。在湖州市 9.36 万的农村实用人才中，大专以上学历的只有 6400 多人，仅占 7%，不利于农业转型升级。

（二）人口老龄化加剧城乡基础设施及一般公共服务的不均衡分布

为适应社会主要矛盾变化，回应人民日益增长的美好生活需要，湖州市基础设施和公共服务在发展过程中还存在一些短板和问题。一是城乡间基础设施和公共服务的均衡性有提高的空间，教育、卫生、养老及住房等方面还存在地区、领域、人群等多层次的不均衡。二是非基本公共服务供给不足，如高端养老、优质医疗、高等教育、家政服务等无法较好地满足群众需求。三是公共服务体制机制改革还处在初期，以数字化改革为代表的新供给模式、供给主体尚未成型。

随着人口老龄化程度加深，上述问题在湖州城乡融合发展过程中愈加突出。首先，养老服务在城乡间的结构性调整面临诸多困难。近年来，湖州不断探索公建民营模式对养老等社会服务的补充作用。公建民营的社会组织虽然能提供更高水平的社会服务，但这类社会组织的盈利点与老年人消费观念不对等，老年人不愿为其服务埋单。其次，医疗和养老两个系统共建合作存在体制性、系统性难题。由于长期以来，医疗系统与养老系统各自独自运行，财政补偿体系和医保通道分属两个系统。医保通道调整，市县地方政府难以独立完成，需要省级甚至中央制定相关政策调整医保支付比例或扩大医保使用范围。

---

① "五类英才"指的是农业生产经营人才、农村二三产业发展人才、乡村公共服务人才、乡村治理人才、农业农村科技人才。

② 资料来源：湖州市农业农村局提供。

财政补偿调整相对而言灵活一些，可以根据地方政府工作重点进行一定程度的调整，但仍然存在诸多体制性阻碍。

（三）在乡村劳动力短缺背景下，乡村土地制度亟待改革

由于人口老龄化程度日益加深，留在农村从事农业生产的农民逐渐力不从心，在部分人口老龄化程度较高的农村，年事已高的农民由于无法从事农业种植等重体力劳动，已经放弃农田种植，土地成为荒地。此外，农业生产特别是粮食生产与其他经济活动相比，经济效益太低，导致农民缺乏种粮积极性。以2021年湖州粮食交易为例，单季晚稻亩均收入加上粮食补贴，收益在1700元左右，而生产成本则需要1735元[①]。因此，在老龄化与经济结构调整的双重影响下，农村土地抛荒现象日益严重。如图6所示，湖州近十年来农作物播种面积与粮食播种面积走入下降通道。湖州市农作物播种面积从2010年的224766公顷下降到2020年的137055公顷，降幅超过39%。湖州市粮食播种面积从2010年的134569公顷下降到2020年的79107公顷，降幅超过41%。

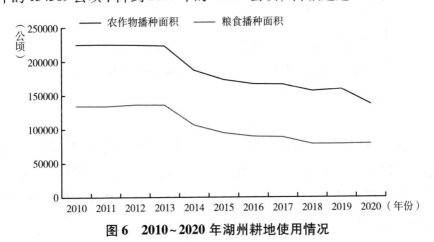

图6 2010~2020年湖州耕地使用情况

资料来源：历年《湖州统计年鉴》。

---

① 资料来源：湖州市农业农村局提供。

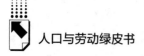

伴随着湖州农作物播种面积下降，农业机械总动力也持续下降。湖州市农业机械总动力从 2010 年的 1612298 千瓦下降到 2020 年的 1418327 千瓦，降幅超过 12%。同时，湖州单位种植面积的机械总动力数据出现下降，湖州市平均水平近十年降幅达到 30.68%，其中，长兴县和南浔区的降幅最大，分别达到 45.18%、40.47%。而从动力来源来看，汽油机和电动机逐步替代柴油机成为农业机械的动力源，占比逐年升高，到 2020 年占比达到 57.74%。在大部分农业机械，特别是小型农业机械逐步减少的趋势下，农村大中型拖拉机从 2010 年的 218 台增加到 2020 年的 1006 台，增幅为 361.47%（见图 7）。

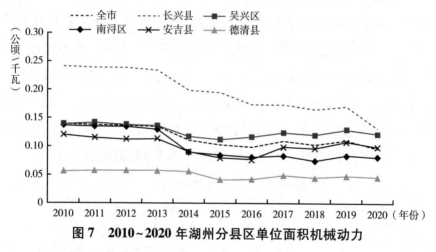

图 7　2010~2020 年湖州分县区单位面积机械动力

资料来源：历年《湖州统计年鉴》。

面对农田抛荒、农作物耕作面积下降等问题，现有农田使用相关体制机制也已不能适应新的变化。耕地是农户自种还是流转规模化经营、农村集体经营性建设用地入市如何设计等成为摆在农田政策调整面前的首要难题。

（四）人口老龄化对乡村产业结构产生冲击

湖州当前正处于人口老龄化与乡村振兴叠加的发展时期，由于农业发展仍需大量劳动力投入，人口老龄化降低了农村从事农业生产活动的劳动力数量和质量，进而影响着农业劳动生产率和农业经济效益的变化。由图 8 可知，自改革开放以来，湖州第一产业 GDP 提高了 35 倍，2020 年达到 140.54 亿元。但随着人口老龄化程度加深，第一产业 GDP 自 2012 年以来增长速度日趋放缓。

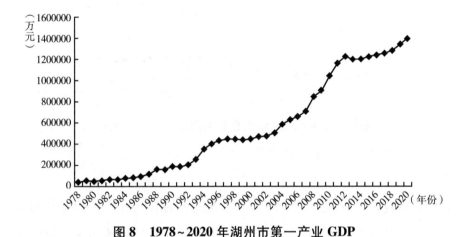

图 8　1978~2020 年湖州市第一产业 GDP

资料来源：历年《湖州统计年鉴》。

从历年粮食等主要农作物播种面积来看，湖州市自 1978 年以来粮食播种面积不断下降，2001 年前后降速达到峰值。此后相当长的一段时间内粮食播种面积在 10 万~15 万公顷。自 2001 年起，蔬菜等农作物播种面积开始上升（见图 9）。

农产品产量变化与农作物播种面积变化表现出显著的负相关，农村产业结构摆脱单一粮食种植结构，农业经营朝多元化方向发展。蔬菜、水产品等农产品产量显著上升。2002 年蔬菜产量首次超过粮食产量，一直到 2014 年，二者产量不相上下。2014 年后，随着粮食种植面积继续下降，蔬菜产量超过粮食产量，差距进一步拉大。在湖州农业种植结构变化过程中，水产品产量逐年上升，并于 2020 年首次超

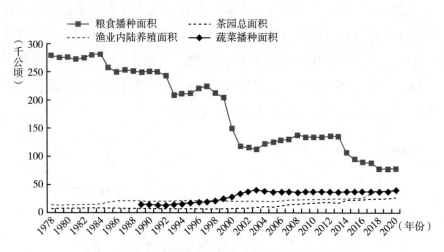

图9　1978~2020年粮食等主要农作物播种面积

资料来源：历年《湖州统计年鉴》。

过粮食产量。以畜牧业、油料种植等为代表的其他农作物产量经历了一个先上升后下降的变化，体现了市场机制在农村种植结构调整中发挥了决定性作用。猪牛羊肉产量从2013年峰值的124365吨到2020年的26645吨，产能仅为峰值的21.42%。与之类似的油料也从2000年的117113吨减到2020年的24118吨，产能仅为峰值的20.59%（见图10）。

　　人口老龄化对以农林牧渔业为代表的第一产业发展产生了负面影响。一是由于农民随着年龄增长，对外界新鲜事物接受能力有所下降。部分农民无法适应农业产业结构转型升级的思路，固守传统观念。以南浔区渔业养殖为例，部分养殖户一开始没有意识到鱼塘分氧机在渔业养殖的作用，不愿接受新的养殖观念。南浔区为推广分氧机在渔业养殖中的应用，增大渔业产量，前后花了12年时间，才让养殖户接受并广泛应用。由此也可看出农业转型升级不仅存在技术革新的困难，更存在观念革新的困难。二是农民特别是老年农民的学习能力较弱，难以适应先进农机设备使用。三是农民特别是老年农民的抗

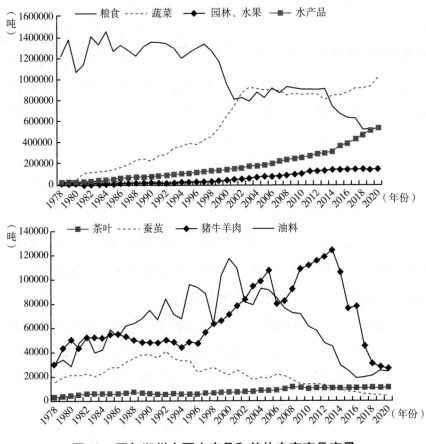

图10　历年湖州主要农产品和其他农畜产品产量

资料来源：历年《湖州统计年鉴》。

风险能力较弱，农业生产活动中一些设备前期投入较大，农民投资积极性不高，在一定程度上影响了农业生产的投资水平。

三　人口老龄化背景下湖州促进城乡融合发展的若干举措

作为全国较早进入老龄化阶段的地区，湖州市城乡融合发展聚焦

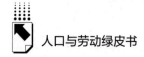

均衡推进城乡公共服务，聚焦土地等领域重大改革，聚焦城乡特别是乡村产业发展，形成了一批具有湖州特色的发展举措。2020 年批复的《国家城乡融合发展试验区浙江嘉湖片区实施方案》围绕农民市民化相关权益改革、农村集体经营性建设用地入市、城乡产业协同发展、生态产品价值实现及城乡基本公共服务均等化五大方面展开改革试验，为更大范围城乡融合发展先行探路。

（一）加快布局完善养老、卫生、教育等领域公共服务，促进城乡基本公共服务均等化

1. 湖州市坚持"两纵四横"原则①，从构建养老保障体系、推进医养融合发展、提高老年人文教体公共服务供给水平及构建老年人宜居环境三方面稳步推动城乡老龄化事业发展

一是构建多层次养老保障体系。①健全职工和城乡居民养老保险制度，做到应保尽保。②健全医疗保障体系，完善职工、城乡医疗保险和大病保险政策，落实市级基本医疗保险基金统筹，提高医保基金保障水平。③探索建立农民退休退养制度，增加农民养老金，建立覆盖城乡、标准统一、公平公正的社会保障制度。④建立老年人长期照护保障制度，引导社会力量有益补充，探索保障性兜底与社会服务兜底工程衔接，完善长期照护服务体系。⑤湖州市统筹财政资源，不断完善财政政策，加大对养老服务机构、老年食堂、老年群体及相关民生项目财政补助，为养老保障体系完善提供资金保障。⑥完善社会救助和社会福利制度，将符合条件的老年人全部纳入保障范围，促进基

---

① "两纵"指的是政府在养老工作中发挥的普惠和兜底作用，既要为全体老年人提供基本养老服务，也要重点照顾特殊老年人和困难老年人。"四横"则根据生活情况将老年人群分类，包括入住养老机构的老年人，社区养老的老年人，居家养老的老年人以及智慧方式养老的老年人。这其中采取社区养老和居家养老方式的老年人占总数的 99% 以上。

本养老服务均衡发展。

二是推进医养融合发展。①提高养老机构的服务质量，完善社区居家养老服务网络，提高老年人特别是农村老年人生活质量。②围绕老年人多层次、多样化的服务需求，通过开展健康教育活动、完善老年人健康体检制度等多种方式，为老年人提供全方位的健康服务。③推进老年健康服务机构建设和医养融合制度完善，建设医养结合机构、康养联合体等各类养老机构，探索建立安宁疗护服务联动机制，不断提升医养结合服务能力。

三是提高老年人文教体等公共服务供给水平，构建友好型老年宜居环境。①鼓励高校、开放大学、职业院校发挥优势，创建老年大学，发展老年教育。②提升社会各类文化场所服务老年人能力，鼓励向老年人免费或优惠开放，丰富老年文化供给。③打造城市社区10分钟、农村乡镇15分钟健身圈，实现老年体育建设设施覆盖城乡。④推进适老化改造，营造尊老爱老的社会氛围，保障老年人合法权益。

2. 深化医共体、教工体等标志性改革，不断健全城乡基本公共服务均等化发展体制机制

一是依托医共体改革，构建城乡均衡发展的医疗卫生体系。①鼓励引导城市三级公立医院通过托管形式与区域内县级医院组建医联体，实行网格化管理①，自上而下提升湖州市医疗整体服务能力和水平。②持续推进县域医共体建设，推动医疗资源在县域范围内合理配置，建设城乡一体化公共卫生防控救治体系。③优化乡村医疗资源布局，打造20分钟二级卫生院服务区，推动村卫生室升级改造，新建一批智慧健康镇，增强基层医疗能力和医疗水平。④建立健全基层医

---

① 城市将服务区域划分为若干个网格，组建由三级公立医院或者代表辖区医疗水平的医院牵头，其他若干家医院、社区卫生服务机构等为成员的医联体，由医联体统筹负责网格内居民健康管理、疾病诊治、康复护理等工作。

务人员补充长效机制，落实卫生服务经费、卫生服务站补助补贴、培训补助等财政保障，通过选派基层医疗骨干进修、开展乡村医生继续教育等多种形式提高基层医务人员业务能力。

二是推动优教共享，建立城乡一体化的教育资源配置机制。①深化"县管校聘"改革，完善教师流动激励保障机制，推动县域范围优教共享。②深化"互联网+义务教育"改革，开展包括城乡同步课堂在内的城乡教工体建设，实现城乡教育在管理、教学、资源等方面一体化。③支持农村学前教育补齐短板，推动普惠性幼儿园建设，引导大村独立建园，小村联合办园。④通过培养"一专多能"复合型教师、支持优秀退休教师支教等多种措施提高乡村教师专业化水平。

（二）健全进城落户农民退出农村权益制度，探索建立农村集体经营性建设用地入市制度，深入推进乡村土地改革

一是建立健全农民在"市民化"过程中依法自愿有偿转让农村权益制度。①深化户籍制度改革，全面取消落户限制，促进劳动力和人才的社会性流动，保障农村转移人口在城市生活工作"进得来"。②建立农村集体经济组织成员转移备案证制度，确保进城落户农民享受迁户前的全部权益，保障农村权益"带得走"。③深化包括承包地改革、盘活闲置宅基地及农村集体资产股份合作制改革等农村土地权益有偿退出机制，进一步完善相关保障和监管机制，充分保障农民合法权益，实现农村权益有序退出。

二是在德清"三块地"改革试点基础上，探索建立农村集体经营性建设用地制度。2015年，德清作为全国人大授权的33个农村集体经营性建设用地入市改革、土地征收改革、宅基地制度改革"三块地"的试点地区之一，在宅基地使用权抵押、县域农村集体经营性建设用地入市及农村标准地改革等方面取得突破，激活了农村土地要素，促进了乡村振兴和城乡融合发展。在此基础上，湖州市的农村

集体经营性建设用地入市围绕"谁来入""哪些地入""怎么入""收益怎么分"等问题，构建完善政策体系，明确入市主体及形式、土地入市来源、入市规则、入市监管及入市收益分配，在保障农民合法利益的前提下，盘活农村闲置土地资源，保障乡村振兴用地需求和资金需求。

（三）坚持非农产业发展与农业转型升级并重，多措并举助力乡村产业发展

一是坚持以城带乡，促进乡村非农产业发展。①实施乡镇商贸振兴工程，湖州于2019年发布乡镇商贸领域的地方标准《乡镇现代商贸建设和评价规范》，提振乡村消费市场。②启动县域商业体系建设试点工作，推动以县城为中心、乡镇为重点、村为基础的现代商业体系建设，拓展乡镇农村市场，促进城乡商贸业的统筹发展。③招引商文旅体农业态融合项目与组建市场化强村公司并重，加强乡村产业策划和品牌打造推广，增强农村集体非农经济活力。④借助美丽乡村建设契机，围绕"一老一小"推进片区化，以组团式"未来乡村"为抓手进行新时代美丽乡村样板片区建设，通过建设社区卫生服务站、旅游驿站及养老服务照料中心等措施，带动乡村康养产业发展。

二是持续推动农业转型发展。湖州积极推进农业"双强行动"①，全力打造八大千亿级现代乡村产业新体系，拓宽"绿水青山"向"金山银山"的转换通道。总结推广强村公司、"公司+农民合作社+家庭农场"等合作模式，进一步突出农民在农业发展中的主体作用，激发农民生产积极性。作为湖州首批共富班车，未来农场通过引入农业种植新技术，培育一大批懂精准农业、懂管理的新农人，促使农业从传统劳动密集型产业向资本密集型、技术密集型产业转变。以南浔

---

① "双强行动"是指科技强农、机械强农。

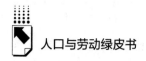

区畜牧业发展为例，其湖羊产业从传统低小散养殖模式向工业化、规模化养殖转变，引导社会资金投入，引进自动喂料、自动消毒等机械，补齐中央养殖的机械化短板，促进了湖羊产业发展。

三是做好乡村人才引进工作，为乡村振兴提供优质人力资源保障。湖州通过实施"两进两回"①行动，统筹人才队伍建设，重点培育乡村振兴的"五类英才"，围绕农业"双强行动"，培育生物农业、工厂化农业、农机装备制造等新兴领域的领军人才，进一步优化乡村人才结构。作为首批共富班车，"乐业湖州"实现了从企业和群众自发对接到政府有组织的大规模实施，从重点群体零散就业到政府有序开发岗位帮扶就业，从群众自发提升技能到开展人岗相识能力提升的就业工程新模式，充分发挥了稳岗促就业的积极作用。

四　湖州城乡融合发展的经验与有益启示

习近平总书记在2020年中央农村工作会议上指出，"要推动城乡融合发展见实效"，关键在于推动形成工农互促、城乡互补、协调发展、共同繁荣的新型工农城乡关系。从全国一盘棋视角看，城乡融合发展是实现社会主义现代化的内在要求，具有全局性意义。随着我国老年人口数量逐渐增加，老龄化成为一个普遍存在的社会现象，在经济社会发展的诸多方面均产生了深远的影响。特别是老龄化一方面增加了养老等公共服务的需求，另一方面减少了劳动力供给，对乡村振兴发展带来一定的负面影响，加大了城乡融合发展的难度。浙江省湖州市作为全国较早进入老龄化社会的城市，在城乡公共服务均等化、乡村土地改革、乡村产业发展等方面进行了一系列实践探索，有效地促进了城乡融合发展。

---

① "两进两回"行动，即科技进乡村、资金进乡村，青年回农村、乡贤回农村。

（一）坚持以人为核心，推进养老、教育、医疗等城乡基本公共服务一体化

湖州市坚持以人为核心，从养老、医疗及教育等多方面整体推进城乡间公共服务一体化发展。在老年事业发展方面，通过系统构建多层次养老保障体系、深入推进医养融合发展及提高老年人文教体公共服务供给水平，推动城乡养老事业均衡发展。在医疗事业方面，提出医共体、医联体等措施，创新资源整合举措，有助于提高乡镇乃至农村医疗水平，促进医疗资源在城乡间的均等化。在教育事业方面，推动优教共享、教共体及乡村幼教发展等措施，促使教育资源在城乡范围内均衡分布。

在人口老龄化背景下，湖州通过创新工作方式、优化资源配置，促进了城乡公共服务一体化。湖州在城乡公共服务均等化领域的经验对已经步入老龄化社会和即将步入老龄化社会的地区而言，具有一定的参考价值。一是较早采取行动，构建覆盖城乡的养老保障体系、医疗保障体系、社会保障体系等，推动城乡基本养老服务均衡发展。二是深入探索适合本地区实际的医养结合发展思路，推动养老机构建设和医养融合制度建设，实现医疗和养老两个体系统筹发展。三是坚持湖州市一盘棋思路，打造覆盖湖州市（区、县）的医疗体系，将市县主要医院作为体系中心，提高乡镇医疗力量，实现在全域范围内医疗资源的合理配置。四是完善教师流动保障机制，推动优质教育资源在全县（区）共享，落实城乡教育一体化。

（二）深化农村土地改革，盘活农村闲置资源

作为全国较早进行"三块地"试点的地区，湖州坚持以审慎稳妥的原则，探索保障农民在"市民化"过程中有偿转让农村权益及农村集体经营性建设用地改革等农村土地改革试点，并取得了一系

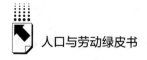

列重要成果。在工作方法上：一是加强市级层面工作指导，各区县成立领导小组办公室，构建市县联动工作机制。二是开展政府公示定价体系，主要包括确定农村集体经营性建设用地的基准价等，为实现农村集体经营性建设用地入市与国有建设用地的同权同价奠定基础。三是坚持上下联动，职责清晰，上级政府负责探索解决办法和思路，区县政府根据自身实际情况负责出台具体管理办法、操作细则，规范文本等配套政策。四是打造城乡统一用地市场，实行统一交易平台，在公告、交易、成交、公示等交易环节实行一体化管理，采用拍卖、挂牌租赁、作价入股的方式保障市场主体公开自由进出市场。

在具体操作层面：第一，湖州在探索建立健全"市民化"的过程中依法自愿有偿转让农村权益制度，以确保农业转移人口能在城市生活工作，以"进得来"和"带得走"为工作原则，完善农村土地权益有偿退出机制。第二，围绕农村集体经营性建设用地入市改革，湖州抓住"谁来入""哪些地入""怎么入""收益怎么分"等问题，厘清入市主体、入市对象、入市收益分配及入市监管等核心问题，在保障农民合法利益前提下，为乡村振兴和城乡融合发展提供资金保障。

习近平总书记在2020年的中央农村工作会议上强调："农民在城里没有彻底扎根之前，不要急着断了他们在农村的后路，让农民在城乡间可进可退。"在老龄化和城市化背景下，留在农村从事农业生产的劳动力数量不断下降，各地均出现了不同程度的土地抛荒、弃耕等现象。在有效利用好有限土地资源和保障农民合法权益的前提下，发挥土地资源的最大效用成为城乡融合发展的关键之一。湖州的土地改革试点工作为其他地方开展农村土地改革提供了一定程度的借鉴。一是坚持自愿合法原则，对有能力也有意愿在城市扎根的农业转移人口开展农村土地权益有偿退出程序，保障进城农民的合法权益。二是根据本地实际情况，积极开展土地流转，鼓励一定程度的规模化种植，提高种植经济效益。三是坚持政府指导、市场主导原则，从入市主体、入市来源、入市保障、入市权益分配等全环节积极稳妥开展农村集体经营性建设用地改革，保障国家、村集体、农民及投资方的合法利益。

（三）坚持非农产业发展与农业转型两手抓，为乡村振兴和城乡融合发展提供经济保障

乡村产业要发展首先是解决人力资源问题。在高端人才上，依托"两进两回"行动，吸纳各类乡村建设急需的产业、科技及治理等领域人才，优化人才结构，助力乡村产业发展。针对普通劳动者，有组织地开展岗位帮扶就业行动，为广大普通劳动者提供就业岗位和就业机会，实现稳岗促就业的社会发展目标。

非农产业与农业是乡村产业结构的重要组成部分。受人口老龄化加剧和要素成本上升等因素影响，湖州农业也面临着经济转型压力，正在积极推动从传统的劳动密集型向资本密集型、技术密集型的现代绿色农业转型。为此，湖州立足自身资源禀赋，打造强村公司等发展载体，引进和培育康养产业、文旅体农多种业态融合的新兴产业等诸多非农产业，带动了乡村商贸产业发展。此外，提高农林牧渔业等产业机械化水平，特别是拓展大型机械的使用范围。这些措施有效地推动了乡村人均劳动生产率的提升。

从全国范围来看，乡村产业发展还处在初级阶段，加上人口老龄化带来的冲击，给乡村产业提质增效带来不利影响。湖州发展非农产业，促进乡村产业结构调整的经验对其他地方同样具有一定的参考价值。一是以"乡情乡愁、亲情友情"为情感纽带，采取登门拜访、联谊恳谈等方式，组织引导乡贤、青年人才回乡参与乡村产业发展。二是立足本地资源禀赋，适应城乡居民消费需求，发展诸如康养产

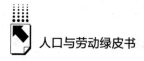

业、农文旅、电子商务及其他非农产业，提升乡村产业发展的广度和深度。三是采取合作化经营、规模化经营等方式，推动传统农业朝着机械化、数字化方向发展。四是积极拓展农业上下游产业链，发展农产品加工业，创造更多就业机会，提高乡村农业发展的增值效益，促进农民致富增收。

参考文献

陆大道：《区域发展及其空间结构》，科学出版社，1995。

周江燕、白永秀：《中国城乡发展一体化水平的时序变化与地区差异分析》，《中国工业经济》2014年第2期。

刘守英、龙婷玉：《城乡融合理论：阶段、特征与启示》，《经济学动态》2022年第3期。

周佳宁、秦富仓、刘佳等：《多维视域下中国城乡融合水平测度、时空演变与影响机制》，《中国人口·资源与环境》2019年第9期。

赵德起、陈娜：《中国城乡融合发展水平测度研究》，《经济问题探索》2019年第12期。

李艳、叶明确、罗唯：《共同富裕视角下浙江省城乡融合发展水平测度与演化研究》，《兰州学刊》2022年第6期。

Abstract

China is one of the countries with a relatively high degree of population aging in the world, with the largest number of elderly people, the fastest pace of aging, and the most arduous task of coping with population aging. The aging of population is an important trend of social development, and it is also the basic national conditions of China for a long time to come. The report of the Twentieth National Congress of the Communist Party of China emphasized "implementing the national strategy of actively responding to the aging population, and developing the elderly care business and industry". The aging population will have a broad and far-reaching impact on the urban-rural relationship. Studying these impacts in depth and proposing targeted response measures is of great significance to promote the integrated development of urban and rural areas and achieve common prosperity. This book comprehensively examines the evolution process and trend of China's population aging and urban-rural relationship, discusses the impact of population aging on urban and rural areas, especially on rural economic development and public service allocation, studies and examines international and domestic practical experience in the process of urban-rural integration, and on this basis, puts forward ideas and suggestions to actively respond to population aging and promote urban-rural integration development. The specific contents include the following aspects.

Firstly, the process and trend of urban and rural population aging and

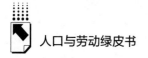

urban-rural relationship development are analyzed and predicted. From the perspective of the urban and rural pattern of population aging, the aging degree of rural population has surpassed that of urban areas since the mid-1990s, and since then the gap between the two has been widening. According to the seventh population census data, the proportion of people aged 65 and above in rural areas is 6.6 percentage points higher than that in urban areas. According to our prediction, the aging of rural population will accelerate. The degree of aging in rural areas may exceed 30% in 2035, and the urban-rural gap will expand to more than 15 percentage points. From the perspective of the evolution of urban-rural relations, in recent years, the gap between urban and rural economic efficiency, income and public resource allocation has narrowed, but in some areas, the absolute gap is still relatively large. In the municipal infrastructure, the per capita investment in rural construction and maintenance is less than 1/7 of that in cities and towns. In the field of basic public services. The quantity of public services in rural areas is large, but the quality is relatively low, while the quality is high in urban areas, but the quantity is relatively small.

Secondly, studied the impact of population aging on the supply of factors and the allocation of public services in urban and rural areas, especially in rural areas. (1) with the deepening of the aging of the rural population, the transferable population and labor resources are gradually exhausted, which has a certain impact on the advancement of urbanization and industrialization. Problems such as village hollowing and land abandonment are more common, and the necessity of rational layout and integration of villages in the future is more important. (2) under the background of population aging, the human capital of the elderly population has improved, but the structural problems still exist. The distribution of elderly human capital between urban and rural areas is unbalanced. There are still some problems in the development of elderly human resources. (3) the aging of the population has both positive and negative effects on rural land use, which not only promotes the scale management of rural land and the improvement of agricultural mechanization, but also leads to the increase of the phenomenon of "one house with multiple households" and idle homestead. (4) population aging leads to the decline of rural capital saving ability and capital accumulation ability, and the development of rural agriculture depends more on urban industrial and commercial capital. (5) the aging of the population has an impact on the allocation of urban and rural public resources. On the one hand, the aging level of public service facilities in urban and rural communities is not high, and on the other hand, the mismatch between the structure and quality of rural health and pension services and the demand is more significant.

Thirdly, analyzed the role of county construction in promoting urban-rural integration development under the trend of population aging. County is the basic unit of urban-rural integration development, and county seat is the key support to promote urban-rural integration development. The lack of industrial support in the county leads to the outflow of population in the county, which intensifies the aging rate of the population in these counties, increases the employment costs of enterprises, hinders the development of manufacturing and modern industries, and accelerates the outflow of population and the aging of the population in the county. To actively respond to the aging population, we should give play to the core role of county towns in industrial agglomeration and urban-rural integration development, promote the positive interaction between county town industrial development and rural industry cultivation, and give play to the leading role of county towns in providing the supply and security of elderly care services at the county level.

Fourth, put forward suggestions on promoting the integrated development of urban and rural areas under the background of population aging. The report proposes some policies on the basis of in-depth analysis of the challenges faced by urban-rural integration development under the background of population aging and reference to domestic and foreign

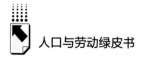

practical experience. (1) build a human resources development system adapted to aging, and promote the balanced development of elderly human resources between urban and rural areas. (2) accelerate the reform of the rural land system and the construction of the market system, and establish a land use mode that adapts to the aging population. (3) improve the rural financial service system and create a standardized and convenient environment for industrial and commercial capital to enter the countryside. (4) accelerate the improvement of the rural elderly care service facilities and improve the rural elderly care service system. (5) the layout of villages should be rationally planned to adapt to the aging trend, and rural infrastructure construction and aging adaptation should be increased. (6) enhance the industrial development and elderly care service radiation driving function of the county, and improve the county's ability to cope with the aging population.

Keywords: Population Aging; Urban-Rural Integration Development; Urban-Rural Factor flow; Public Resource Allocation

Contents

I General Report

Abstract: The aging of the population is an important trend of social
development, and it is also the basic national conditions of our country for
a long period of time in the future. The aging of the population will have an
important impact on urban-rural relations. In-depth research on these effects
and targeted response measures will be of great significance to promote

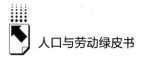

urban-rural integration and development and rural revitalization. This paper is carried out from four aspects: the first is to examine the basic characteristics of the aging of the urban and rural population and the changes in urban-rural relations. The degree of aging of the rural population is significantly higher than that of urban areas, and the gap is constantly widening; the gap between urban and rural economic efficiency, income and public resource allocation has narrowed, but the absolute gap in some areas is still relatively large, especially in infrastructure investment and public service quality. There is still a very obvious gap. Secondly, it analyzes the impact of population aging on urban-rural integration. Aging has led to changes in the endowment of the elements of rural development and the demand for the allocation of public resources. These changes have made it more difficult to promote the integration and development of urban and rural areas. Thirdly, it studies how to better play the role of the county seat in the development of urban-rural integration under the trend of population aging. it is necessary to give full play to the driving and radiating role of the county seat, enhance the industrial support capacity of the county seat and improve the radiation-driven capacity of the county's elderly-care services. The fourth is to put forward six suggestions to promote urban-rural integration by building a human resource development system, speeding up the reform of rural land use, promoting industrial and commercial capital to the countryside, filling the shortcomings of rural elderly care services, rationally planning the layout of villages, and enhancing the radiation-driven functions of the county seat.

Keywords: Population Aging; Urban-Rural Integration Development; County Seat

Ⅱ Aging Trend

Abstract: The China's aging is accelerating, early 30% of the world's elderly live in China. Sorting out the development trend of aging in urban and rural areas, this paper shows: (1) The "urban-rural inversion" of aging in China will continue to intensify. In 2020, the aging degree in rural areas will be 6.6 percentage points higher than that in urban areas; It is expected that by 2035, this gap will expand to 17.4 percentage points. (2) In 2035, the total number of elderly people in China will reach 274 million. Among them, 160 million elderly people in urban areas and 114 million in rural areas. (3) The number of elderly people will double by 2035. Based on the prediction of the reduction of China's total population and the increase of the degree of aging, we should accelerate the design of economic development strategies and social systems to adapt to population changes.

Keywords: Population Aging; Aging Society; Urban-Rural Inversion

Abstract: China is in the critical period of dual economic transition,

facing the aging population and urban-rural dual economic structure problems. Japan and South Korea have made the transition to a dual economy and are among the developed countries. This paper summarizes the successful experience of Japan and South Korea in the process of dual economic transformation by combing through the process of dual economic transformation, and puts forward suggestions for China's future development. It is suggested that China should start from the three aspects of promoting rural modernization, continuing to develop education and establishing and perfecting the integrated social security system of urban and rural areas, so as to realize the transition of dual economy smoothly.

Keywords: Dual Economy Transition; Japan; Korea

Ⅲ Urban and Rural Economic Development

Abstract: Under the background of population aging, China's human resources for the elderly have been growing rapidly, the human capital of the elderly population has been improved to some extent but structural problems still exist, and the distribution of human capital for the elderly is unbalanced between urban and rural areas in China. There are still some problems in the development of human resources for the elderly, and there is a gap between the development of urban and rural human resources for the elderly. In order to effectively deal with the aging population in China and implement the national strategy for addressing population aging, we should actively develop the human resources of the elderly, make use of the human capital of the elderly, and encourage the elderly to continue to play their role. It is suggested to change traditional concepts to improve the social recognition of the development of human resources for the elderly, build a support system of relevant laws, regulations and policy for the development of human resources for the elderly, promote the improvement of human capital for the elderly and the balanced development between urban and rural areas, adopt diversified measures to improve the development of human resources for the elderly, and vigorously promote the urban-rural integrated development to narrow the gap between urban and rural human resources development for the elderly. It will further transform China's huge elderly population into human resources advantage and enhance China's comprehensive national strength in the new development stage.

Keywords: Aging Population; Human Capital; Human Resources Development

Abstract: For advancing rural revitalization and optimizing the allocation of construction land, it's significant to study the effects of population aging on rural land use. In the aspect of cultivated land, population aging impacts factor input decisions of farmers, through the effects of physical descent, experience accumulation, path-dependence and opportunity cost. It impacts either negatively by reducing the labor input, leading to some cultivated land abandonment and the farming greening inhibition; or positively by inhibiting "non-grain" phenomenon, promoting scale farming, enhancing mechanization, etc. In the aspect of

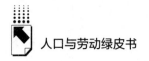

homestead, population aging impacts through the effects of residential renewal, death and migration, which not only increases the total amount of homestead but also aggravates the problems of idle homestead and "multiple homesteads for one household". Our policy suggestions are as follows: firstly, improving the utilization efficiency of cultivated land by accelerating talent training, improving agricultural socialized services and rural land transfer market; secondly, improving the utilization efficiency of homestead by reforming the use, transfer and exit mechanism.

Keywords: Population Aging; Land Use; Cultivated Land; Rural Homestead

G.6 Demographic change and China's Long term Medical and Education Consumption Change

Lu Yang, *Meng Fancheng* / 161

Abstract: According to the data of the seventh population census, China's population has undergone significant structural changes compared with that of the sixth population census, mainly due to the imbalance of the age structure of the population. The proportion of the working age population has decreased while the proportion of the elderly population has increased. During the same period, the Index of Resident Consumption Level showed a downward trend, and the growth rate of consumption was low. This report describes and forecasts the consumption of different ages. The results show that, with the growth of age, the total medical consumption falls first before rising. The urban total medical consumption is higher than the rural total medical consumption. After an increase education consumption drops before rising again. The urban total education consumption is higher than the rural total education consumption, with no significant gender difference. And in a rapidly aging society, the total medical consumption of the elderly has increased year by year, while the total education consumption has decreased year by year.

Keywords: Population Structure; Age; Consumption

Ⅳ   Public Service Allocation

G.7   Research on the Implementation Path of Rural Construction

in Moderately Aging Villages   *Zhang Chen* / 181

Abstract: Rural construction action is an important part of national modernization, which is related to the success or failure of rural revitalization. Based on the field survey of 18 counties in 6 provinces, this paper analyzes the construction of villages with moderate aging. The conclusion found that the infrastructure construction and living environment of the moderately aging villages continued to improve, the rural education and medical service capacity improved, but the rural education hardware and software level had prominent shortcomings, and the medical level of the village clinics was more prominent. The elderly residential care service system needs to be comprehensively strengthened. There are problems such as lack of funds, lack of talents, low service quality and low management efficiency. In the rural construction of moderately aging villages, it is necessary to scientifically study and judge the basic situation of the future population aging of the villages, increase the investment in the rural pension service system, strengthen the construction of rural pension service personnel, and comprehensively improve the quality of rural construction.

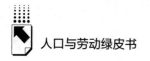
Keywords: Population Aging; Rural Vitalization; Rural Construction Action; Public Service

G.8 Evaluation of the Economic Effects of the Urban-Rural Integrated Social Security System　　　　　*Cheng Jie* / 199

Abstract: Since the 21st century, the reform and development of China's urban-rural integrated social security system has accelerated. This study systematically observes the economic impacts of the urban-rural integrated social security system on household decision-making and economic status by using nearly 5000 households in the first 20 years of the 21st century with six rounds monitoring surveys. The results show that the endowment insurance and medical insurance systems have an important impact on the labour market participation and employment choices of urban and rural residents. The social security system has produced consumption and savings effects, and played a certain income redistribution effect, but the system design is not conducive to the coverage of low-income groups and restricts the redistribution function. The substitution relationship between social security and family security is not obvious, and traditional cultural concepts are related to the operation of modern social security systems. China is an economy with institutional, economic, and demographic transitions, and the relationship between the urban-rural integrated social security system and the labour market is complex and worthy of in-depth exploration.

Keywords: Urban-Rural Integration; Social Security System; Labour Market; Income Distribution; Traditional Cultural and Values

V   Local Practice

Abstract: The ratio of per capita income between urban and rural areas in Huzhou has been reduced to 1.65 : 1 in 2021, and the integration of urban and rural development has achieved remarkable results. However, the deepening aging of the population has brought a series of new problems and challenges to the integration of urban and rural development in Huzhou in many fields, such as pension services, urban and rural industrial development, social governance and so on. This report systematically reviews the relevant measures to promote the integration of urban and rural development in Huzhou under the background of aging: one is to optimize the allocation of resources and promote the equalization of basic public services in urban and rural areas based on the medical community and education community. The second is to promote the reform of rural land property rights system and urban- rural social security system, so as to improve the collective economic benefits of villages on the premise of protecting the interests of farmers. Thirdly, we should promote the adjustment of rural industrial structure, adhere to the development of non-agricultural industries and the transformation of traditional agriculture, and lay a solid economic foundation for rural development. This report summarizes the experience of Huzhou's urban-rural integration development from the aspects of the integration of urban and rural basic public services, the revitalization of rural idle resources such as land, and the development

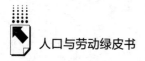

of rural industries, with a view to providing reference for other places to deal with the related issues of urban-rural integration development under the aging population when all parts of the country are gradually entering an aging society.

Keywords: Huzhou City; Urban and Rural Integration; Aging

权威报告·连续出版·独家资源

皮书数据库
ANNUAL REPORT(YEARBOOK)
DATABASE

分析解读当下中国发展变迁的高端智库平台

所获荣誉

- 2020年，入选全国新闻出版深度融合发展创新案例
- 2019年，入选国家新闻出版署数字出版精品遴选推荐计划
- 2016年，入选"十三五"国家重点电子出版物出版规划骨干工程
- 2013年，荣获"中国出版政府奖·网络出版物奖"提名奖
- 连续多年荣获中国数字出版博览会"数字出版·优秀品牌"奖

皮书数据库

"社科数托邦"
微信公众号

成为用户

登录网址www.pishu.com.cn访问皮书数据库网站或下载皮书数据库APP，通过手机号码验证或邮箱验证即可成为皮书数据库用户。

用户福利

- 已注册用户购书后可免费获赠100元皮书数据库充值卡。刮开充值卡涂层获取充值密码，登录并进入"会员中心"—"在线充值"—"充值卡充值"，充值成功即可购买和查看数据库内容。
- 用户福利最终解释权归社会科学文献出版社所有。

数据库服务热线：400-008-6695
数据库服务QQ：2475522410
数据库服务邮箱：database@ssap.cn
图书销售热线：010-59367070/7028
图书服务QQ：1265056568
图书服务邮箱：duzhe@ssap.cn

社会科学文献出版社 皮书系列
SOCIAL SCIENCES ACADEMIC PRESS (CHINA)
卡号：734618662177
密码：

S 基本子库
UB DATABASE

中国社会发展数据库（下设 12 个专题子库）

紧扣人口、政治、外交、法律、教育、医疗卫生、资源环境等 12 个社会发展领域的前沿和热点，全面整合专业著作、智库报告、学术资讯、调研数据等类型资源，帮助用户追踪中国社会发展动态、研究社会发展战略与政策、了解社会热点问题、分析社会发展趋势。

中国经济发展数据库（下设 12 专题子库）

内容涵盖宏观经济、产业经济、工业经济、农业经济、财政金融、房地产经济、城市经济、商业贸易等 12 个重点经济领域，为把握经济运行态势、洞察经济发展规律、研判经济发展趋势、进行经济调控决策提供参考和依据。

中国行业发展数据库（下设 17 个专题子库）

以中国国民经济行业分类为依据，覆盖金融业、旅游业、交通运输业、能源矿产业、制造业等 100 多个行业，跟踪分析国民经济相关行业市场运行状况和政策导向，汇集行业发展前沿资讯，为投资、从业及各种经济决策提供理论支撑和实践指导。

中国区域发展数据库（下设 4 个专题子库）

对中国特定区域内的经济、社会、文化等领域现状与发展情况进行深度分析和预测，涉及省级行政区、城市群、城市、农村等不同维度，研究层级至县及县以下行政区，为学者研究地方经济社会宏观态势、经验模式、发展案例提供支撑，为地方政府决策提供参考。

中国文化传媒数据库（下设 18 个专题子库）

内容覆盖文化产业、新闻传播、电影娱乐、文学艺术、群众文化、图书情报等 18 个重点研究领域，聚焦文化传媒领域发展前沿、热点话题、行业实践，服务用户的教学科研、文化投资、企业规划等需要。

世界经济与国际关系数据库（下设 6 个专题子库）

整合世界经济、国际政治、世界文化与科技、全球性问题、国际组织与国际法、区域研究 6 大领域研究成果，对世界经济形势、国际形势进行连续性深度分析，对年度热点问题进行专题解读，为研判全球发展趋势提供事实和数据支持。

法律声明

"皮书系列"（含蓝皮书、绿皮书、黄皮书）之品牌由社会科学文献出版社最早使用并持续至今，现已被中国图书行业所熟知。"皮书系列"的相关商标已在国家商标管理部门商标局注册，包括但不限于LOGO（⬛）、皮书、Pishu、经济蓝皮书、社会蓝皮书等。"皮书系列"图书的注册商标专用权及封面设计、版式设计的著作权均为社会科学文献出版社所有。未经社会科学文献出版社书面授权许可，任何使用与"皮书系列"图书注册商标、封面设计、版式设计相同或者近似的文字、图形或其组合的行为均系侵权行为。

经作者授权，本书的专有出版权及信息网络传播权等为社会科学文献出版社享有。未经社会科学文献出版社书面授权许可，任何就本书内容的复制、发行或以数字形式进行网络传播的行为均系侵权行为。

社会科学文献出版社将通过法律途径追究上述侵权行为的法律责任，维护自身合法权益。

欢迎社会各界人士对侵犯社会科学文献出版社上述权利的侵权行为进行举报。电话：010-59367121，电子邮箱：fawubu@ssap.cn。

社会科学文献出版社